C🐂PITAL

華爾街
命運之輪

穿越資本週期的投資方法

EDWARD
CHANCELLOR

愛德華・錢思樂——編著　徐文傑——譯

RETUR🐻S

華爾街命運之輪
大衛・福德瓦里（David Foldvari）繪

CONTENTS

PART1
投資哲學

PART2
繁榮、蕭條、繁榮 ——
跟著資本週期避險又獲利

無論景氣榮枯都能維持紀律的投資原則

馬拉松資產管理公司（Marathon Asset Management LLP）[1]即將迎來 30 歲生日。30 年來，我們的投資理念一直不斷演變，但對於資本主義的運作，有兩個簡單的理念，從草創之初我們就奉為圭臬。

第一個理念是高報酬往往會吸引資金，低報酬則會趕走資金。隨之而來的資本起伏，通常會以一種可以預測到的方式來，影響產業的競爭環境，我們把這樣的資本起伏稱為資本週期。我們的工作是分析這個週期的動態，觀察它什麼時候發揮作用、週期什麼時候會被打破，以及我們如何代表客戶，從中獲利。

第二個指導理念則是長期來看，配置資本的管理技巧非常重要。就選擇以合理方式配置資本的經理人來說，成功的

選股至關重要。一流的經理人會了解所處產業運作的資本週期，不會在景氣好的時候失去理智。

我們發現，資本週期分析所創造的機會，通常會有很長一段醞釀期，因此取得收益的時間非常不確定。我們也發現，投資相當大量的股票並長期持有的時候，這套方法最為有效。這與我們這個產業的特點完全相反：在投資業，基金經理人偏好集中投資，並在投資構想中確認自己的看法是否正確，儘管他們持有股票的時間愈來愈短。

雖然有時候，我們很難向金融服務領域裡的顧問或其他專業人士解釋我們的立場，但對我們的客戶而言，要證明我們的立場沒有錯一向很容易。我們的客戶有退休基金、州政府基金、基金會與捐贈基金，主要都在美國，往往由沒在金融業工作過的人士組成。解釋投資流程時，他們常說：「這只是常識。」我們很幸運，投資業的競爭對手並沒有遵循資本週期如何運作，以及經理人如何配置資本等理念，我們也因此在世界各地把握住各種投資機會。多年來我們雖犯下無數錯誤，但相對來說，我們整體的投資紀錄一直很不錯。

此外，這種投資方式在超級高壓以及市場瘋狂的情況下表現良好。我們上一本出版的選集《資本帳戶》（*Capital Account*）記載了 1990 年代後期，亞洲金融危機和千禧年前後的科技、媒體和電信（technology, media and telecoms, TMT）

泡沫之際，我們的應對表現。[2] 2004 年以來，主要的壓力測試在於可否順利度過全球金融危機（Global Financial Crisis, GFC），以及隨後造成的災難性後果。這些情況帶給基金經理人什麼樣的挑戰，正是本書的主軸。

我們要為無數的明顯失誤如從科技、媒體和電信泡沫與全球金融危機留下的碎屑中抓住「落下的刀子」，以及在挑選管理團隊時所犯的諸多判斷錯誤負起責任。讓我們顏面盡失的公司包括貝爾斯登（Bear Stearns）、布萊德福賓格里銀行（Bradford & Bingley）、百視達（Blockbuster）、市政債券保險協會（MBIA），還有 HMV 公司等等。不過，我們的整體表現仍舊令人滿意，我們也對這個投資理念的穩健度充滿信心。

我們很榮幸成功說服愛德華・錢思樂（Edward Chancellor）再次擔任 2002–2015 年期間文章的編輯，並寫下一篇見解深刻的介紹。感謝他的付出。也在此感謝馬拉松公司過去與現任的員工，感謝他們對這家公司與創作這本書所做的貢獻。

共同創辦人尼爾・奧斯特（Neil Ostrer）

共同創辦人威廉・亞拉（William Arah）

2015 年 6 月

穿越資本週期，進退在最佳時機

　　《華爾街命運之輪》的出版時間，恰好是馬拉松公司出版
《資本帳戶》（我也是這本書的編輯）剛滿十年之際。和前一
本書一樣，這本全新的作品編選了馬拉松公司《全球投資評
論》（*Global Investment Review*）的文章。《全球投資評論》每
年出版八期，每期通常包含六篇大約 1,500 字的文章。《全球
投資評論》在公司內部簡稱 GIR，寫作的目的是為了告知客
戶公司所使用的投資方法，並及時提供投資領域發展的見解。

　　選入本書的文章全都體現馬拉松公司「資本週期投資」
的理念，而馬拉松公司認為，廣大的投資大眾也會對此有興
趣（喜歡閱讀沒有方程式與數學模型的書的古怪經濟學家
〔如果有的話〕，可能也會想一探究竟）。挑選文章的過程，
難免會有投資界所謂的「倖存者偏差」（survivorship bias），

也就是沒有經過時間考驗、或是後來事實證明錯得離譜的文章會被捨棄，大部分較好的投資判斷則會保留下來。

如此一來，馬拉松公司就會顯得比實際情況更有洞察力——畢竟誰都能隨便拼湊出廣納更多文章的廢文集。不過，我的目的並不是要凸顯這些作者的先見之明，而是要找出過去十年間，馬拉松公司的分析師應用資本週期分析的有趣範例。

我可以按照慣例、採用先前的技巧放手編輯——也就是說，我可以編輯文字，讓讀者讀起來更順暢。然而，在文章寫完很久之後才著手編輯，必然會產生一些後見之明的偏誤，某種程度上也會削弱《華爾街命運之輪》作為原始資料的完整性。不過，我的目標是在沒有改變原文意思的情況下，盡可能清楚顯示資本週期分析的涵義。

本文集結的文章作者（按英文字母順序）包括查爾斯・卡特爾（Charles Carter）、大衛・卡爾（David Cull）、麥克・高德菲（Mike Godfrey）、傑瑞米・霍斯金（Jeremy Hosking）、尼克・朗赫斯特（Nick Longhurst）、朱爾斯・莫特（Jules Mort）、麥可・尼克森（Michael Nickson）、尼爾・奧斯特勒（Neil Ostrer）、詹姆斯・賽德登（James Seddon）、尼克・斯利普（Nick Sleep）、麥克・泰勒（Mike Taylor）、賽門・陶德（Simon Todd）和卡伊斯・札卡瑞亞（Qais Zakaria）。與

之前編的書相比，本書集結的文章更是讓我受益良多。許多方面來說，這份工作最艱鉅的部分是陶德果斷選文的流程（畢竟選擇的範圍超過 600 篇）。昆丁・卡羅瑟斯（Quentin Carruthers）進行初稿的編輯，威廉・麥克勞德（William MacLeod）協助完成許多附注。妮寇拉・萊利（Nicola Riley）幫我們做了很多行政事務，她列印了大量草稿、蒐羅許多文件。布麗姬特・惠（Bridget Hui）好心幫我校對稿件。與《資本帳戶》一樣，這本書有很大一部分出自我的好友兼同事卡特爾之手，很高興能再度與他合作。

愛德華・錢思樂

2015 年 6 月

在市場樂觀時警覺，在市場悲觀時樂觀的科學判讀法

　　本書收錄的文章，集結了馬拉松資產管理公司投資專業人士撰寫的報告。依我看，這些報告之所以出眾，是因為他們把分析的焦點放在資金的高低起伏。一般來說，資金會受到高報酬的事業吸引而集中，並在報酬比成本低的時候四散。這個過程並不是靜態的，而是有週期的不斷變化。資金流入會帶來新的投資，且隨著時間經過使產業的產能增加，最終導致報酬被壓低。

　　反之，報酬率很低時，資金會撤出，產能會減少，隨著時間經過，獲利能力終會恢復。從更全面的經濟體角度來看，這個週期與經濟學家約瑟夫・熊彼得（Joseph Schumpeter）所提出的「創造性破壞」（creative destruction）流程很像，繁榮

之後的蕭條之功用，在於清除經濟週期上升過程中發生的資本配置不當。

　　馬拉松公司使用「資本週期法」（capital cycle approach）一詞來描述自家使用的投資分析方法，這套方法的關鍵在於了解產業內使用資金的數量變化，可能會怎樣影響未來的報酬。或是換個說法，資本週期分析著眼於一家公司的競爭地位，如何受到業內供給面變化的影響。哈佛商學院教授麥可・波特（Michael Porter）在《競爭優勢》（*Competitive Advantage*）中寫道：「制定競爭策略的本質，就是將公司與其所處的環境連結起來。」[1] 波特最廣為人知的架構，是描述影響公司競爭優勢的「五力分析」：供應商和買家的議價能力、替代威脅、現有公司之間的競爭程度，以及新進公司的威脅。從投資人的角度來看，資本週期分析實際上與競爭優勢如何隨時間變化息息相關。

典型的資本週期

　　資本週期的運作方式如下。想像有個小零件製造商名為馬克工業公司（Macro Industries）。公司經營得很不錯，報酬超過資金成本。馬克工業的執行長威廉・布魯伊斯特－哈德（William Blewist–Hard）最近剛登上《財星》（*Fortune*）雜誌

封面。他擁有的股票選擇權突然變得很有價值，妻子也不再抱怨自己怎麼嫁了無聊的實業家。九位負責關注馬克工業股票的投資銀行分析師當中，有七位給了買進的評等，兩位則建議持有。這家公司的本益比為十四倍，低於市場平均。幾位知名價值投資人也持有馬克工業的股票。

馬克工業的戰略部門預期產品會有強勁的需求成長，尤其是在，零件人均消費量不到先進經濟體十分之一的新興市場。與董事開完會後，執行長宣布了接下來的計劃：未來三年公司要將製造能力提高 50％，以滿足不斷成長的需求。投資銀行龍頭古里斯賓（Greedspin，注：這裡可能暗指聯準會前主席葛林斯潘〔Greenspan〕）安排在次級市場二次發行股票（secondary share offering），提供資本支出所需的資金。古里斯賓銀行的史丹利・切恩（Stanley Churn，注：這裡可能暗指摩根士丹利〔Morgan Stanley〕）是布魯伊斯特－哈德的好友，也是這筆交易的主辦銀行家。此次擴張受到《金融時報》（*Financial Times*）Lex 專欄的好評，馬克工業的股票也因公布籌資的消息而上漲。成長型股票的投資人最近一直買進這檔股票，他們預期未來盈餘將會增加，因而興奮不已。

五年後，據彭博社（Bloomberg）報導，對於公司戰略一事，馬克工業的執行長與行動派的股東長期以來意見不合，於是掛冠求去。由避險基金美好投資公司（Factastic Investment）

為首的行動派股東想要收掉公司表現不佳的業務。馬克工業的獲利暴跌，股價在過去一年下跌了 46％。分析師表示，馬克工業的問題源自過度擴張，尤其是在北卡羅萊納州德罕市（Durham）耗資 25 億美元的新廠不但延遲竣工，還超出預算。零件市場由於供給過剩，目前十分低迷。馬克工業的長期競爭對手近年來增加了產能，一些低成本的新製造商也進入這個產業，包括動態零件公司（Dynamic Widget），不過去年這家公司 IPO（注：Initial Public Offering，首次公開發行的簡稱）後的股價表現一直令人失望。

零件市場最近正受到新興市場景氣放緩的影響。中國是全世界最大的零件消費國，過去十年大幅擴增國內的零件生產，近日還成了淨出口國。報導指出，馬克工業正考慮與最大的競爭對手合併，雖然馬克的股價低於帳面價值，但分析師表示，公司近期在市場上的能見度很低。不過，還是有三家券商追蹤馬克工業，其中兩家券商建議賣出，一家建議持有。

我們可以從這個虛構零件製造商呈現的業績起伏，看出一個典型的資本週期。當前的高獲利能力往往會讓經理人過度自信，並把有利的產業環境和自己的技能混為一談，而媒體會助長這個錯誤，畢竟媒體一直在尋找企業界的英雄與惡棍。投資人和經理人都熱衷預測需求，這樣的預測範圍很大，而且很容易出現系統性偏誤。景氣好的時候，他們對需求的預測往往過

於樂觀；而在景氣不好的時候，則又過於悲觀。

高獲利能力會使產業的資本紀律鬆弛。一旦報酬率很高，公司會傾向增加資本支出。競爭對手可能會跟進，也許對手一樣自大，或只是不想失去市場份額。此外，執行長的薪資往往與公司盈餘或市值掛鉤，這麼一來，經理人就有動機增加公司資產。當一家公司大張旗鼓，宣布要大幅增加產能之際，公司的股價往往會上漲。成長型投資人喜歡成長，動能投資人喜歡動能。

投資銀行家讓資本週期順利運作，在繁榮時期提高產能，在蕭條時期整頓產業。銀行分析師最喜歡研究快速成長的吸睛產業（周轉率愈高，佣金愈多）。企業會藉由二次發行和 IPO 來募資，為資本支出提供資金，銀行家則從中賺取服務費。負責併購的銀行家與股票分析師，都對企業的長期表現不感興趣。由於投資銀行家抱持的動機偏向短期收益（獎金），他們看待的時間框架難免短視。這不只是動機的問題，分析師和投資人都習慣將目前的趨勢外推到未來，在週期性的世界裡，他們的思考是線性的。

總體經濟的例子也顯示，資本支出增加的效果遞延以及對供給產生的影響，都是資本週期的特徵。而投資和新產量間的時間落差，代表供給的變化起伏不定（也就是說，供給曲線並不像經濟學教科書描述的那樣平滑），而且很容易出現

圖表 I-1　資本週期

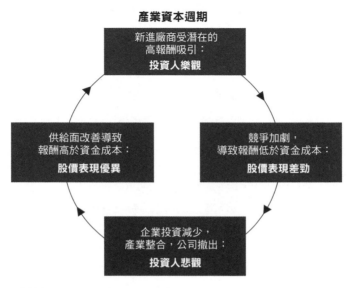

產業資本週期

新進廠商受潛在的
高報酬吸引：
投資人樂觀

供給面改善導致
報酬高於資金成本：
股價表現優異

競爭加劇，
導致報酬低於資金成本：
股價表現差勁

企業投資減少，
產業整合，公司撤出：
投資人悲觀

資料來源：Marathon

過度調整。實際上，經濟學家早已意識到，供給改變和生產之間的遞延關係會造成市場的不穩定（也就是所謂的「蛛網效應」〔cobweb effect〕）。

隨著產能過剩變得明顯，且過去的需求預測過於樂觀，資本週期就會開始往下走。獲利一崩跌，管理團隊也跟著出現改變，資本支出被削減，產業也開始整合。投資減少、產業供給緊縮，創造出可以讓獲利恢復的條件。對於了解資本週期的投資人而言，當某支股票被打壓，也許正是這支股票

變得有趣的時刻。然而，券商分析師和許多短線操作的投資人往往無法看出週期的轉變，而是沉迷短期的不確定性，無法自拔。

最近的一些資本週期

前述的資本週期看似相當簡單牽強，實則普遍得出人意料。有些產業（像是半導體和航空業）特別容易出現劇烈變化的資本週期，導致產能過剩頻繁出現，且投資報酬普遍令人失望。[2] 近年來，我們在其他產業也看到這種由盛轉衰的過程。馬拉松公司之前出版的《資本帳戶》就曾提過，伴隨1990 年代後期媒體和電信產業泡沫而來的，正是錯誤的需求預測與過多的投資。

在科技熱潮時期，許多電信公司錯誤假設網路流量每一百天會增加一倍，世界通訊（WorldCom）、環球電訊（Global Crossing）與許多早已被人遺忘的「非傳統電信業者」（alternative carriers，當時被稱為「小型電信業者」）等企業用這個預測來證明它們的巨額資本支出是合理的。泡沫破滅後，資本的錯置顯露無遺；之後的幾年，電信網絡仍受大量產能過剩的困擾（人稱「暗光纖」〔dark fibre〕，因為網絡中許多高價鋪設的光纖依舊沒有啟用）。

網路泡沫破滅之後，許多產業出現各自的資本週期。全球航運業就是個典型的例子。[3] 2001 至 2007 年間，由於中國在全球貿易的比重快速增加，推升了航運的需求，「巴拿馬型」船舶每日的運費上漲了十倍。造船業的新訂單與每日即期運費密切相關。供給無法立即反應無可避免，畢竟交付新船訂單至少要花三年。然而，在 2004 至 2009 年間，全球乾貨船隊的載重量，從 7,500 萬噸翻倍到 1 億 5,000 萬噸。[4]

　　新供給的影響加上全球經濟趨緩，導致巴拿馬型船舶的每日運費下降 90％，使得前面十年的獲利全數吐回。如果投資人在 2007 年夏天全球金融危機爆發之前買進航運股票，會損失三分之二的資金。丹麥快桅集團（Maersk Group）等全球船運公司的股價下跌的幅度也差不多。在景氣繁榮時期訂購的新船，在景氣低迷後很長一段時間仍繼續交船。寫作本文的當下，航運業仍受低產能利用率與低運費所困。

　　2002 年後房價上漲，促使美國住房產業出現另一個資本週期。到了 2006 年，美國房市泡沫到達頂峰之際，新屋庫存過多，大約是每年新家庭需求量的五倍。西班牙和愛爾蘭的房地產上漲更是明顯，最後，建商超額的餘屋數量，約為繁榮時期前平均年供給量的十五倍。在這個過程中，大家總是以樂觀的人口預測作為房市繁榮的依據。以西班牙為例，情況顯示，促成房地產榮景的主因是近期的移民。而在泡沫破滅、西班牙

經濟走入蕭條之後，數十萬名外國人離開這個國家。

幾位以忽視資本週期動態知名的「價值型」投資人，就此受到突如其來的房市泡沫衝擊。2006 年美國房價登頂的前幾年，房屋建築商的資產快速成長；泡沫破滅之後，這些資產全被註銷。因此，在建築熱潮即將結束時，用帳面價值的價格（接近歷史低點），買進美國房屋建築公司股票的投資人，最後損失慘重、血本無歸。[5] 從資本週期的角度來看，值得注意的是，雖然英國和澳洲也經歷了類似的房價「泡沫」，但當地嚴格的建築法規阻礙供給做出反應，使英國和澳洲的房地產市場在金融危機後得以快速復甦。[6]

大宗商品的超級週期

正如許多券商所述，緊隨 2002 年網路泡沫破滅後的低利率時期，大宗商品的「超級週期」就此展開（請參考後文 1.3〈這次沒什麼不同〉與 1.4〈超級週期的困境〉）。大宗商品的價格上漲由中國驅動，當地的重押投資經濟（investment-heavy economy）持續幾年出現兩位數字的成長。金融危機之後，中國投資占 GDP 的比重甚至進一步上升至 50%，過往從未有任何經濟體超過這種高水準。到了 2010 年，全球鐵礦石、煤炭、鋅礦和鋁礦等各種大宗商品的需求，中國占了

40％以上。大宗商品增加的需求中，中國的占比更高。[7] 這些商品的價格與其他商品的價格遠遠高於歷史趨勢，可謂處於泡沫的水準。[8]

隨著大宗商品的價格上漲，全球礦業開採公司的獲利能力也跟著增加。它們的資本利用報酬率（return on capital employed）從這個世紀初的大約 7.5％左右，上升到 2005 年將近 35％的高峰，在金融危機之後反彈到將近 20％。[9] 即使雷曼兄弟破產之後，大多數的分析師仍推斷，在中國經濟注定會與強大的美國經濟並駕齊驅、最終還會超越美國的情況下，近期的商品需求成長會持續到遙遠的未來。高價的大宗商品、強勁的獲利能力以及預期未來的需求穩健，三個要素結合起來，促使礦業公司增加產量。

2000 至 2011 年間，全球礦產的年產量每年成長 20％（以美元計價），其中有一半的成長來自鐵礦石和煤礦。[10] 從產量來看，同時期的礦石產量增加了一倍。礦業資本支出攀升到五倍多，從這個世紀初期的一年大約 300 億美元，成長到 1,600 億美元的高峰。[11] 鐵礦石供給的變化長期停滯了一段時間後突然出現，開發一塊未拓的礦場需要長達九年的時間。由於有些新礦場的規模龐大，新礦石的供給特別不穩定。淡水河谷（Vale）在巴西的南山礦場計劃（Serra Sul project）資本支出將近 200 億美元，預計會使全球鐵礦石產量增加將近 5％。

在大宗商品價格飆升的那些年裡，非傳統礦場也是供給源頭，包括伊朗和非洲部分地區。雖然全球礦業集中在少數幾家主要廠商，但競爭一直非常激烈。澳洲福特斯克金屬集團（Fortescue Metals）是相對新進的廠商，它積極擴張，到了 2011 年已然成為全球第四大鐵礦生產商。很多小型礦業公司也進入市場，包括一些在倫敦證交所上市、但相當可疑的外國公司。[12] 此外，礦石的高價也使得廢金屬的供給增加。[13]

2011 年，大宗商品的超級週期似乎出現反轉，大致上與中國經濟成長率放緩同時發生。到了 2015 年 4 月，海運鐵礦石的價格從高峰下跌了大約 70％（以美元計價）。在價格高漲時投資的新礦場，預計將在未來幾年投產，使產能過剩的情況加劇。[14] 隨著大宗商品的價格下跌，全球礦業公司的獲利能力也跟著下降，股票表現也不好。[15] 因此，大宗商品的超級週期帶有典型資本週期的特徵：高價會提高獲利能力，隨後投資增加、新進業者進入市場，並受到過於樂觀的需求預估所刺激；一旦供給增加，而且需求令人失望，週期就會轉向。

資本週期異常

近期支持資本週期的軼聞證據比比皆然，對此，金融系教授有什麼話要說嗎？十幾年前，我為《資本帳戶》撰寫簡

介之際，關於這個主題的學術研究還很少。不過，最近出現的一些論文觀察到，資本支出和投資報酬之間呈現反向關係。正如法國興業銀行（Société Générale）策略分析師安德魯・雷普農（Andrew Lapthorne）的圖表顯示，資產成長率最低的公司，股價表現比資產成長率最高的公司還好（見圖 I.2）。

現代金融理論基於一種觀念：市場是有效率的，特定「要素」（像是規模、價值和動能）過去的表現往往能超越基準指數。諾貝爾經濟學獎得主尤金・法馬（Eugene Fama）和同事肯尼斯・法蘭奇（Kenneth French）建議在模型中增加兩個要素：獲利和投資。[16] 關於資本週期，法馬和法蘭奇觀察到，投資「較少」的公司會有較高的報酬。這個發現叫做「資產成長異常」（asset-growth anomaly）。《金融期刊》（*Journal of Finance*）上有篇論文指出，與資產擴張有關的事件出現之後，像是併購、發行股票，以及新貸款低報酬往往會接著出現。[17] 反之，與資產縮減相關的事件出現之後，包括分拆、買回庫藏股、提前還債，以及發放股息超額報酬會隨之而來。研究發現，擴充公司資產對股東報酬的負面影響會持續長達五年。

論文作者做出結論：與傳統的價值（低股價淨值比）、規模（市值）和動能（包括短期和長期動能）相比，**公司資產成長是更強的決定因素**。其他金融經濟學家也發現，公司通常會在股價表現相對較好的時候加速投資，而這些公司之後

圖表 I.2 資產成長與投資報酬

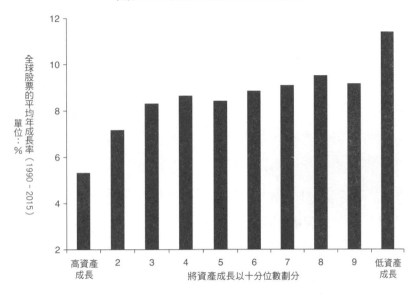

資料來源：Société Générale

的表現都不好。也就是說，資產成長也許可以解釋動能反轉的現象。[18]

　　簡而言之，我們可以從最近的研究漸漸得出以下結論：過去從價值股上觀察到的超額報酬，以及在成長股上觀察到的低報酬，與資產成長之間並非獨立關係。我們亦可從中看出資本週期投資方法的關鍵見解：**在分析價值股和成長股的前景之際，必須同時考慮公司和產業層面的資產成長**。有位研究員甚至聲稱控制資本投資後，價值效應就消失了。[19]

均值回歸

我們可以從均值回歸（mean reversion）的角度來看待「資產成長異常」。[20] 均值回歸不僅僅由動物本能（animal spirits，注：由經濟學家凱恩斯提出的術語，指影響與引導人類經濟行為的本能、習慣與感情等非理性因素）的起伏所驅動，還會透過不同的投資率發揮作用。盈餘比資金成本高的公司往往會投資更多，因而壓低未來的報酬，盈餘比資金成本低的公司表現則相反。班傑明‧葛拉漢（Benjamin Graham）和大衛‧陶德（David Dodd）在 1934 年出版的《證券分析》（*Security Analysis*）這本價值投資法聖經中就曾提過這點。

如果一家企業因為資本報酬率很高而溢價出售，這種高額的報酬會吸引競爭；而且一般來說，這種情況不可能無限期持續下去。反之，如果一家企業因為資本報酬率異常低，而用大幅的折價出售，那麼新競爭的匱乏、舊競爭對手的退出，以及其他自然的經濟力量，最終會改善這個情況，使投資報酬率恢復正常。

投資會促使個別公司和整個市場的均值回歸。亞利桑那大學（the University of Arizona）的研究人員證明，大多數已開發經濟體（包括美國和歐洲、澳洲以及遠東國家）的企業

投資，是總獲利能力、股市報酬，甚至是經濟成長重要的負向預測指標。[21]

舉例來說，在 1990 年代後期美國股市泡沫期間，投資占 GDP 的比重增加到超過平均水準。在泡沫破滅、景氣好時的資本錯置顯露出來之後，總投資和獲利能力雙雙下降，美國經濟陷入衰退。

這些情況全都顯示，資產配置者應該結合資本週期來考量股票市場的市值。一般來說，資本週期會與市值連動。然而，近年來的美國股市已然證明，事情沒那麼簡單。2010 年以來，從市值（例如經週期調整後的本益比）來看，美國股票看起來很貴，主要是因為獲利高於平均水準。但打從全球金融危機以來，美國的企業投資一直很低迷。由於缺少均值回歸的關鍵驅動因素，獲利維持高檔的時間長得超乎預期，使得美國股票擁有強勁的報酬。[22]

中國剛好是個反例：從股票市值的角度來看，股票價格往往顯得很便宜，但投資和資產成長的速度加快，導致企業的獲利表現不佳。

對資本週期異常的解釋

資本週期分析所觀察到的市場無效率，可以用行為金融

學的傳統發現來解釋，也就是用過度自信、忽略基本比率（base-rate neglect）、認知失調、狹窄框架（narrow-framing）和外推法等要素的某種組合，來解釋「高度投資的公司往往表現不佳」這個事實。這些行為要素會被代理人的相關問題強化。扭曲的獎勵機制會鼓勵投資人和企業經理人，採用不利於資本週期分析的短期觀點。理性的投資人無法將自己的看法強加給市場，因為資本週期設了一系列的「套利限制」。

過度自信

為什麼投資人和企業經理人，很少關注資本支出與未來投資報酬之間呈現的反向關係？簡單來說：他們似乎只在乎資產成長。公司擴張會激發經理人和股東的想像力。這種錯誤的成長崇拜，會反映在擁有高成長預期（更高的評價）、但過去表現不佳的股票上。行為金融學顯示，投資人與企業經理人在進行市場預測時，很容易過度自信。正如美國職棒大聯盟傳奇捕手尤吉‧貝拉（Yogi Berra）所言：「預測很難，尤其是預測未來。」我們將會看到，在預測未來的需求水準時，更是如此。

忽視競爭

過度投資並不是單獨的行動，它之所以會出現，是因為好幾個產業的參與者一直在同時增加產能。一旦市場的參與者藉由增加產能來應對需求增加，他們就不會考慮正在增加的供給對未來報酬的影響。哈佛商學院教授羅賓・葛林伍德（Robin Greenwood）和山穆爾・韓森（Samuel Hanson）曾表示：「當公司接收到決策後果的回饋有所延遲時，忽視競爭（competition neglect）的情況特別強烈。」[23]《美國經濟評論》（*American Economic Review*）上有篇論文的作者試圖解釋，為什麼有這麼多新進廠商經常會失敗。他們發現，經理人會高估自己的技能，並忽視競爭的威脅。[24]

這種沒有注意到供給曲線向外移動的現象，可能與另一種常見的行為特徵有關，也就是「忽略基本比率」。一般狀況下，當人在做決定時，傾向不考慮所有可以獲得的資訊。關於資本週期的運作，投資人關注的是當前（以及預期）未來的獲利能力，卻忽略帶來報酬的產業資產基礎的變化。有時候，這種傾向會演變成心理學家所說的「認知失調」，也就是一旦決定採取行動，就會故意去拒絕考量與該行動相反的證據。

內部觀點

這種狹窄框架是由決策者採取「內部觀點」而產生的，內部觀點是心理學家丹尼爾・康納曼（Daniel Kahneman）創造的術語。[25] 當一個群體中的個人關注「特定情況，並在自己的經驗中尋找證據」時，就會產生內部觀點。[26] 正如前美盛資金管理公司（Legg Mason）的投資策略家麥可・莫布新（Michael Mauboussin）所述：

> 以內部觀點考慮問題時，會關注特定的任務和手上的資訊，並根據那組獨特的投入要素進行預測。這是分析師在建立模型時最常使用的方法，且所有形式的規劃確實都適用。相較之下，以外部觀點考慮問題時，會把問題視為更廣泛參考類別中的一個例子。康納曼指出，這是一種非常不自然的思考方式，因為它會迫使分析師將公司可以挖掘出的寶貴資訊擱在一旁。這就是為什麼大家很少使用外部觀點的原因。[27]

對產業擁有高專業知識的分析師往往會採用內部觀點，認為自己的分析獨一無二。在投資分析上，尋找相關的相似歷史情況，例如把 2000 年代的美國房地產市場榮景，拿來與 1980 年代的日本房地產市場拿來比較，就是採用外部觀點的一個例子。《美國經濟評論》的作者在針對新進廠商如何失敗

的論文裡寫道：「以內部觀點來預測競爭對手數量或能力沒有特殊作用。而從外部觀點來看，大部分新進廠商會失敗的情況不容忽視。」

外推法

內部觀點與我們往往會使用外推法有關。行為金融學是由康納曼和他已故的同事阿莫斯・特沃斯基（Amos Tversky）所創立的經濟學分支，描述我們如何被擺在面前的資訊「定錨」，而且容易受到立即的經驗影響，也就是所謂的「近因偏誤」（recency bias）。另一種常見的捷思法（heuristic）則是，人類傾向從小樣本得出強而有力的推論。這些弱點會使投資人更傾向做出線性的預測，儘管實際上大多數的經濟活動都有週期性，有貿易週期、信貸週期、流動性週期、房地產週期、獲利週期、大宗商品週期、創投資本週期，當然還有產業的資本週期。我們傾向使用外推法乃天性使然。

買進獲利差的便宜股票的價值投資人，肯定不會受到外推法傾向的影響。近期有一本投資教科書這麼說：

價值股之所以長期表現優異，主要行為原因在於投資人過度推論未來太多年的成長率。事實上，成長率均值回歸的

圖表 I.3　投資人過度反應與資本週期

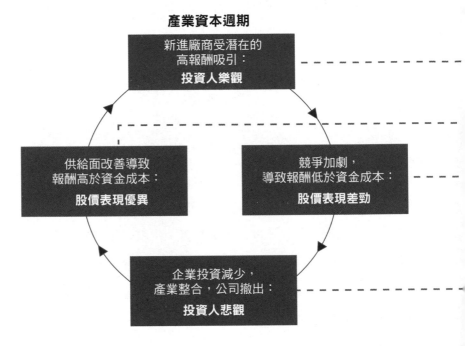

資料來源：Marathon

速度比市場預期的還要快，使得成長股更有可能令人失望。[28]

　　資本週期分析師會同意這些評論，並補充道，重要的是，均值回歸是由供給面的變化所驅動，價值投資人若只考慮評估價值的量化指標，往往會忽視供給面的變化。

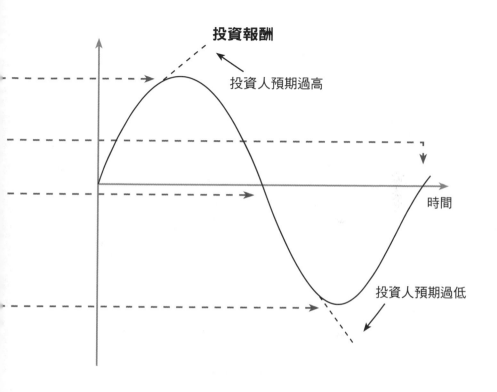

投資報酬

投資人預期過高

時間

投資人預期過低

扭曲的獎勵機制

　　扭曲的獎勵機制使大家熟知的這些行為弱點更為嚴重。執行長的薪酬通常會與短期的績效指標連動，像是每股盈餘或股東報酬的年度變化。股價通常會對重大資本支出的公告做出積極反應。[29] 投資更多的公司，往往會讓股票出現溢價的

情況。高資產成長公司的股票往往會表現出上漲的動能。[30] 高階經理人的薪酬也經常與由營收或市值來衡量的公司規模連動。獎勵機制會讓經理人偏好讓公司成長，並淡化任何不利的長期後果。有證據顯示，擁有大量股權的經理人若是看不到可以獲利的替代方案，他們更有可能藉由買回庫藏股去削減可以利用的資本。

將薪酬與短期表現掛鉤的投資人也很容易變得短視。投資銀行家藉由發行債券與股票，以及發起 IPO 為投資籌募資金來驅動資本週期，他們會根據產生的收費計算薪酬，而不是根據籌資活動會給客戶和股東帶來的結果來計算薪酬。投資銀行的分析師則會擔任啦啦隊，他們的薪資與股票轉手產生的交易佣金掛鉤，對長期表現也不感興趣。

囚徒困境

賽局理論也能解釋產業裡的過度投資。當前獲利能力高的企業經理人，可能會面臨類似囚徒困境的問題。假設未來需求成長可以讓一名市場參與者的擴張有利可圖，但如果有更多參與者同時擴張，那就賺不到什麼錢了。倘若好幾個參與者同時擴大業務，在未來某個時間點，他們的整體獲利一定會減少。在這種情況下，對既有廠商而言，避免任何擴張

整體來看是理性的行為，畢竟他們之中只有一人的收益會增加。如果這個產業競爭激烈，或是進入門檻很低，就會有參與者想要打亂排名，享受擴張的成果。其餘的人可能會覺得有義務去仿效，因為他們無法忍受競爭對手遙遙領先，也可能是想保有市占率。因此，一個產業裡的資產過度成長，可能是缺乏合作的行為所致（參見 1.1〈合作的演進〉）。

套利的限制

如果高資產成長的公司一直表現不佳，那為什麼明智的投資人不乾脆放空這些股票？或是說，如果他們被限制不能放空，至少不要做多？答案是，快速成長的公司股價往往波動比較大，對波動大的股票放空，代價可能非常高，就像1990 年代末期，放空網路和科技股的人付出的代價一樣。此外，資產成長強勁的公司往往市值不菲，像是 1990 年代許多電信公司，以及最近的全球礦業股票。避免購買高資產成長股票的投資人，可能會被迫下重本去與股價指數對作。短期績效不佳，可能讓專業投資人晚上睡不著覺的風險只有一個：「職涯風險」。[31] 還應注意的是，資本週期的長短不一，沒有人能提前知道週期何時轉向，這種不確定性又增加套利的限制。馬拉松公司的私有股權結構，與長期的客戶關係能讓公

司採取長期的方針，更能容忍股價指數的偏差——對於資本
週期分析的應用而言，忍受股價指數的偏差不可或缺。

資本週期分析的基礎

馬拉松公司的投資策略，是在傳統定義的價值股和成長
股中尋找投資機會。[32] 機會之所以會出現，是因為**市場經常誤
判獲利能力回歸均值的速度**。對於一檔「價值股」來說，賭
注是獲利會比預期更快的反彈；而對於一檔「成長股」而言，
賭注是獲利比市場預期維持高檔的時間更長。

側重供給，而非需求

如果未來充滿不確定，那為什麼馬拉松公司的方法比較
好呢？答案是，大多數投資人都花大量的時間，試圖預測自
己關注的公司未來有多少需求。航空業分析師會試著回答
「2020 年全球的長程航班有多少？」這類的問題；全球汽車
戰略家則會試著預測從現在開始的十五年間，中國轎車的需
求。沒有人知道這些問題的答案。對需求的長期預測很可能
會產生巨大的預測誤差。

然而，資本週期分析側重的是供給，而非需求。供給的

前景不像需求那樣不確定，因此更容易預測。實際上，產業的總資本支出改變之後，總供給量的增加往往顯而易見，而且可能會根據討論的產業出現不同的延遲。有些特定產業，像是飛機製造業和造船業的供給管道眾所周知。由於大多數投資人和公司經理人，花更多的時間思考產業的需求狀況，而不是改變供給，股票價格往往無法預測負面的供給衝擊。[33]

分析產業裡的競爭條件

從投資的角度來看，關鍵在於，報酬是由供給面的變化所驅動的。當一家公司的競爭條件正在惡化的時候，獲利能力就會受到威脅。

資本週期下跌階段的特點是產業更加分散，供給增加；而資本週期分析的目的就是比市場更早發現這些發展。新進廠商大肆宣揚已進入這個產業，因此在一個產業裡，**集結很多首次公開發行的公司是很危險的信號，增資發行股票、債務增加也是**。

反之，關注競爭條件，應該會提醒投資人留意供給條件良好、且公司獲利能力能比市場預期維持更久的投資機會。了解競爭條件和供給面動態，也可以幫助投資人避開價值陷阱，例如 2005 年至 2006 年的美國房地產。

小心投資銀行家

資本週期分析師對於投資銀行家的行動，以及券商分析師往往特別小心謹慎。[34] 投資銀行主要的經濟功能是提供融資給想要資金的企業，銀行家會用收到的錢推動資本週期，他們不必擔心資本擴張，可能會為客戶帶來哪一些長期負面的後果。

券商也不太關注短期操作之外的資本週期。他們會花時間試著預測下一季的盈餘，畢竟這對帶來營業額與佣金有利；他們偶爾還會「越過防火牆」，去幫助他們投資銀行的同事行銷新發行的股票。實際上，券商一向不擅長預測資本週期的變化。

葛拉漢寫道：「很少有人發現某篇券商的研究，會用一系列有說服力的事實，表明一個受歡迎的產業正走向沒落，或是一個不受歡迎的產業會蓬勃發展。華爾街對未來的看法，是出了名的容易犯錯⋯⋯尤其是當我們在預測各個產業獲利變化的時候。

然而，券商一直無法成功分析資本週期，並不代表所有努力都徒勞無功。優異的資本週期分析師天生就知道怎麼逆向投資，而且總會對華爾街發出的誘惑抱持懷疑的態度。

選擇適當的企業經理人

馬拉松公司喜歡把華倫・巴菲特（Warren Buffett）的兩個看法掛在嘴邊。第一個看法的大意是說，大多數執行長之所以能升任到公司的最高層，是因為他們「在行銷、生產、工程，有時甚至是在組織政治權謀上的表現很出色」。但是，這些人可能並不具備經理人所需的資本配置技能。

根據奧馬哈先知巴菲特的說法，這樣的技能不可或缺。因此，「如果一家公司的保留盈餘相當於淨資產的 10％，那麼該公司的執行長工作十年之後，就得負責配置公司 60％以上的資本運作。」（注：巴菲特的意思是，如果一年的保留盈餘相當於淨資產的 10％，那麼十年後的資產就會變成 (1.1)10 ≒ 2.594，其中的累計保留盈餘約是 1.594，因此累積的保留盈餘 1.594 占總資產 2.594 的 61.4％）資本週期分析需要密切關注經理人，並評估他們分配資本的能力（見 3.8〈意見一致〉）。

通才會成為更好的資本週期分析師

產業專家傾向採取「內部觀點」，他們在一堆細節之中迷失自我，最終只是見樹不見林。舉例來說，他們可能會花太

多時間比較同業之間的業績與前景，卻沒有意識到整個產業面臨的風險。馬拉松公司偏好雇用通才，通才不太會犯下「忽視參照組」的錯誤，而且會更善加利用對跨產業資本週期動態的理解。

採用長期的方法

和價值投資一樣，資本週期分析需要耐心。一個產業的資本週期需要很長的時間才會結束。那斯達克從 1995 年開始出現泡沫，但一直到 2000 年春天，網路泡沫才終於破滅。在不同的產業裡，新供給的延遲情況也各不相同。正如我們所見，一座新礦場可能要花將近十年的時間才會開始生產。馬拉松公司早在 2006 年 5 月就警告過礦業投資增加的危險（見 1.3〈這次沒什麼不同〉），但金融危機反彈後又過了五年，大宗商品的超級週期才反轉。馬拉松的長期投資紀律以及非常低的投資組合週轉率，非常適合應用資本週期的方法。

資本週期失靈

資本週期分析需要耐心、一定程度的執著（願意長期出錯）與逆向思維。一旦週期反轉，產業的產能過剩凸顯出

來，事態的發展似乎就無可避免。這是後見之明的偏誤。當時，結果似乎從未如此肯定。此外，有時候資本週期的正常運作會失靈。過去二十年來，網路摧毀了許多產業長期確立的商業模式，像是廣告業（黃頁電話簿）、媒體業（報紙）、零售業（書店），以及娛樂業（音樂產業和錄影帶出租）。新科技產生破壞性的影響，低估影響的投資人就會虧錢。[35] 一旦政策制定者保護某些產業（參見 5.4〈破產的銀行〉與 5.5〈模糊地帶〉），以及在國家資本主義的條件下（如現代中國發現到的現象，參見第六章〈中國症候群〉），資本週期的正常運作也會停止。

資本週期分析的原則

因此，資本週期分析的本質，可以歸納為下列幾項關鍵原則：

- 大多數投資人會花更多時間思考需求，而非供給。然而，需求比供給更難預測。
- 供給的改變受到產業的獲利能力所驅動，而股價往往無法預測供給面的變化。
- 價值／成長的二分法是錯的。在供給面支持的產業

裡，企業有很高的評價是合理的。

● 管理階層的資本配置技巧最為重要，與管理階層會面往往可以得到有價值的見解。

● 投資銀行家會推動資本週期，很大程度會損害投資人的利益。

● 一旦政策制定者干預資本週期，市場清算的流程可能會停止。新科技也有可能擾亂資本週期的正常運作。

● 通才更能採用資本週期分析必備的「外部觀點」。

● 長期投資人更適合應用資本週期法。

本書概要

我會用以下的順序來編排馬拉松公司《全球投資評論》的文章：第一章是〈資本週期革命〉，會觀察各種產業的資本週期運作（從漁業到風力發電機等）。如上所述，當高獲利能力導致資本支出增加，資本週期就會進入危險的階段，正如近幾年礦業和石油產業發生的情況。在那些案例中，礦業公司的資本支出對折舊率的增加，以及能源公司現金轉換率的下降，對投資人而言都是危險的訊號。一旦低獲利能力導致產業整合，資本週期就會進入良性階段，正如全球啤酒產業在世紀之交所經歷的情形。或者，當產業參與者停止惡性競

爭、學會互相合作，資本週期就會出現正向的轉變。

第二章是〈成長中的價值〉：這章的標題避開了傳統的成長／價值二分法。馬拉松公司拒絕被貼上「價值投資人」的標籤，這個標籤，通常與買進基於會計指標衡量的廉價股票有關。反之，馬拉松公司的目標是尋找價格低於公司估計的內在價值、且具有強大競爭地位的股票：這些公司也許受惠於網路效應、占據安全的利基市場、牢牢扎根在產業供應鏈中，或是享有訂價權，因為它們會藉由第三方銷售產品，更重視品質、而非價格。馬拉松公司認為，對於被深厚護城河保護的公司而言，高評價往往很合理。亞馬遜等獲利微薄或沒有獲利、但擁有高評價又快速成長的公司，只要產業的供給面繼續提供支持，仍會是很好的投資標的。

第三章是〈管理階層很重要〉：從中期來看，公司的表現取決於經理人如何妥善配置資產。因此，為了評估管理階層資產配置的技能，與管理階層的會面至關重要。馬拉松公司認為，與執行長會面可以學到很多東西。乘坐私人飛機飛來飛去、花時間建立豪華新總部，或是貪婪又虛榮的經理人，通常為股東帶來的報酬都很差。最偉大的經理人──像是芬蘭桑普集團（Sampo Group）的比恩‧華魯士（Björn Wahlroos）──會了解自己產業的資本週期，並以逆向的方式進行投資。

第四章是〈注意醞釀中的事故〉：金融危機令世界大部分的地區措手不及，不過我們也可以用資本週期的角度來分析銀行業。通常來說，銀行資產（貸款）強勁成長就是個負向指標。雷曼兄弟破產之前那幾年，馬拉松公司的投資專家曾與許多銀行會面，並對所見的情況越發擔憂，特別是看到盎格魯愛爾蘭銀行（Anglo-Irish Bank）的情況——這家銀行一旦倒閉，勢必會危及愛爾蘭的主權信用。位於歐洲的瑞典商業銀行（Handelsbanken）則提供了一個模型，說明如何克服現代銀行業許多固有的缺陷，包括資產負債錯配，以及長期以來的短視心態。

第五章是〈活死人的價值〉：各國政府透過降低利率及資助遭受重創的產業（例如歐洲汽車業）來應對金融危機。此舉干擾了創造性破壞的經濟流程。低報酬的企業能夠在超低利率的時代生存下來，使歐洲進入「殭屍」資本主義時代，與日本失落的十年如出一轍。低利率還會鼓勵投資人追逐收益率，並在未來的某個時間點構成資本損失的威脅。

第六章是〈中國症候群〉：許多投資人相信投資報酬會隨著經濟成長。然而，打從 1990 年代初期中國重新開放以來，儘管偶有泡沫出現，中國股市的報酬一直很糟。中國股市的低報酬主要是北京當局投資密集成長模式導致的結果，這個模式仰賴廉價資金、債務減免與永無止境的資產成長。實際

上，許多中國 IPO 公司都是從大型國有企業分割出來，並以虛假的獲利當作幌子，進一步損害投資人的利益。

第七章是〈深入了解華爾街──投資績效的真相〉：如上所述，馬拉松公司天生就對現代投資銀行家抱持懷疑的態度，他們眼裡只有收費（和獎金）。本書的結尾將描述虛構的投資銀行家、也是投資銀行古里斯賓的負責人史丹利·切恩的古怪行為，藉此諷刺華爾街。如果與實際的銀行家和銀行有任何雷同之處，不論生死，全屬巧合。

PART 1

投資哲學

第 1 章

資本週期革命

　　下列文章描述各種產業的資本週期運作，從鱈魚捕撈業、全球釀酒業，到風力發電機製造業。這些文章有個共同主題：了解競爭（或供給面）如何隨時間演變的重要性，以及競爭在決定產業和個別公司的股東權益報酬率上，所扮演的角色。此外，有些文章強調管制的惡性影響，以及技術對特定產業資本週期潛在的破壞性影響。

　　了解資本週期可以幫助我們識別並避開投機泡沫。很多時候，高報酬會吸引資本挹注，滋生過度競爭與過度投資。例如近年來資源開採業的資本支出呈現罕見的爆發式成長。下面介紹的四篇文章強調，過去十年內，礦業和石油與天然氣業的投資水準不斷增加，置股東於危險之中。

1.1　合作的演進（2004 年 2 月）

產業裡的不穩定，可以創造出提高未來報酬的條件

1980 年代，美國政治學家、《合作的競化》（*The Evolution of Cooperation*）作者羅伯特・艾瑟羅德（Robert Axelrod）邀請賽局理論專家反覆研究該領域最著名的問題：囚犯困境賽局。[1] 艾瑟羅德發現，長遠來看，採取「以牙還牙」或互惠的政策是最成功的策略。他提到，在第一次世界大戰期間的戰壕，有個耐人尋味的「以牙還牙」案例。當雙方長期對峙，英軍和德軍之間就會自發呈現不必言喻的休戰。如果任何一方違背契約，受害的那方就會報復，之後又會恢復休戰。

從投資人的角度來看，類似基礎工業的合作，對於創造股東價值至關重要。訣竅在於確定合作行為可能存在、或可能演變的條件，同時避開不太可能發生這種情況的產業。對於逆向投資人來說，某個產業過往的報酬很差，可能正是潛在的機會；畢竟如果公司做出反應，認為有必要修復資產負債表，那麼合作的行為就有可能出現。

就像美國經濟學家、《穩定不穩定的經濟》（*Stabilizing an Unstable Economy*）作者明斯基（Hyman Minsky）觀察到的，

金融穩定正在破壞穩定，因為它會導致各種過度的行為。因此，從資本週期的角度來看，不穩定可以創造穩定的條件。

對我們來說，理想的資本週期機會，往往是從過度競爭的局面中進化出少數的大玩家，而且實行美其名的「定價紀律」（pricing discipline）。只有少數玩家很重要，因為報復（比如降價）很可能是占據領導地位的價格制定者手中，更為強大的武器，儘管還是需要進入障礙，來阻止機會主義者利用任何價格保護傘進入產業。

某些已經形成寡占的產業具有潛在有利的資本週期，但績效表現仍舊很差。某種程度來說，是因為「以牙還牙」策略只有在戰略可以正確辨別的情況下才會有效。以汽車業為例，日常的競爭激烈，雜音太多。汽車製造商不但得決定價格，還要決定規格配備、客戶的融資條件、推出哪些新車款、服務和維修條款等等，進而產生矛盾的結論，認為產品差異化可能會阻礙超額報酬的取得。這可以拿產品相對沒什麼差別的鋼鐵和造紙業廠商來做對比。

政治也會阻礙資本週期的運作。例如在歐洲汽車業，福斯汽車（Volkswagen）多年來一直實行維持市場份額策略。在福斯汽車，公司最大的單一股東下薩克森邦議會（State of Lower Saxony，擁有 18.2％的股權）著重當地的就業條件，它們更在意相關利益者的利益，而非股東的利益。在航空業

則可以看到，保護「國家冠軍」的習性在歐洲並沒有消失。

交易頻率可能是另一個讓人困惑的特徵，例如在航空業，訂價決策已經下放給第一線的經理人，創造了一個刀刀見骨的競爭戰場。同樣，如果拿歐洲的汽車玻璃產業對照，這個產業剩下三家廠商享有長期供給協定，而且很少會事先針對明確發出訊號的新產能做出決定。

艾瑟羅德認為，「以牙還牙」的策略之所以能成功用於反覆進行的囚犯困境賽局，應該歸功於所謂的「未來的陰影」（shadow of the future），這會影響當前賽局的決策。如果參與者認為，競爭對手會在之後的賽局進行報復，他們就不太可能在當前的賽局背叛對手。第一次世界大戰中，參戰的將軍們就曾因部隊採取「自己活，也讓別人活」的政策而怒不可遏，他們意識到，若要改變這種行為，就得移除「未來的陰影」。他們減少了部隊在特定壕溝服役的時間，使士兵更難與對手建立（非）交戰的合作法則，藉此做到這點。因此，如果從經理人對競爭對手的行為所做出的回應，看出這些產業的經理人正在擴大「未來的陰影」，那麼，這樣的產業就是比較好的產業。

生物的進化會藉由天擇運作，合作的進化也是如此。就業或反托拉斯的問題削弱了這個過程的效力，尤其是《美國破產法第十一章》的保護。以前我們就注意到，不讓參與者

退出可能會導致「不適者生存」。同理，在更廣泛的總體經濟層面上，聯準會的低利率政策，也就是利用房市／信貸泡沫取代投資／科技泡沫，（到目前為止）已經阻礙許多自然進化的力量，但這又是另一個故事了……。

參與者少、合理經營、有進入障礙、缺少退出阻礙、參與規則不複雜的基本工業，是企業進行合作行為的理想環境。辨別當前擁有這些條件的產業相對容易，這可以（從目前的股東權益報酬率可略知一二），且正因為如此，真正豐厚的投資報酬，只有在正發展到這種狀態的產業中才找得到。從資本週期的角度來看，值得欣慰的是出於各種行為上的原因，大多數的投資人都會對此感到意外。在許多競爭激烈的戰場上，我們一直在尋找下一次突然出現的和平。

1.2　鱈魚哲學（2004 年 8 月）

鱈魚捕撈業是個很好的例子，說明在政府干預之前，
資本主義一直在發揮作用

思慮周密的投資經理人可能會把查爾斯・艾利斯（Charles Ellis）的《資本：長期優異投資的故事》（*Capital: The Story of Long-Term Investment Excellence*）選作本年度的海灘讀物。不

過我們今年挑選的假日讀物是馬克・科蘭斯基（Mark Kurlansky）的《鱈魚》（*Cod*）。在這本精彩的書中，科蘭斯基從社會歷史學家和美食家的角度描述鱈魚捕撈和加工業的興衰，而且他用美食遊記的形式撰寫此書，並附有食譜。食譜看起來很吸引人，但是我們還是建議，從資本週期的角度來閱讀，如此一來，這個產業的興衰故事就會變得更加有趣。

儘管海裡一直有很多鱈魚，但因貿易而受惠的人卻不斷在改變。以下我們從投資人的角度來看此書的摘要，並對於重新詮釋科蘭斯基先生這本優秀作品致上歉意。

鱈魚之所以珍貴，是因為牠的蛋白質含量高，而且油脂含量低。新鮮鱈魚的骨肉很好分離，因此很容易備餐。曬乾之後，水分蒸發，有超過 80％ 是蛋白質。整條鱈魚幾乎都可以拿來運用。在冰島，內臟可以當作肥料，甚至連骨頭都可以用牛奶軟化，給小孩吃；鱈魚很大，而且很容易捕獲，因為捕獲實在很容易，連以釣魚當休閒的人都沒什麼興趣。鱈魚市場從北美一路延伸到歐洲和加勒比海地區。在捕漁業，有鱈魚的地方，就是財富所在之處。

十六世紀初期，鱈魚非常珍貴，葡萄牙漁夫會航行到紐芬蘭（Newfoundland）捕撈鱈魚，供應西班牙的巴斯克市場（Basque market）。這趟旅程可不輕鬆，科蘭斯基提到：「歐洲的野心遠遠落後技術，在更好的船隻與導航系統開發出來之

前，這趟新冒險沉船與失蹤的現象比比皆然。」可以肯定的是，鱈魚的價格確實反映在這些試驗上，至少足以為這個產業的發展提供資金，因為一直到十六世紀中，歐洲的食用魚有超過 60％是鱈魚，這個比例在近兩百年間幾乎沒有改變。

為了讓鱈魚可以度過漫長的旅程、抵達市場，鱈魚要除去內臟、曬乾並醃製。以風帆為動力的小型拖網漁船空間有限，因此加工會在港口進行。鱈魚廠附近的港口，像是紐芬蘭、新英格蘭和冰島海岸，可以在天然裸露的岩石上曬鱈魚，這些港口自然成為海中豐富魚類和歐洲家庭的節點。

鱈魚加工蓬勃發展，「不需要什麼特別技能，沒什麼資本的人都能因此致富」。然而，這個系統中的節點（也就是產生超額利潤的地方）並沒有在漁港停留太久，這些港口太小，跨大西洋的貨船無法停靠。瓶頸自然而然轉移到附近最具中央市場規模的大型港口，以新英格蘭來說，那個港口就是波士頓。

美國獨立戰爭之前，英國和麻州發出貿易壟斷權，要求殖民地要向選定的英國港口出售波士頓的醃製鱈魚。但英格蘭有自己的鱈魚產業，喜歡新鮮的魚而非醃製的魚。新英格蘭的鱈魚市場依然在歐洲大陸，特別是西班牙和葡萄牙的巴斯克地區。因此，英國當局對非法貿易視而不見，新英格蘭企業家便直接把醃製鱈魚賣給歐洲人，換得貨幣與原物料，並將品質較差的下腳料，直接賣給加勒比海地區的甘蔗園，

用來換取糖蜜。

三方貿易就此演變：船隻將新英格蘭醃製的鱈魚運往歐洲，將非洲奴隸運往加勒比海的甘蔗園，再將加勒比海的糖蜜運到新成立的新英格蘭蘭姆釀酒廠。到了十八世紀，以鱈魚為中心運作的三方貿易，使得新英格蘭從滿是挨餓殖民者的遙遠殖民地搖身一變，成了一個擁有成熟「鱈魚貴族階級」的國際商業強權。

這個階段一直持續到技術終於趕上，或是說至少有三種技術結合起來發揮作用為止。第一個技術由克拉倫斯・伯德西（Clarence Birdseye，除了他還會有誰？）於 1920 年代開發，他做了一系列的家庭實驗，包括將活生生的梭魚放進浴缸，惹毛妻子，成功開發出食物冷凍技術。其次，引進蒸汽動力拖網漁船。這種漁船比風帆動力的漁船更大、更有效率，理論上可以將海洋裡的魚類一網打盡。第三項是聲納，鱈魚群的位置首度能準確定位，且到了 1930 年代，聲納已成為英國船隻的標準配備。一旦食物冷凍技術被納入新型的蒸汽動力拖網漁船，就不需要停靠在舊港口醃製魚獲、或付佣金給波士頓的市場。西班牙的船隻在紐芬蘭海岸捕魚，接著在法國的拉羅謝爾（La Rochelle）卸下新鮮魚貨，因此舊港口和波士頓市場開始沒落。

然而，新設備非常昂貴；想當然耳，「沒有資本的人」禁

止進入這個行業，留在這個產業的人則是借了大量的金錢來維持競爭力。每個人的財務動機都是捕更多的魚來償還債務，過度捕撈變得司空見慣。隨著魚價下跌，漁夫陷入「囚徒困境」，選擇捕更多的魚。爭奪捕魚權的「鱈魚戰爭」就此爆發，產業也因此陷入危機。

第一個干預鱈魚戰爭的政府是冰島，它宣稱沿海水域 1 英里內屬於主權範圍，然後宣稱的主權範圍擴增到 4 英里，接著是 50 英里，到了 1973 年則是 200 英里。效應是將水域變成國有，藉此支持當地工業，並迫使外國船隻轉移到其他地方。加拿大、美國和歐盟政府別無選擇，只能仿效這種做法。沒多久，北大西洋就被分為四個專屬區，並設定捕撈配額，讓枯竭的魚群得以恢復。

從資本週期的角度來看，這樣的干預是場災難。原本資金會離開這個產業，生產能力會萎縮，價格會上漲到符合經濟報酬率。然而，政府透過徵稅來補助產業，維持高生產力與低魚價變得理所當然。更糟糕的是，配額制度在管理上很複雜，執行不易，且經常被蔑視。有報導指出，漁夫每賺得 1 美元，加拿大政府就為產業投資 3 美元，已然創下官僚效率低下的新紀錄。

大約一百五十年間，鱈魚捕撈和加工產業已經從一個在港口、到市場、再到食品加工商賺取超額利潤的產業，演變

為以魚類消費者為主要受益者的產業。這個過程的主要驅動力是技術成本的降低，而技術成本降低也消除了在產業過程中的節點賺取的超額利潤。

正是出於這個原因，馬拉松公司的研究不僅關注一家公司獲利能力的規模大小（節點的規模，也就是波士頓港口的容量是多少？），也會關注公司的永續性（為什麼要停在波士頓？）。擁有股票的時間愈長，永續性就變得愈重要，因此，我們關注的是可以自己控制節點的公司。Nike 的媒體預算花 10 億美元夠嗎？艾莎伊倫家具連鎖店（Ethan Allen）的廣告費用充足嗎？全球程序控制大廠英維思（Invensys）的研發有專利嗎？對於自身命運掌控能力較差的公司，我們則關注產業的供給面，藉此尋找競爭水準提高的跡象。泰國水泥業會再次擴張嗎？自行車零組件廠商 Shimano 是否愈來愈容易受到推出利基商品的競爭對手攻擊？

整個經濟體中，如鱈魚產業掏空利潤般的資本週期過程隨處可見。從引進柏思麥煉鋼法（Bessemer Process）到鋼鐵廠整合（主要是透過輕型的迷你鋼鐵廠相互競爭），再達到商品化，花了大約七十年的時間。超級商場花了三十年讓百貨公司的商品跟它們的商品變得無法區分；在半導體產業，超額利潤不到兩年就被榨乾。今日投資人面對的問題是，在媒體傳播、電信和網路拍賣產業上，同樣的過程需要花多長的

時間？這些產業中，哪個企業最終會淪為二十一世紀的紐芬蘭港口或波士頓魚市？

1.3 這次沒什麼不同（2006 年 5 月）

高價的大宗商品，正引起供給面做出反應

如果最近報紙的報導可信，現在正是法國鐵路號誌員苦不堪言的時期。由於近期銅價上漲，吸引順手牽羊者的注意，號誌員不得不去應對空前嚴重的號誌銅線被竊問題，從高空的電線到埋在地下的電線都有人偷。報導指出，僅僅一段鐵軌，就有 7 噸的銅線被竊。與此同時，英國皇家鑄幣廠警告民眾不要妄想鎔化手上的便士，因為有人相信，現代硬幣的含銅量比貨幣本身更有價值。這些奇怪的情況是近幾年大宗物價普遍上漲所導致的結果。2001 年底以來，銅價已上漲了六倍，其他金屬包括鐵礦、鋅、鋁，當然還有黃金，價格也開始上揚。

蓬勃發展的部分原因在於新興國家的需求，尤其是中國和印度，這些國家的經濟成長快速，建設的水準很高，且生產效率相對較低。據說，大宗商品的「超級週期」正在發生。[2] 1990 年代中後期，大宗商品價格較低，那時的供給因投

資不足而受限。大宗商品呈現多頭行情，顯示這個週期與之前的投資不同，因為更好的投資紀律，據說可以抑制供給水準。此外，採礦設備出現短缺。近期一份券商報告聲稱，開採成本節節攀升（據說成本在過去兩年上漲了大約 30%），確保大宗商品價格不斷上漲，因為礦業公司能夠繼續收取更高的價格。這就是多頭市場的循環論證。

大宗商品的價格上漲，自然會吸引華爾街的興趣。資產配置專家聲稱，大宗商品應該被視為每個投資組合裡的重要部分。如今避險基金是大宗商品專家，銀行正計劃把大宗商品交易人員數量翻倍，而且緊接著有報導說，（幾年前可能還失業的）大宗商品交易員的簽約金高達七位數。幾家投資銀行已經開發了專業的大宗商品指數，無庸置疑，它們將使用這個指數向客戶銷售衍生性商品。馬拉松公司收到了大量的邀請，要我們參加大宗商品專業領域的奇特會議（與風力發電、太陽能發電與碳排放會議的邀請一起出現）。大宗商品相關基金日益流行，表明所謂的趨勢跟風者（也就是散戶投資人）正在採取行動。

簡單的經濟學分析顯示，有些大宗商品價格的快速上漲將無以為繼。以銅為例，目前的生產成本大約是每磅 0.8 至 0.9 美元；邊際生產成本略高一些，大概是每磅 1.2 美元。但目前的價格是每磅 3.6 美元，是生產成本的三倍（五年前，銅

的交易價格只有 60 美分）。我們很難不察覺到其中投機的情況，因為避險基金和其他非工業買家在推高價格，期盼在價格反轉之前退場。

　　大宗商品的多頭行情把高價歸咎於供給短缺，認為需要更高的價格來促使廠商進行生產上的投資。儘管如此，可以肯定的是，額外的供給會在未來的某個時間點出現。[3] 的確，礦業公司肯定會以大家預期的方式對訂價情況做出反應：最初它們對價格的上漲抱持懷疑的態度，但之後它們開始大量投資，帶來新的供給。2003 至 2005 年，採礦成本多了一倍。這種額外支出大多數是因為必須吸收更高額的生產成本，但還有其他成本。實際上，一些礦業公司認為，銅的供給量將會很充足，幾年後就會出現相當龐大的產能過剩，供給的瓶頸不會永遠持續下去。

　　需求是供需等式的另一個部分。中國的需求確實成長非常強勁，但要知道，推斷這樣的需求會持續到多久遠的未來，卻非常困難。我們可以說，隨著經濟的發展，各國在使用原物料上通常會變得更有效率，因此，在中國看到同樣的情況逐漸發生，應該沒什麼好訝異的。

　　實際上，中國政府已經表明，它們希望未來經濟更朝著以服務業為主的方向發展。中國巨頭試圖放緩步伐，可能會對需求產生相同的影響，但放緩的速度可能會比加速的速度

更快。預期大宗商品價格長期上漲會對需求產生負面影響，就像 1970 年代的高油價迫使產業提高石油使用效率一樣，似乎也很合理。這種情況似乎已經在德國發生，在德國，建築業逐漸以更便宜的 PVC 塑膠管取代銅管，銅管的需求量從 9 萬噸腰斬至 4 萬 5,000 噸。

隨著資本週期在大宗商品上發揮作用，也許我們該好好關注近期一次小泡沫的結果：貨櫃航運業的泡沫。在這方面，幾年前我們就曾斷言「超級週期」將出現，因為早期投資不足導致新船短缺，而中國的強勁成長，使得航運需求每年以兩位數字的速度成長。實際上，我們甚至收到奇特的專業貨櫃航運業的會議邀請。在這個「千載難逢」的條件刺激下，航運公司在 2005 年中掀起了併購熱潮。產能全開的造船廠未來幾年的產能全被預訂一空，這種狂熱標誌出週期的高峰，運費（以及航運公司的股價）如今已經大幅下跌，同時供給還在繼續增加。[4] 大宗商品界也將出現這種跡象嗎？

1.4 超級週期的困境（2011 年 5 月）

大宗商品產業正呈現出典型的跡象：資本週期處於頂點

粗略分析大宗商品產業的資本週期——尤其是近年來大

宗商品的資本支出大幅擴張，以及對原物料需求的不穩定下——我們可以看出，大肆炒作的大宗商品「超級週期」正進入低迷期。

這個資本週期打從幾年前就開始了，當時，大宗商品價格回升，導致礦業公司的股東權益報酬率出現實質性的改善。一開始，礦業公司對產業條件改善的反應似乎掌握得不錯，隨著大宗商品價格開始上漲，到了 2000 年代初，資本支出相對於現金流量有些微下降。股市也沒有泡沫。礦業股票表現良好，因為基本面從沒有這樣好過。

壞消息是，大宗商品產業正呈現典型的跡象：資本週期處於頂點，更高的投入資本報酬率會吸引更多資金，使股價更高，導致更多併購和 IPO。MSCI 世界指數（MSCI All Country World Index）中 124 家公司的礦業資本支出預期將從十年前的不到 300 億美元，增加到 2011 年的 1,800 億美元，增加六倍（見圖 1.2）。

這些投資的影響都要過一段時間之後才會發生。然而，幾年之後，礦業資本支出的激增會把產量推到新高。美林證券（Merrill Lynch）估計，2000 至 2014 年間，全球的鎳礦產量總和從大約 1,000 公噸，攀升到大約 2,000 公噸（增加 100%），銅從大約 1 萬 5,000 公噸，增加到超過 2 萬公噸（增加 33%），鋁從大約 2 萬 5,000 公噸，增加到超過 5 萬公噸

圖表 1.1　大宗商品名目價格的變化（2001–2010 年）

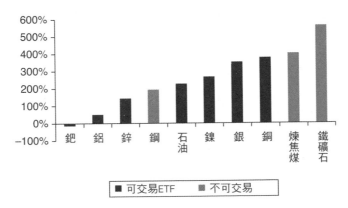

資料來源：Macquarie

圖表 1.2　MSCI 世界指數的礦業資本支出

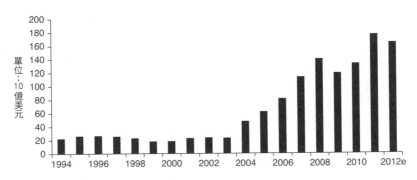

資料來源：FactSet, Bloomberg, Marathon

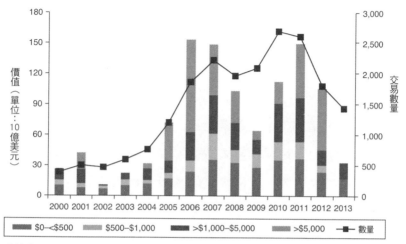

圖表 1.3　金屬工業與礦業的全球併購活動

價值（單位：10億美元）

交易數量

$0–<$500　　$500–$1,000　　>$1,000–$5,000　　>$5,000　　數量

資料來源：PricewaterhouseCoopers

圖表 1.4　金屬工業與礦業的資本市場融資

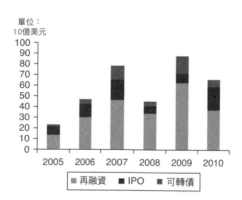

單位：10億美元

再融資　　IPO　　可轉債

資料來源：Dealogic, Credit Suisse

（增加 100％）。此外，最令人印象深刻的是，全球鐵礦產量將從世紀之交的 10 億公噸，增加到 2014 年大約 22 億 5,000 萬公噸，十年來增加了 125％。

投資銀行家並沒有忽視礦業財富的變化，他們一如既往，向市場推出具吸引力、大宗商品主題的 IPO。2005 至 2010 年間，金屬工業和礦業上市公司的數量增加了 50％；隨著這個產業的交易規模愈來愈大，銀行家還進一步慫恿礦業客戶掀起併購風潮。任何產業的大量 IPO 與重要併購活動，往往都在資本週期的後期階段發生。

因此，在大宗商品價格遠高於邊際生產成本的情況下，愈來愈多資金進入這個產業，就算是高成本的生產商也是如此。當這個超級週期最終轉向，也就是大宗商品價格下跌到重置成本前，可能還有很長的一段路要走。對於只追求符合大盤績效表現的投資人來說，這會造成問題，因為從 1999 年的低點上漲三倍多的金屬工業和礦業，目前在富時世界指數（FTSE World Index）的占比已經接近歷史最高點。[5]

與中國崛起相關的大宗商品「新典範」，是許多評論家津津樂道的話題。幾乎所有對大宗商品的需求成長都源於中國對原物料永無止境的胃口，如今中國消耗全球鐵礦石、鎳、銅、鋅大約一半的產量。然而，大宗商品的多頭行情似乎忽略了一些令人不安的跡象。其中最明顯的就是，中國的固定

資產投資勢不可擋地上升到 GDP 的 50％左右，就算是酷愛到處修路的日本，投資最高也只占 GDP 的 30％。因此，大部分的資金都被浪費掉了當然不奇怪。

中國工業的淨營運資產報酬率很低，而且持續呈現下跌趨勢。但是，獲利能力低並不能阻止中國的國有企業投資。舉例來說，在電力產業，資本支出占營運現金流量 100％以上（水泥和鋼鐵的資本資出相對於 EBITDA〔注：Earnings Before Interest, Taxes, Depreciation and Amortization 的簡稱，息稅折舊攤銷前盈餘〕只在相對低的水準）。更糟糕的是，上述所有產業全都負債累累。樂觀主義者希望北京當局鼓勵產業整併，並減少產能。但就算這些產業的投資成長速度放緩，對大宗商品的整體需求來說，也不是什麼好消息。

投資人忽視中國經濟過熱的跡象，迷戀已經吸收大量資金（而且還在持續吸收）、供給一窩蜂增加的大宗商品產業。我們認為，這些情況清楚表明大宗商品的行情已要完結。

1.5 做大格局（2010 年 2 月）

產業整合已經提升了全球啤酒釀造產業的定價能力

「大多數人一開始會討厭啤酒的味道，然而，許多人已經

能夠克服這種偏見。」

　　——溫斯頓‧邱吉爾爵士（Sir Winston Churchill）

　　多年來，馬拉松公司的歐洲投資組合在，啤酒業上唯一的部位（在此討論的當然是投資部位，而不是黃湯下肚帶來的任何選股靈感），就是持有海尼根的股票。2002 年，我們首度買進這家荷蘭釀酒廠的股票；一直到 2008 年，這段持股經歷都不算特別愉快。在這段期間，這檔股票的表現落後廣泛歐洲市場指數大約 30％，儘管 2009 年有恢復一點點。

　　海尼根股價表現不佳的部分原因，在於一系列糟糕且高價的併購。這家公司在 2009 年之前的十年投資了大約 95 億美元，那段期間，股東權益報酬率從 20％降至 10％以下。2008 年，正值英國正步入衰退、匯率條件不利，海尼根不幸併購了英國啤酒商蘇格蘭新堡（Scottish & Newcastle）在英國的釀造資產，就此達到併購的高峰。雖然其他釀酒廠的情況沒有那麼糟糕，但是釀酒產業的整體股東權益報酬率從 2000 年的 13％，下跌到 2008 年的 9％。考量到這些條件，有些人可能會很驚訝：我們還是克服了自己的偏見，一直在釀造產業上增加部位。歐洲有四家上市啤酒釀酒廠，目前我們的歐洲投資組合，就擁有三家公司的股票：海尼根、嘉士伯（Carlsberg）、安海斯－布希英博（Anheuser-Busch Inbev），另一家釀酒廠南

非美樂（SABMiller）則屬於英國投資組合。

　　導致過去幾年報酬率大幅下降的併購活動，是廣泛產業整合的一部分。產業整合實際上從 2002 年就開始了，當時南非釀酒廠（SAB）收購了美國的美樂啤酒（Miller）。其他重要的併購活動包括 2004 年巴西的美洲啤酒公司（AmBev）與比利時的洲際釀酒廠（Interbrew）、2007 年南非美樂與摩紳庫爾斯（Molson Coors）在美國合資、海尼根和嘉士伯在 2008 年收購蘇格蘭新堡，接著在同一年，英博巨額收購了（高達 600 億美元）美國市場領導者安海斯－布希（Anheuser–Busch）。最近，海尼根出價 76 億美元收購墨西哥釀酒廠 FEMSA，這家公司在墨西哥的市占率排名第二，在巴西排名第四。

　　除了無止境地把併購費用交給投資銀行、各種公司名稱拆開重組令投資人頭昏眼花之外，這些交易活動的漫長過程，還導致下一頁圖 1.5 顯示的情況：全球啤酒市場集中在四大（歐洲上市）參與者手中，它們的啤酒銷量占全球啤酒銷量的 50%。

　　這個過程在某些市場更為明顯，市占率會變得異常集中。舉例來說，以價值來看，美國是全球最大的啤酒市場，80% 的市占率在安海斯－布希英博和美樂庫爾斯合資公司（Miller Coors）等兩大廠商手上。英國是世界第五大市場，前三大廠商海尼根、摩紳庫爾斯和安海斯－布希英博占了市場

份額 67%。在第六大市場也有同樣的情況，光是安海斯－布希英博的市場份額就占 70%，同時在第七大市場俄羅斯，嘉士伯、安海斯－布希英博和海尼根占了 70%的市場。

除了整併的規模龐大，另一個振奮人心的重點在於，四大廠商中，每間獲利的重心領域都不同；正如大家預料，獲利最大的比例來自擁有最大市場份額的地區。

這對獲利能力有什麼影響？2005 至 2010 年間，全球啤酒銷量穩定以 4%的速度成長。成長全都來自新興市場，尤其是中國（年成長 9%）和巴西（年成長 5%），當地民眾愈來愈富裕，且人均啤酒消費水準的基期較低。相較之下，西方市場的銷售增加相當平穩，某些情況下的銷量還在下降。有趣的是，美國和西歐市場在同一時期出現相當可觀的啤酒漲價，雖然這樣的價格無疑有「成本推動」的因素存在（啤酒最大的原料成本是大麥，大麥價格從 2005 至 2007 年間上漲了約 60%），但這也表明大型釀酒廠可以利用較大的市占規模，對零售商展開反擊，不用擔心破壞性的第三方干預。

這個令人振奮的流程還在持續，舉例來說，英國市場上最大的廠商已經宣布 2010 年要漲價 4%。在新興市場，要漲價很容易，部分原因在於零售通路更加分散，且通膨水準普遍較高，有可能隱瞞價格上漲。除了銷量成長以外，這個故事還與增進「優質化」（premiumization）有關，也就是說服

圖表 1.5 前四大釀酒廠的全球市占（銷量）

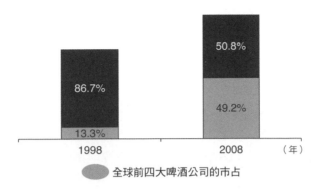

資料來源：Bernstein, Eurostat

消費者在變得更富有時，升級自己的消費。在歐洲，優質啤酒占據將近 25％的市場（美國則是 15％），但在新興市場，這個數字低於 5％。市場整合並不是優質化的先決條件，但是在市場上擁有高銷量，能讓釀酒商以更有經濟效益的方式，以不同的價位提供更廣泛的產品。

就供給面來說，有個資本週期觀點令人振奮：整併的流程似乎會讓啤酒產能減少，特別是在歐洲，市場分散各地，代表零售商產能持續過剩。有些廠商經歷了相當明顯的產能削減。舉例來說，在英國，海尼根併購了蘇格蘭新堡之後，市場少了 10％的啤酒產能。愛爾蘭、芬蘭和法國等市場也經歷了類似程度的產能削減，丹麥市場的產能削減幅度則比較小。此外，釀酒廠努力在採購等領域減少開支，尋找更多跨

境供給的機會，藉此提高利用率，並簡化產品的品項。

併購熱潮把整個產業的債務水準，推高到平均淨債務對EBITDA 的三倍左右，長期平均水準則是一‧五倍，自此，大家更加關注資產負債表的紀律，不太需要試著積極擴大銷量來捍衛市場份額。因此雖然從歷史上來看，公司在資本支出上的折舊率約為兩倍，但平均已經降至一‧五倍，也就是從銷售總額的將近 10％下降到 8％。有些公司也更加重視營運資金，採用明確目標削減支出。

重視定價、專注成本削減與資產負債表的效率，這些因素結合在一起，毛利和股東權益報酬率會提高，就在意料之中。至於這些公司的評價，平均自由現金流量收益率為 6％～7％，大約和經濟成長率差不多（或是少一點），顯示股票市場低估了市場整併與紀律改善，所帶來的潛在長期利益。由於釀酒產業的資本週期正在改善，用邱吉爾爵士的話來說，我們發現，我們已能克服偏見，開始增加啤酒的部位。[6]

1.6 石油峰值（2012 年 2 月）

**能源市場跟其他市場一樣，「只有提高價格，
才能解決高價問題」**

圖表 1.6　布蘭特原油價格

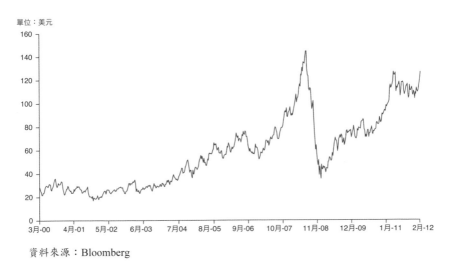

單位：美元

資料來源：Bloomberg

　　繼能源產業（主要由大型石油公司主導）在過去十二個月表現得比股市還好，以及油價接近歷史高點（見圖 1.6）之後，我們有必要重新檢視大幅減碼的能源產業。

　　許多學者已經提出各種理論來證明，高油價與在資產配置中加碼大宗商品是合理的，其中最主要的理論是「石油峰值」（peak oil）的構想。看多的預測顯示，新興市場不斷增加的能源需求，加上正在減少的石油蘊藏量，以及正在上漲的生產成本，將原油價格推升到一桶 200 美元以上。然而，雖然有人認為高油價短期內會使石油公司的獲利增加，但未來幾年的發展趨勢將會嚴重破壞油價和能源股票。

俗話說：「只有提高價格，才能解決高價問題。」因此，儘管原油價格似乎停在高檔，但油價持續在每桶 100 美元以上，仍是個令人振奮的發展，為能源投資人帶來愈來愈高的風險。北美的天然氣供給激增，新技術和更高竿的鑽探技術有助於提高產量，並降低來自傳統資源與頁岩氣的天然氣開採成本。美國的頁岩氣蘊藏量估計很龐大。開採技術不斷在改進，而且我們正處於水力壓裂革命非常早期的階段，因此頁岩氣的潛在蘊藏量很可能還是被低估，就像石油業早期的情況一樣。這些額外且更便宜的能源使美國的天然氣價格降低，並拉開了原油和天然氣之間的龐大價差。至少在美國，這些發展已經導致主要能源從石油和煤炭大幅轉向天然氣。

認為天然氣供給激增只會影響北美的人忽略了一個事實：美國不只是原油最大消費國（而且目前還是淨進口國），還進行大量投資，因而有能力出口這種便宜的天然氣。我們看到，美國的天然氣進口設備已經重新設計，盼能夠用於出口，還計劃建造新的天然氣出口設備。此外，為了利用十年來最低的天然氣價格，各產業紛紛開始將生產轉移到美國，甚至把實體資產也搬過去。以全球最大的甲醇製造商梅瑟恩公司（Methanex）為例，這家公司計劃拆除一間位於智利的閒置工廠，並把工廠運到路易斯安那州重新組裝。

高油價正推動能源市場發生其他重大改變。運輸業變得

更加省油（航空公司正訂購新的省油飛機／引擎，而且儘管貨船的載貨率低、舊船很多，貨運業者還在訂購省油船）。此外，愈來愈多非石油燃料的運輸工具問世，看看四周就知道了。在泰國，由於計程車、曳引機、公車與一些新汽車使用的新技術，天然氣的銷量已經超過了汽油銷量；在美國和英國（當地對「環保」車輛提供稅務優惠）有愈來愈多證據顯示，除了油電混合車，現在還有全電動車（從 Smart 的經濟型車款到特斯拉跑車），而且設備完善，可以為移動中的車輛充電；企業正在開發天然氣卡車（由納威斯達〔Navistar〕和潔淨能源燃料公司〔Clean Energy Fuels Corp〕製造），以及氫電池汽車〔由 Acal 製造〕）。簡而言之，直接投資在減少使用昂貴原油的投資計劃並不少。

與此同時，OPEC（注：Organization of the Petroleum Exporting Countries，石油輸出國組織）內部的產油國對於高油價有些自滿，一些國家正把高油價產生的額外營收投入社福支出，金額高達數十億美元。沙烏地阿拉伯現在要求以每桶 90 美元的油價來負擔國家的計劃支出（其他 OPEC 國家「需要」更高的油價）。但是，為了履行高社福支出的承諾，這些產油國必須以高價賣出相當大量的石油，進而使得掌控價格的任何銷量紀律變得更加困難，也因此削弱了 OPEC 未來影響油價的能力。

最近我們與幾家全球最大石油公司會面，也看出一些令人擔憂的跡象。資深石油業高階經理人似乎把對未來油價的預期價格，定錨在目前的市場水準上。舉例來說，道達爾（Total）已將用於證明開採與併購支出合理性的長期油價預測，從幾十年前的每桶大約 20 美元，提高到 80 至 100 美元的範圍。這家法國石油巨頭聲稱，根據這個上調的油價預測，它願意每年花 200 億美元。增加的支出預計會拉高道達爾每年的石油產量，道達爾認為，這會導致公司股票重新評價（上調）。[7]

道達爾並不是唯一的例子。整個產業都在根據過高的油價預測，來證明投資水準的增加合情合理。英國石油已經將用來測試新計劃的油價設定，從每桶 16 美元增加到超過 60 美元。即使是在加拿大擁有低成本石油和天然氣資產（以目前產量來看，蘊藏量超過 100 年）、管理良好的帝國石油（Imperial Oil），當今使用的預測價格是每桶 50 至 60 美元，相較之下，十年前是 35 美元至 40 美元。巴西石油（Petrobras）現下的目標是在未來五年投入 2,250 億美元，並在未來十年將已經很可觀的產量再增加一倍以上。

這家巴西石油巨頭假設未來五年的原油價格，是每桶 80 至 95 美元，從去年破紀錄發行新股的情況顯示（價值 700 億美元），在油價居高不下的情況下，新石油計劃的資金並不短缺。[8]

以石油公司目前的盈餘估算，股價目前看來並不貴：現金流量的評價則較低，股息收益率高於平均水準。但現在有個風險：石油公司對高油價的新假設，正把成本固定在高水準。這些公司在高成本計劃上花掉的穩健現金流量愈多，目前盈餘和現金流量的評價很可能就愈低。石油公司獲利的資金槓桿正在增加，所以盈餘特別容易受到油價大幅回檔的影響。而且高油價持續的時間愈長，調整的風險就愈大。考慮到這點，在我們的全球投資組合裡，將能源產業與特定股票的投資維持適當的權重似乎很合理。這個部位應該會在某個階段為績效做出明顯的貢獻，至少從相對績效來看是如此。[9]

1.7　主要問題（2014 年 3 月）

能源公司正受到資本支出熱潮遞延的苦果

現在是加碼石油公司巨頭的時機嗎？全球最大的五家石油公司股票總計占 MSCI 全球石油與天然氣指數（MSCI World Oil and Gas Index）的 40％，但本益比明顯比 MSCI 全球石油與天然氣指數低，且平均而言，還提供將近兩倍的股息殖利率。這樣的評價看起來似乎很誘人，但是仔細研究這五家石油巨頭近期的財務表現，就會發現前景堪憂。

2003 至 2012 年這段期間，雖然布蘭特原油（Brent Crude）一年內上漲了 16％，石油巨頭的淨利一年只成長了 8％。如果計入買回庫藏股的影響，石油巨頭的每股盈餘總成長率是 10％，落後標準普爾指數（Standard & Poor，簡稱 S&P）同期 12％的複合收益。2003 至 2007 年間，布蘭特原油價格飆升（一年上漲了 33％），導致石油巨頭的股東權益報酬率總共上升至 27％。用資本週期理論來看，這會導致資本支出巨幅增加，2003 至 2007 年，資本支出是折舊和攤銷成本的一‧二倍，2007 至 2012 年成長到一‧七倍。儘管資本支出上升，淨利實際上卻有些微下降，解釋大型能源公司的股東權益報酬率顯著下降，從 2007 年的 27％下降至 2012 年的 17％，2012 年時，油價上漲了將近 20％。

為什麼更高的油價和正在增加的資本支出，沒有帶來更快的盈餘成長？主要問題在於大公司費盡心思讓業績維持不變。石油和天然氣田的產量在生產週期內，以每年 5％的速度穩定下滑，因此需要大量的資本支出才能抵銷下滑率。最近，即將上線的石油探勘計劃品質未達到目前產品的水準，新油田技術上開採困難，且處於風險更高的區域。需要愈來愈多資本，才能提供相同水準的生產量，投入資本報酬率因此不可避免地下降，也解釋了為什麼近年來淨產量的增加會這麼少。總而言之，石油巨頭的產量在過去五年每年下降

約 2%。

當然，考量石油計劃本就很長期的特性，從計劃開始到發揮全部的生產力，大約需要六年的時間；近期資本支出的影響可能會在未來 5 年顯現，盈餘的成長隨之而來。然而，對未來四年（2014 至 2017 年）公司業績指引與分析師預期的分析並不支持這個論點。資本支出對折舊的比率依然很高，目前在一‧六倍，預期現金轉換率只有 50%，甚至比過去五年還低。[10] 此外，生產成長的預期依然低迷，每年僅成長 2%。雖然這個理論上比過去五年的成長率還高，但實際上往往無法達到預期。

因此，我們很難說現在石油巨頭的股價「便宜」。以現金收益來看的評價，遠高於低本益比顯示的情況。確實，如果預測正確，石油巨頭的股價是自由現金流量的二十二倍，將比大盤還高。但是，即使假設油價的調整相當有彈性，這個產業的盈餘成長前景還是會比市場前景還差。且從中期來看，油價下跌的可能性非常大，這可以從能源生產和使用的過程中看出來。

此外，投資人把資金投入石油產業時，為什麼應該要求要對現金流量倍數打折扣，是有特殊理由的。首先，每年所需的大量資本支出，代表投資人被迫對管理團隊正確配置資本的能力抱有很大程度的信心。過去這一直是個問題，因為

管理階層傾向關注成長、而非報酬，特別是油價強勁上漲的時候。其次，油田是壟斷資產。政府干預和強取回扣的風險比一般產業更高，而且產業資產的基礎組合愈是朝不太穩定的地區轉移，風險就增加愈多。

有任何抱持樂觀的理由嗎？憑藉資本週期，我們知道資本密集度與低報酬率的長期成長，最終會導致供給緊縮，為股東權益報酬率的反轉與更強健的股票報酬率奠定基礎。從這個意義來看，疲軟的油價對投資人而言可能是因禍得福，就像 2003 年以來油價快速上漲如詛咒般，伴隨而來的是以犧牲資本紀律為代價，日益增加對生產的關注。

1.8 資本週期革命（2014 年 3 月）

一家北歐風力發電機製造商所經歷的資本週期起伏

馬拉松公司希望在產業資本週期的兩個階段上進行投資：在被誤貼標籤為「成長」的領域，我們尋找的是比大多數投資人預期成長更為持久的高報酬企業；在這個領域，優秀的公司會想方設法，不讓自己趨於平庸。再者，在低報酬或「價值」領域，我們的目標是找到大體上被低估、但有改善潛力的企業。在這兩種情況下，股市參與者往往會錯估一家公

圖表 1.7　衰減率

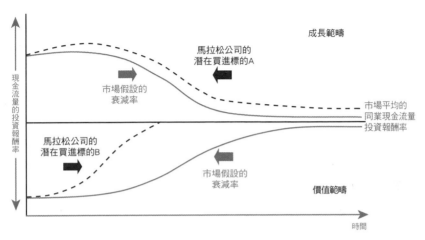

資料來源：Marathon, Credit Suisse HOLT

司變得平庸的速率（或是衰減率）。馬拉松公司自己的經驗顯示，由於公司行為上的原因，往往會出現系統性的訂價錯誤。

圖 1.7 說明企業報酬的「衰減率」，這是芝加哥郝特國際財務顧問公司（Holt Value Associates，現在隸屬於瑞士信貸〔Credit Suisse〕）提出的概念。郝特公司的股票市場隱含衰減率的概念，與我們關注產業內的競爭條件，以及資金流進（和流出）高（和低）報酬產業的情況非常吻合。使用這個架構，就能辨別出兩個潛在的買進標的。潛在買進標的 A，是一家可以維持超出市場預期的高報酬公司（上方虛線），也就是說，這家公司維持高於平均報酬的時間比平均時間更長。

潛在買進標的 B，則是一家可以比市場普遍預期更快改善情況的公司（下方虛線）。

馬拉松公司的經驗顯示，股票市場往往不擅長對有衰減特性的優異公司設定價格。對於潛在買進標的 A 來說，導致定價錯誤的原因很多：一個是低估進入障礙的持久性，另一個則是低估潛在市場規模和範疇的重要性。管理階層的資本配置技巧也經常被忽視。邦澤公司（Bunzl）是專業頂尖的企業對企業（business-to-business）經銷商，最近我們與這家公司的執行長會面，得到很大的啟發。儘管負責追蹤這檔股票的賣方分析師對核心事業的報酬，做出相當準確的預測，加上有二十年左右的證據支持，他們始終無法讚賞管理階層透過附帶性收購來為公司增加價值。投資人似乎也對邦澤公司這類「無聊的」高報酬公司有偏見，只因為這些公司並不會提供立即讓高股價上漲的前景。

產生潛在買進標的 B 的條件，通常源自市場誤判競爭減少帶來的效應，像是較差的公司因為被整併或破產而消失。或者說，不守規矩的寡占廠商可能厭倦了過度競爭，享受和平共存的景況。**資本週期的轉變通常會在最悲觀的時候發生**，因為最弱的競爭對手會在極端的壓力下投降認輸。一旦虧損的痛苦和低迷的股價同時發生，投資人就有可能找到絕佳的機會——如果他們願意以好幾年的角度看待投資，並忍

受短期波動，更是如此。

　　處理問題的管理技能也有可能被忽視，尤其是從外部招募新領導人，讓改變的可能性達到最大的時候。塞吉歐・馬奇翁（Sergio Marchionne）近年徹底改變飛雅特汽車（Fiat）就是一個突出的例子。[11] 出色的經理人不僅會受到財務報酬吸引，他們還會躍躍欲試，挑戰自己能否將一家出問題的公司擺脫困境。最近我們與魯伯特・索姆斯（Rupert Soames）會面時，這個因素顯而易見——過不久他即將擔任英國外包公司信佳集團（Serco）的執行長。

　　馬拉松公司歐洲投資組合近期例子，正好可以說明投資人面對低報酬公司的風險和機會。以維斯特風力系統公司（Vestas Wind Systems）為例，我們最初是在 2003 年投資這家公司，當時由於稅收優惠政策改變，維斯特在美國市場出現了短暫的業績低迷。維斯特收購當地的競爭對手，一部分是為了回應這個狀況。隨後，風力發電機的需求恢復，維斯特的股價便從低點一路漲到 2008 年的高點，上漲將近四十倍。

　　不過，好消息並沒有持續多久。隨著金融危機襲來，世界各地的風力發電計劃倏然停擺，當時，維斯塔新的風力發電機才正要投入發電。儘管我們在股價接近高峰時，將客戶的持股減了少四分之一（見圖 1.8），但後來我們剩下的持股不光彩地「回到原點」，市值減少了 96%。

圖表 1.8　維斯塔風力系統公司的資本支出對折舊率，以及相對股價表現

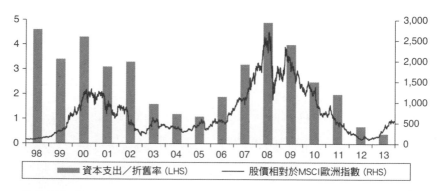

資本支出／折舊率 (LHS)　　　股價相對於MSCI歐洲指數 (RHS)

資料來源：Capital IQ, FactSet

　　維斯塔已然成為替代能源資本週期的犧牲品。公司的資本支出對折舊率從 2005 年的略高於一倍，上升到 2008 年的接近五倍，導致風力發電機產業產能過剩。事後來看，在危機來襲之際賣出我們所有的持股很合理，畢竟之後四年，股價的表現都不佳。如此一來，我們就不必回答客戶問我們「為什麼還要保有部位」之類的尷尬問題。

　　儘管如此，持續與這家公司聯繫，反而提供我們日後買進更多股票的機會，倘若我們出脫這些績效難堪的部位，就會錯失良機。2013 年初，我們與令人印象深刻的瑞典新任執行長會面後，馬拉松公司買進了更多股份，並把持股增加 90％，成為維斯塔最大的股東。在投資人對產業需求疲軟的擔憂過於

悲觀之際，新管理階層便能進行重大改組。資本支出在 2013 年已經削減至折舊的〇‧四倍，進而增加現金流量，也有助於修復脆弱的資產負債表。隨後股價上漲了 360％，我們不必再為沒有在股價高峰期間賣出更多股票而略顯尷尬。

一家公司如何從「價值型」買進機會，轉變成昂貴的「成長型」股票，然後在幾年內再次變得很便宜，維斯塔就是一例。投資人可以利用市場先生不斷變化的情緒來獲利。我們投資維斯塔的經驗也證明了適時反向買進的好處，儘管這個例子會合理產生與銷售紀律有關的問題。

1.9 成長矛盾（2014 年 9 月）

為什麼企業獲利會比經濟成長更晚出現？
資本週期可以解釋部分原因

認定企業獲利會跟經濟成長一起增加的投資人應該要好好檢視歷史數據。1960 年以來，以實質價值計算，美國的企業盈餘年複合成長率是 2％，同一期間，美國經濟成長率是 3.1％。由於平均股息配發率為 45％，因此，企業實際上是把大部分的盈餘再投資到事業上，結果獲利卻落後更廣泛的經濟成長。更令人不解的是，在這段期間，企業獲利占 GDP 的

比例實際上卻大幅增加，從 1960 年的 6% 上升到 2013 年超過 10%。問題出在哪裡？[12]

第一個問題是，長期以來，新股的發行量超過庫藏股買回數量，公司的股權因而被稀釋。舉例來說，在 2003 年的一篇論文中，威廉·伯恩斯坦（William Bernstein）和羅伯特·亞諾特（Robert Arnott）估計，美國市場的淨股票發行量每年大約為 2%。[13] 這個現象可以用「管理階層順景氣循環的行為」來解釋：管理階層特別愛在信心高漲、評價不錯之際買回庫藏股；只在環境不佳、且股價較低時，才會被迫發行新股。銀行業最近的經歷，就是管理階層高買低賣傾向特別嚴重的例子。

併購也呈現出相同的順景氣循環特性：併購行動往往會在多頭市場後期達到高峰。高價完成的交易會破壞股東價值。最後，管理階層對員工發行股票選擇權也會拖累股東報酬。如今，資金以 1% 的速度消耗並不少見，而且在股票選擇權強制列為損益表的費用之前，這個數字甚至更高。[14]

另一個解釋盈餘成長低得出乎意料的原因在於，新獲利不成比例是由未上市公司產生的。[15] 有一部分是因為私人企業比較少受到代理問題的拖累，而且沒有達成短期盈餘預期的壓力，因此私人企業往往會投資得比上市公司更多。此外，新商業模式和技術往往由未上市的公司開發，而且只有在相

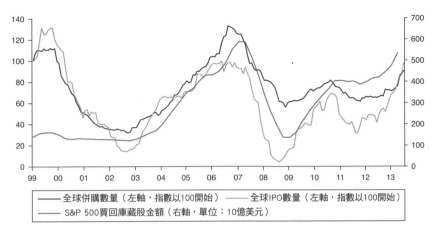

圖表 1.9　全球併購、IPO 與 S&P 500 買回庫藏股

全球併購數量（左軸，指數以100開始）　　全球IPO數量（左軸，指數以100開始）
S&P 500買回庫藏股金額（右軸，單位：10億美元）

資料來源：Citi, Dealogic

對成熟並通過高成長階段時，才會進入公開市場。對投資上市公司股票的投資人來說，這會帶來兩個問題：首先，新事業與技術會對上市公司的報酬產生顛覆性的影響；其次，與買回庫藏股和併購活動一樣，IPO 的活躍程度具有很強的順景氣循環（見圖 1.9）。也就是說，公司上市之際，評價通常會提高，進而導致整體的每股盈餘被稀釋。更糟糕的是，隨後資金流入股票市場，往往會直接導致報酬率最終惡化，尤其是當同個產業有很多公司上市的時候（1990 年代末，電信公司為了募集光纖網路資金，而首度公開發行的熱潮就是個典型的例子）。[16]

至於企業的獲利能力為什麼會比 GDP 延後反應，資本週期的概念提供一個更廣泛的解釋。強健企業獲利的主要驅動力在於有利的供給面，而非高需求成長率。因此，一個產業快速成長，為投資人帶來的好處可能只有一點點，甚至根本沒有好處。實際上，需求的強勁成長往往是價值毀滅的直接原因，因為強勁成長鼓勵大量的資金進入這個產業，從而削減報酬。

　　這類狀況在市場上其實很常見。數位半導體（digital semiconductors）的技術進步已經徹底改變了科技和經濟生產力，但半導體產業投資人的經歷卻深受挫折。產業分散的供給面結合了高資本密集和低產品差異化，導致經濟價值長期被破壞。直到最近，藉由產業整合、供給面有所改善，前景才轉而看好。過去六十年間，航空公司徹底改變了旅行的樣貌，帶來經濟效益；但供給面的疲軟，再度導致投資人的投資很不順利。[17] **就算**是最樂觀的科技股分析師也無法預測手機會變得如此普及，然而，這樣的遠見並無法幫助諾基亞（Nokia）、摩托羅拉（Motorola）或黑莓機（BlackBerry）製造商 RIM 長期受苦的股東。

　　因此，順景氣循環的管理行為，以及資本週期的破壞力量，很大程度可以解釋，為什麼美國股票市場的實質盈餘成長，沒有跟上更廣泛的經濟成長。證據顯示，經濟成長率愈

高，這些問題就會愈嚴重，而且，長期經濟成長率和股票市場報酬之間並不相關。中國股市或許就是個最明顯的例子：儘管 1993 年以來，中國經濟成長強勁，但中國股票的實質報酬率一直是負的，每年下跌 3％。

投資人不應該預期企業盈餘會跟經濟同步成長。反之，應該要留意那些謹慎使用資金的管理階層，所操作的罕見案例。企業分析的出發點並不是終端需求的前景，而是供給面的前景。我們的目標是在蕭條產業的資本週期正向反轉點，以及在供給基本面良好與穩定的產業中尋找投資標的。

第 2 章

成長中的價值

　　資本週期分析最初是由馬拉松公司發展出來的，這套方法期望從資本正在撤離的產業找到可投資的公司，並避開資產快速成長產業中的公司。其中的見解在於，資本撤出產業之後，該產業的獲利應該會增加，評價也應該會提高；而在資本湧進產業後，該產業的獲利會減少，評價會降低。換句話說，資本週期分析所談的全是均值回歸的驅動因素。然而，出於某種原因，我們也可以用同樣的分析模式來辨別能夠排除競爭的公司。

　　具有強大競爭優勢的公司，擁有巴菲特所謂的寬廣「護城河」，能夠維持獲利，而且通常會活得比市場預期的時間更長。因此，均值回歸會停止。從資本週期的角度來看，就可以觀察到，缺乏競爭的產業會避免做出與高獲利能力相關的

承諾。過去十年間，收購不符合均值回歸的公司股票，一直是馬拉松公司特別有成效的投資策略。

有點困擾的是，在基金產業的術語中，這種投資風格通常被稱為「成長股」投資，與「價值股」投資明顯不同。在網路泡沫之前與泡沫期間，業界把馬拉松公司貼上「價值股」投資人的標籤，但由於馬拉松公司投資了愈來愈多評價更高、而且成長前景更好的股票，公司擔心被人指責投資風格有所轉變。不過，正如導言中強調，「價值股／成長股的二分法」是錯的，至少對真正的**價值股**投資人而言，更是如此。價值股投資人的目標，不是買進在會計指標（本益比、股價淨值比等）上「便宜」的股票，也不是避開在相同基礎上昂貴的股票，而是尋找相較於投資人估計的內在價值（intrinsic value），相對低價的股票。

2.1 小心被貼標籤（2002 年 9 月）

**把基金經理人貼上「價值股」或「成長股」投資人的標籤，
會有扭曲投資流程的風險**

馬拉松公司經常會被分類為價值投資經理人，這並不公平，我們也反對這樣的描述，因為這過於簡化並扭曲了我們

的投資方法。價值投資經理人的傳統定義,是指投資在以股價淨值比、本益比、股價營收比或股價現金流量比來衡量,上述評價為低公司。價值投資方法與葛拉漢有關,他尋找本益比低、不受歡迎的股票,但這些股票可能會帶來超乎普遍預期的收益,也稱為「菸屁股」(cigar-butt)投資,因為這個標的被評為一文不值,但還剩下最後一口菸可吸。成長股投資的經理人則在光譜的另一端,投資本益比高的公司股票。

馬拉松投資組合裡的公司本益比往往低於平均水準,不是因為我們一直在試著尋找「菸屁股」。實際上,我們歐洲投資組合中的股票,有相對強勁的盈餘成長。造成這種明顯矛盾的部分原因在於,我們發現,成長前景高於平均水準的小公司,股價往往比較便宜。

雖然近期小型公司往往評價較低,大型股卻招來了高得不合理的評價。超大型基金經理人的增加是主要的罪魁禍首。在歐洲,MSCI歐洲指數由540支股票組成,但只有88支股票的市值超過100億美元。流動性的因素(也就是股票買賣一次所需的時間)阻擋了管理大量資產的基金經理人去投資市值低於這個門檻的股票。問題在於,市值最大的股票都集中在某些產業,並不能代表其他產業。由於四分之三的工業股票市值小於100億美元,因此工業股基本上被大型股經理人「挑出來淘汰」。相較之下,85%的醫療照護股票市值

超過 100 億美元，因此吸引了機構投資人過多的關注。

　　然而，為投資風格貼上標籤的問題更加深層。就和最近對追蹤誤差的執迷一樣，指數化和理解「新經濟」會有嚴重扭曲投資流程、並要求／鼓勵經理人使用不適當的工具和衡量系統來建構投資組合的風險。許多優秀的投資人會根據自己對價值的看法來解釋價值。美盛集團著名的「價值股」投資人比爾·米勒（Bill Miller）擁護亞馬遜與美國線上（AOL），葛拉漢的偉大弟子巴菲特，則偏好像是可口可樂和迪士尼等成長型的特許經銷權公司。然而，巴菲特相信（或至少曾經相信）這些高品質的事業物超所值（也就是相對於預期未來報酬來說，現值並不貴），而且仍然認為自己是在買進價值股。

　　實際上，某個人認為的成長型股票，在另一個人的眼中可能是價值型股票。最近，投資數據公司理柏（Lipper）報導，在「價值型」與「成長型」的大型股基金類別中，花旗銀行、美國國際集團和 IBM 都名列持股前十五名──這或許正是為什麼，馬拉松公司不應該被貼上純價值型股票投資人標籤最好的解釋。我們的資本週期流程檢視的，是資本主義隨時間經過造成的創造性以及破壞性力量的影響。

　　通常超額資金會受到成長型股票當前高獲利的吸引而進場，之後，成長型股票的報酬會因此下降，轉變成價值型股

票。當這種情況變得極端，就像科技泡沫期間的情況，由此產生的泡沫破滅幾乎可以在一夕之間，將成長股轉變成價值股。

電信業就是個很好的例子。在 1990 年代後期「新經濟」繁榮期間，英國電信業者恩能吉公司（Energis）因為寬頻和資料通訊網路的成長潛力，市值被哄抬到投資資本的十倍；然而，恩能吉在該產業投資了超大量的資金之後，股票就被抛售到只剩下投資資本的一小部分，結果股價持續低迷。近期這個例子告訴我們，價值型和成長型股票之間只有一線之隔，此外還有「價值陷阱」的危險，因為無論股價下跌多少，恩能吉（就像世界通訊公司一樣）從未變得物超所值。[1]

馬拉松公司在歐洲和其他地方的投資組合策略，正從過去五年以來維持的深度價值偏差，轉移到更強調相對評價導向，因為之前因成長潛力而被高估的股票如今已然暴跌。與此同時，從內在價值的角度來看，昨日深度價值的產業，像是基礎原物料、紙類、化學產品和特定資本財（certain capital goods）產業，此刻似乎都不是很好的買進標的。最近有兩筆交易最能說明我們的看法。亞薩合萊（ASSA ABLOY）是世界頂尖的製鎖公司，擁有 Yale、VingCard 和 Vachette 等知名品牌。過去十年來，它的銷售金額以每年 25％ 的速度成長，同期的年複合盈餘是 38％，有部分受惠於併購。隨著成長股的評價降低，股價下跌了 56％。亞薩合萊的市值曾經被拉抬

到營收的四倍，但現在的市值不到營收的一·五倍，低於我們估計的內在價值。我們正在買進這支股票。另一方面，我們正在賣出芬蘭紙業公司斯道拉恩索（Stora Enso），我們長期持有這家公司的股票，但對該公司的策略有疑慮。斯道拉恩索不再是一檔具有深度價值的股票，即使在每個評價指標上幾乎都顯示，它的股價比亞薩合萊便宜；不過，有一個重要但無法以量化基礎來篩選的指標例外：內在價值。[2]

貼上投資風格的標籤深受投資顧問喜愛，畢竟這是方便勾選、將投資導向量化的程序。然而，堅持一種特定風格的投資人遲早會陷入困境。我們認為，不應該把股票視為「成長型」或「價值型」投資的機會，而是應該評估市場是否有效評價這些股票未來的盈餘前景。

2.2 長期競賽（2003 年 3 月）

長期投資之所以有效，是因為對真正寶貴資訊的競爭較少

描述投資方法的方式有很多種，實際上，已出現的投資顧問業主要就是在做這樣的事。然而，我們認為，有種屬性（比大多數的屬性）更能用來區分投資人：投資組合的周轉率。馬拉松公司的投資組合平均持有期間大約為五年，不過泡沫破

滅之後，這個數字在未來幾年，很有可能會隨著投資組合中公司品質提升而拉長（以標準化的資本利得和成長潛力來衡量）。[3] 因此可以預期，我們會致力於低周轉率的投資策略。

雖然大家總是用簡單的計算來討論長期投資的優勢，像是可以減少（摩擦）成本，以及更少的決策（期望）會導致更少的錯誤，但依我們之間，這種方法的實際優勢在於可以提出更有價值的問題。

短期投資人會提出疑問，希望能蒐集到與近期表現有關的線索，比方說與下一季的營業利益、每股盈餘和營收趨勢有關的訊息。這樣的資訊在最短的期間內相當重要，不過，除非這個訊息正確、數值是增加的，且覆蓋其他資訊，否則沒什麼價值可言。但就算資訊是準確的，資訊的價值可能也沒很高（像是數字提高幾個百分點）。為了建立一個可信、在經濟上有意義的績效表現紀錄，短期投資人可能需要在職業生涯中多次使用這些技巧，以及／或大量使用財務槓桿，才能利用這個微不足道的機會。

面對現實吧，這類投資資訊的競爭非常激烈。這種競爭由投資銀行提供，而華爾街很大程度仰賴短視的推銷客戶來賺錢。不然所羅門美邦（Salomon Smith Barney）為什麼會製作一份標題為〈本月我們正在關注三個月銷售模型動能〉的研究報告？德意志銀行（Deutsche Bank）何必公布〈每週汽

車〉評論？在如此有限的時間範疇內，與產業發展有關的資訊當真那麼有價值嗎？當然不是。即便如此，我們也不願阻止這樣的研究，因為有時候短期投資人正在賣出的標的，可能很快就會成為很棒的長期投資標的。

這裡的關鍵在於「快」。然而，擁有股票的時間愈長，公司的基本財務狀況對於績效表現就愈重要。因此，長期投資人尋求保存期限很長的答案。如果投資人要繼續持有股票，那麼今天重要的東西，可能十年之後也很重要。保存期限很長的資訊，遠比預先知道下一季的盈餘更有價值。我們尋求與投資標的持有期間一致的見解，主要與資本配置有關，可以透過檢視公司的廣告、行銷、研發支出、資本支出、債務水準、買回庫藏股、發行新股、併購等資料來蒐集資訊。

以行銷為例，行銷對長期創造價值至關重要，但往往被人忽視。對消費品公司的投資人而言，了解延伸產品的財務狀況與廣告策略確實會很有幫助。1980 年代初期，高露潔棕欖（Colgate Palmolive）推出了第一條延伸線產品「藍色薄荷潔牙凝膠」，並投入巨額廣告費用來推廣這個新產品。這是高露潔近二、三十年來第一支新牙膏，延伸產品也已成功用於其他居家用品，對牙膏市場來說相當新鮮。透過大力宣傳，這家公司希望改變一整個世代購物者的消費習慣，讓消費者在接近超市的牙膏陳列區時，會下意識想到高露潔，抵達陳

列區後，會發現架上布滿全新的優質商品，且因為廣告宣傳的影響，產品深受消費者信賴。

我們沒有參加高露潔 1980 年代初期的會議，但如果那些會議與當今的會議相仿，那麼席間可能會提出下列疑問：廣告支出增加對下一季的毛利有什麼影響？（幾乎沒有什麼價值的資訊）或是，薄荷潔牙凝膠的新產品線折舊增加會如何影響盈餘？（打哈欠）會議後的券商報告可能就像今早擺在我們辦公桌上的報告一樣，標題是〈跳出框架思考，但近期的前景依然黯淡〉，投資建議：劣於大盤表現。很少有投資人會去理解正在發生的轉變，甚至根本懶得關心。

即使到了今天，高露潔的簡介也沒有提到公司的廣告支出，除了在市占率大約 90％的墨西哥。儘管二十年來高露潔一直在證明延伸產品和廣告支出是強大的競爭武器，但在其他國家，這項支出還是超過當地的市場份額。高露潔的投資人關係發言人坦白：「大多數人並不認為這很重要。」儘管馬拉松公司並未持有高露潔的股票，但我們是唯一提出請求、並得以與高露潔廣告和行銷總監會面的基金經理人。[4]

高露潔第一條延伸產品線推出二十年來，公司股價上漲了二十五倍，大幅打敗市場，顯示了解公司的行銷策略對長期投資人而言有多重要。然而，由於高露潔的股票周轉率有100％，很少股東可以充分獲取公司成功的利益。此外，在第

一條延伸產品線推出後整整十年間，高露潔的投資報酬率都沒有顯著高於 S&P 500 指數，因此目光短淺的投資人不會關心這些問題。

為什麼很少高露潔的投資人會堅定持有？因為長期投資人要抵抗一系列的心理壓力，特別是來自同行、同事，以及客戶要求提高近期業績的強大社會壓力。一個人就算已經具備發現賺錢標的的分析能力，也不容易培養出長期持有股票必要的心理素質，就像約翰・加爾布雷斯（J. K. Galbraith）的觀察：「在政治中，沒有什麼比短期記憶更讓人讚賞了。」為什麼要讓政治獨攬這種草率的思考方式？綜上所述，我們認為，長期投資之所以有效，並不是因為長期投資很難，而是因為對真正寶貴資訊的競爭較少。

2.3 雙面諜（2004 年 6 月）

企業界的利益衝突有時會對投資人有利

近期，波克夏海瑟威（Berkshire Hathaway）的副董事長查理・蒙格（Charles T. Munger）在加州大學（University of California）的演講中，描述他在許多美國商學院進行的一項測試。[5] 他向 MBA 學生問了一些問題：「你們學過供給曲線和

需求曲線，你們也學過，提高價格時，通常賣出的數量就會減少；而降低價格時，賣出的數量就會增加。這是正確的嗎？你們學到的是這些東西嗎？」商學院學生都點頭同意。蒙格接著說：「那麼，請舉幾個例子說明『如果想讓東西的銷量增加，正確答案是提高價格』是怎麼一回事。」有些學生會提出奢侈品矛盾，也就是更高的價格可以呈現出更好的品質，進而增加銷量。

只有少數學生認同蒙格的答案：如果客戶沒有直接參與購買決策，可以使用比較高的價格來賄賂採購代理人，進而得到更高的毛利與更多的銷量。從經濟學家的角度來看，就是客戶遇到了代理問題。代理商有潛力為代理人和生產商創造超額獲利，了解這個過程的投資人也能獲利。值得檢視的是，代理問題（至今為止主要討論的，是投資管理產業失能相關的問題）與我們擁有或可能在未來某個階段（也就是價格允許的情形下）買進的公司有關。

一旦消費者不夠了解產品，並仰賴（據說是獨立的）中間商，供應商、中間商和消費者之間的正常關係就會被扭曲。許多情況下，中間商和產品供應商之間的關係已經發展到各方形成一個沒有言明的聯盟，利用消費者的無知謀利。我們在瑞士衛浴系統製造商吉博力（Geberit）上看到這個現象。這家公司透過批發商把產品賣給水電工人，水電工人再

把產品安裝到最終客戶的家中或商辦大樓裡。吉博力採用推拉式的行銷策略，教育水電工人透過批發管道「拉動」產品銷售，公司的銷售人員再把產品「推」給批發商。我們詢問資深經理人是否有價格壓力，他們表示，水電工人很樂意看到價格上漲，因為工人是以安裝系統的銷售金額，按比例抽取佣金。

這種模式鼓勵創新，在吉博力的案例中，可能是一套全新的牆前配管系統（pre-wall installation system，別問我這是什麼意思），因為水電工的代理商發現，要說服客戶付費買進新奇的產品很容易。於是，吉博力瘋狂開發產品，這家公司大約有三分之一的銷售金額來自過去三年推出的產品。吉博力和水電工之間有點邪惡的結盟已經打造出巨大的利潤池（profit pool），吉博力從中占有很可觀的比重（在集團營業利益水準上，它的毛利超過 15％）。吉博力的高市占率（在七個核心的歐洲市場大約占 50％），以及水電產業的分裂，使得公司能維持獲利能力。

當然，吉博力會辯說，這些安排最終會讓顧客受益，因為賺取的利潤可以用來資助新產品的開發。情況可能是這樣沒錯，不過顯而易見，吉博力的商業模式極為有效，過去二十年間，每年營收成長 8％。

製造商和經銷商利用客戶的無知結成邪惡聯盟，在醫療

照護產業也很普遍。我們沒有認真研究製藥產業可疑的行銷道德觀，但我們發現，歐洲的植牙業與助聽器製造商，也有類似吉博力的代理人模式。諾保科（Nobel Biocare）和士卓曼（Straumann）是瑞士植牙技術領域的領導廠商。持續的技術創新和客戶教育（這個案例的客戶是指牙醫）驅動了強勁的成長和高毛利。自 1995 年以來，諾保科的營收每年以 17%的速度成長，而且最新的營業利益率是 24%。採用植牙技術取代傳統牙套和牙橋解決方案的牙醫可以獲得更高的收入。客戶的牙齒更健康，股東也樂呵呵。

由西門子（Siemens）、威廉戴蒙特（William Demant）、大北公司（GN Store Nord）和峰力（Phonak）等歐洲公司主導的高檔助聽器市場，同樣強調持續創新。助聽器的選配員就跟牙醫一樣，熱衷銷售高檔產品，從中賺取更多金錢。從威廉戴蒙特我們了解到，高檔產品的決定性特徵在於，它們需要客製配件，因為每個人的「視神經管」都是獨一無二的。順帶一提，我們有個投資組合持有這檔股票，該公司將銷售金額的 7%左右用於研發支出，毛利超過 20%。

威廉戴蒙特的助聽器價格大約為 1,000 美元，除此之外，選配員還會收取 2,000 美元的客製服務費。和吉博力的水電工業務一樣，助聽器技術的創新一直可以有效提高價格。再重複一次，客戶（選配代理人）對價格並不敏感。助聽器與牙

科植體的生產商因為一個實際情況受惠：它們銷售產品的市場非常分散。

代理人模式的另一個例子，會在付費客戶實際上並沒有選擇這項服務的時候發生。Labtest 是倫敦上市公司 Intertek 在香港的子公司，這家公司的角色是在中國消費品製造商和美國零售商之間對產品的品質進行把關。我們了解到，美國公司選擇 Labtest 來檢查中國新產品的原型產品，以確保產品符合適當的規格。Intertek 則向中國廠商收取這項服務的費用，而不是向美國的零售商收取費用。

這項費用占產品價格的比例相當小（不到製造成本的1％），付款的廠商與選擇這項服務的廠商之間的距離，就是Labtest 擁有可觀獲利的核心，毛利大約 33％，還附帶很明顯的網路效應和規模效應。

蒙格說得沒錯，一旦代理商參與其中，客戶往往會支付更多費用。我們討論的每個案例中，不論是水電工、牙科、助聽器還是產品測試，這些商業模式都是把價值從付款人轉移到代理商，而生產商會從中得到很大一部分的價值。每個商業模式都經過長期發展，而且相當穩健，即使消費者在網路時代變得更了解情況，仍是如此。就像基金管理產業的代理問題持續存在一樣，我們預期，這些公司會持續利用代理問題，讓優異的獲利能力得以持續下去。[6]

2.4 數位護城河（2007 年 8 月）

投資在有競爭優勢地位的網路公司，可以忽略短期的獲利能力

八年前，未來似乎屬於網路公司，投資任何名字有 .com 的公司都有可能賺上一倍。當時，我們無法證明這些公司當中，哪家公司的評價合理；我們也無法確定、很有把握地說，哪家公司在未來幾年依然能正常經營。因此，馬拉松公司的全球投資組合避免持有網路公司。然而，我們的全球投資組合當中，最近表現最好的一些公司，都是在網路上執行所有業務的公司。其中兩家公司甚至是網路泡沫早期的成功公司：亞馬遜（Amazon.com）和 Priceline（Priceline.com）。這些公司目前幾乎都沒有能力獲利，我們為什麼會持有它們的股票？

首先，這些公司正在建立持久的競爭優勢。它們的策略是利用網路技術的低成本和擴大規模的特性，來為客戶節省支出。它們意識到，為了讓長期的潛在獲利達到最大，可以在短期內以低毛利經營事業，來確保自己在各自的市場上占據主導地位。

亞馬遜是其中最知名、也是最成熟的企業，它的業務已經遠遠超出原先的網路折扣零售商。許多人對這檔股票抱持著懷疑的態度，部分是因為亞馬遜在網路泡沫時期就備受矚

表 2.1　亞馬遜的淨利率

年	淨利率（%）
2003	0.7
2004	8.5
2005	4.2
2006	1.8

資料來源：Bloomberg

目，最近還因為公司的毛利變化，股價巨幅波動。毛利會改變，源於亞馬遜期望持續擴大產品範圍，以及實際上提供很多新服務，包括提供運算服務給客戶的亞馬遜網路服務（Amazon Web Services），以及能讓其他零售商使用亞馬遜處理庫存和訂單的亞馬遜物流（Fulfilment by Amazon），這些都是需要大量的前期投資、且需要一段時間才能發展成獲利的事業。而這些投資在財報上大部分會被列為費用沖銷，使得近幾年的毛利相當不穩定（如上表所示）。

華爾街擔心毛利暴跌，而沒有考量投資的長期利益，因此亞馬遜的股價從 60 美元跌到 40 美元。現在有跡象表明，亞馬遜的毛利正在回升，同時銷售金額年成長 35%。2007 年年初以來，股價已經漲了一倍。令人沮喪的是，亞馬遜對於新計劃的潛在獲利幾乎沒有提供長期展望預估，但它暗示一旦這些業務成熟，毛利率有可能將近 10%。以這家公司過往

的成績來看，我們相信它可以達成這個目標，而且以目前市值是營收的二‧三倍來看，股價離高估還很遠。[1]

Priceline 是網路泡沫破滅時期跌幅最大的股票之一，從 974 美元的最高點跌到 7 美元的最低點。這家公司一直以來，都採用無差別的「消費者訂價」（name-your-own-price）經營模式，直到 2005 年併購 Booking.com 後，才將策略轉向開發歐洲飯店代理業務。到目前為止，Booking.com 已有大約 3 萬 2,000 家簽約飯店，目標是超過 10 萬家，加上愈來愈多歐洲人使用網路，它們完全有條件取得歐洲飯店預訂市場的市占率。

經營這個平台需要的成本很低，而且這家公司已經產生良好的現金流量，可以用來買回庫藏股。可能是 Priceline 的管理階層偶然發現了歐洲業務的機會，但他們也夠聰明，知道自己有潛力創造能在三到五年內，產生足夠現金流量的業務──這使得 Priceline 的股價看起來過低。

為了使長期絕對獲利達到最大，採用低毛利的基本企業模式是很常見的做法，沃爾瑪（Wal-Mart）就是其中最著名的代表。有些公司很聰明，把這種舊模式應用到網路的新媒體上，這並不意外。這種策略可以（透過減少競爭）大幅減少業務風險，同時（有可能透過成長來）提高長期報酬。網路科技將幫助這些公司獲得競爭優勢，而且長期來看，投資人應該也會受益。

2.5 優質時代（2011 年 8 月）

我們的投資組合已經轉向持續擁有進入障礙的高品質公司

有些意見不同的評論員質疑，美國和歐洲目前抬高的企業獲利水準是否可以持續下去。然而，身為採用由下而上（bottom-up）投資策略的投資人，我們更感興趣的是資本週期，因為它會影響個別公司，而不是影響整體企業的獲利能力。我們正在尋找可能導致股東權益報酬率改善的因素，特別是：（1）到目前為止以低報酬和過度競爭為特徵的產業出現寡占的情況；（2）進入障礙高、且障礙還在不斷增加的商業模式之演變，以及（3）鼓勵這些趨勢的管理階層行為。

即使歐洲企業整體的獲利下降，我們投資組合裡的公司也應該可以抵抗這個趨勢。因為長期來看，馬拉松公司的歐洲投資組合已經逐漸轉向品質更高、進入障礙優勢更強的公司。

我們已經詳細談過對所謂代理人商業模式的投資，包括醫療設備和建築設備公司（鎖、水電配件等）。實際上，這些公司仰賴中間人銷售產品（像是醫師、水電工和鎖匠），消費者並不了解生產商和代理商有共同利益，因此，不知情的消費者會仰賴中間人銷售的高毛利產品。這些商業模式總共占馬拉松的歐洲投資組合將近 10%，2011 年的平均股東權益報

酬率估計是 27%，比歐洲非金融業的平均水準高出十一個百分點。近幾年來，我們對消費性品牌商品的投資也在增加，包括加碼啤酒類股、聯合利華（Unilever）和瑞典火柴公司（Swedish Match），現在約占投資組合 9%，平均股東權益報酬率為 48%。

在我們的投資組合中，近幾年來比重增加的另一個事業，是營收像年金一樣源源不絕的訂閱制服務公司。扣除同樣擁有很多訂閱制營收的電信公司，這些公司現在占歐洲投資組合大約 12%，而且預計股東權益報酬率為 42%。這裡共同的主題是對客戶的長期承諾，以及續訂時的慣性因素。這些因素，與提供訂閱制服務中經常出現的經濟規模結合，構成巨大的進入障礙，以及持續的高報酬。

當服務成本只占客戶總支出的一小部分時，更是如此；我們投資組合裡的許多公司，包括 Rightmove、Capita 和少數資料提供公司都是這種情況。英國房地產資訊網站 Rightmove 是最受歡迎的房地產資訊網站，享有贏家通吃的優勢。這家公司根據房仲業者的辦公室數量收取訂閱費，價格遠比效益較差的印刷廣告成本更低。2011 年 3 月，我們與 Rightmove 的相關人士碰面時，公司已經收到那年 65% 的訂閱費用，另外 20% 的費用會在 5 月入帳。今年的訂閱費價格漲幅大約是 16%。

在血液透析領域，費森尤斯醫藥集團（Fresenius Medical

Care, FMC）在美國的市占率為 34％，除此之外，FMC 還從私人保險公司那裡獲得高額的獲利；而對這些私人保險公司來說，透析治療的費用只占總支出的 2％。FMC 與私人保險公司的談判是以州為單位進行的，限制了客戶的購買力，而且有愈來愈多的保險公司，正在轉向簽訂內建價格調整條款的多年期合約。英國負責外包業務的公司 Capita，已經與地方和中央政府建立多年期的合約基礎，參與人壽保險和退休金管理市場的程度也愈來愈深。長期下來，這家公司為客戶省下大量成本，而且在某些情況下建立服務中心（competence centres），將成本分攤給很多客戶，藉此提高毛利。

在資訊提供領域，益博睿（Experian）、里德愛思唯爾（Reed Elsevier）、威科集團（Wolters Kluwer）和英富曼（Informa）等公司擁有獨特的資訊。對客戶而言，這些公司的價值取決於數據集的完整性；因此就算景氣低迷，客戶也不太會考量取消訂閱一事。即便益博睿的數據蒐集業務與信貸市場的成長普遍相關，公司在金融危機期間還是有適度的成長。

上述三類股票總合起來，占馬拉松公司歐洲投資組合將近 31％。除此之外，如果加上高報酬的製藥和電信公司的持股（儘管這些股票是否會持續成長，還有更多質疑的聲音），總投資組合接近 40％（與占 50％的非金融業股票占比接近）。這類股票的平均股東權益報酬率是 39％，是一般非金融業股

票平均水準的二‧四倍。

　　儘管這類股票對經濟週期的敏感度有些差異，而且某些商業模式無疑會比其他商業模式更為持久，但這些高股東權益報酬率的商業模式，很可能會比非必需品的商業模式表現更好，特別是在受歐洲國內消費疲軟影響的領域。其他對經濟週期更敏感的投資組合持股則愈來愈全球成長導向，尤其是與新興市場有關的持股，畢竟新興市場的前景似乎比成熟的西方經濟體更充滿希望。這種朝高品質股票轉移的操作，應該可以讓馬拉松公司的歐洲投資組合表現，不再那麼仰賴能否精確回答以下的問題：整體投資獲利是否會因為週期性或結構性的理由而下降？[8]

2.6 擺脫半導體週期（2013 年 2 月）

利基市場裡的半導體企業已經逃脫產業資本週期的蹂躪

　　過去三十年間，在摩爾定律的推動下，半導體產業的業績有著持久而顯著的成長，生產力與整體經濟都因此大大受惠。但很不幸，投資人的表現並沒有很好。費城半導體指數（Philadelphia Semiconductor Index）1994 年成立以來的表現落後那斯達克指數大約 200 個百分點，呈現出的波動性也更大。

表現不佳的理由不是什麼祕密。在科技界，沒有哪個產業比半導體產業更容易出現週期性的繁榮與蕭條。景氣好時價格會上漲，公司會增加產能，新進廠商紛紛出現，整體而言分布在亞洲各地區（1970 年代的日本、1990 年代的韓國、1990 年代中期的台灣，還有近期的中國）。在週期性的高峰時期投資的過剩資金，將導致產業的整體報酬相對較差。

雖然半導體產業的歷史提供資本週期一個很典型的例子，但有些公司經營利基市場，為股東帶來很優異的長期報酬。其中兩家公司是近期在我們美國投資組合加碼的公司：總部位於麻州諾伍德（Norwood）的亞德諾半導體（Analog Devices），以及總部位於加州米爾皮塔斯（Milpitas）的凌力爾特（Linear Technology）。

半導體是電子系統和電子設備不可或缺的電子標準構件。在整個半導體市場，類比半導體約占 15％，其餘則是數位半導體。類比半導體的功能，在於彌補現實世界和電子世界的差距，像是對溫度、聲音和壓力等等的現象進行監測、放大和轉換。終端市場包括手機（例如聲音的數位化）、汽車（例如安全氣囊的碰撞感測器）與工業經濟（例如生產過程自動化設備的溫度感測器）。這與主要在二元碼（binary code）的純數位世界中運作的數位半導體形成對比。

在高波動、低投資報酬率的半導體產業中，類比子產業

圖表 2.1　半導體週期

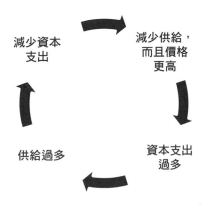

資料來源：Marathon

是個很明顯的例外。舉例來說，亞德諾半導體多年來一直有高毛利，即使是在高壓的環境下，獲利也相當穩健。平均來說，在 2000 至 2012 年間，這家公司的毛利率為 60％，而且營業利益率為 25％。要達成這種可觀的報酬，所需的資本密集度相對較低。2000 年以來，亞德諾半導體的資本支出占營收比平均為 6％，而最近五年已經降至 4％。這種低水準的資本密集度，使得自由現金流量轉換率始終處於高水準，平均超過淨利的 100％。

　　凌力爾特展現出更強大的經濟效益。二十世紀之交以來，這家公司的平均毛利率為 76％，平均營業利益率大約 50％。資本支出占營收比徘徊在大約 5% 左右，自由現金流量

轉換率再次超過 100%。這兩家公司除了有穩健的毛利，隨著技術日益滲透到日常生活，它們過往的營收都有強勁的成長。1990 年以來，亞德諾半導體的營收以每年 8% 的速度複合成長，而凌力爾特的營收則以每年 14% 的速度成長。

這些公司怎麼產生這麼高的報酬？這些報酬可以持續多久？答案在於了解這個產業的供給面：生產過程、市場結構、競爭動態和訂價能力的細節，這些要素結合起來，便構成資本週期分析的本質。首先要考慮的是類比半導體事業的機制；由於現實世界遠比數位世界更為複雜、也更多樣，因此描繪現實世界所需的產品設計，必須更加複雜與多樣化。換句話說，類比半導體的產品差異化要更高，公司擁有的特定智慧財產權也更為重要，不論是實體資本還是人力資本。

人力資本要素特別難複製，因為工程師的能力會隨著經驗的累積而增加。與其他技術性學科相比，設計過程需要更多反覆的試驗，對電腦模型的建構與模擬的仰賴也更少。要成為類比半導體設計的專家得花上很多年的時間：亞德諾半導體的工程師平均在職時間為二十年，形成一個重要的進入障礙。此外，每個類比半導體公司的生產流程技術都截然不同，相較之下，數位半導體使用的生產流程更為通用。

因此，如果自家工程師被另一家類比半導體公司挖走，生產力勢必會有所損害。新工程師的供給受到類比產業的限

制：剛畢業的理科新鮮人更有可能進入數位半導體產業；主因在於，數位半導體的學習曲線沒有那麼陡峭，工作經驗也沒那麼有價值。因此，類比半導體領域的研究能力一直受到限制，而且還會繼續受限下去。

差異化的產品和公司「僵固」的特定智慧資本等要素會減少市場的競爭。類比半導體的終端市場比數位半導體的終端市場更為多樣，產品的範圍更廣，數量高達數千種，而且平均體積更小，這些戰略優勢因此更為放大。這種市場特性使得新進廠商很難有效競爭，因此訂價能力往往很穩健，市場地位長期以來相對穩定。雖然整個市場相對分散，五家公司的市場集中度大約為50％，但它們在各個細分的市場整合性更高。舉例來說，亞德諾半導體在類比轉數位轉換器（data converters）有超過40％的市場份額。

類比半導體晶片通常會在產品中扮演非常重要的角色（例如安全氣囊的碰撞感測器），但只占原物料成本非常少的一部分，這點進一步讓公司更有訂價能力。凌力爾特的產品平均售價不到2美元，因此競爭往往不在價格，更常是在產品的品質上。此外，一旦晶片被設計成應用程式（這是原始設備製造商和類比公司經常合作的一個流程），製造商更換它的成本就會很高，因為整個生產流程都必須修改，轉換成本也因此很高，這既改善了產品生命週期的訂價能力（產品的

生命週期常常有十年以上），也提高了經常性營收的比重。

最後，也是至關重要的一點：類比半導體生產流程的標準化程度比大多數科技零組件還低，更不容易因為摩爾定律無止境地推進而過時，因此能顯著減少資本密集度。亞德諾半導體公司有超過三分之一的銷售來自十年以上的產品。這項特性使得產業免受資本週期的破壞性影響，而資本週期對數位半導體產業造成的破壞很大。因此，我們有充分的理由相信，這些公司過去取得的高報酬可以持續到未來。

我們也相信，管理階層會根據股東的利益分配未來的剩餘現金流量。從歷史上來看，這些企業大多數的成長都是自然成長，多餘的現金會還給股東。這對科技產業裡的公司來說是很大的成就，畢竟在科技產業領域，進行戰略交易的誘惑很強烈，往往會損害股東利益，亞德諾半導體和凌力爾特目前提供的自由現金流量收益率都有 5%。由於自由現金流量的長期成長可能跟歷史水準相似，我們的年度總報酬率預期將在 10% 至 15% 之間。[9]

2.7　成長中的價值（2013 年 8 月）

**一家中國網路公司的市場主導地位，
證明這家公司的評價是合理的**

永遠不要忘記一點：以最基本的形式來看，投資總是與價格和價值有關，而且這種關係無所不在。奧馬哈的先知曾說：「價格是你付出的東西，價值則是你得到的東西。」根據這個定義，每個認真的投資人都必須是價值投資人。這不是說投資人應該限制自己只能買進低本益比的公司，投資一項事業終究還是以低於內在價值的價格買進股票有關。

那麼，該如何計算價值？嗯，理論上來說，收到的價值是以適當的貼現率，將未來的現金流量貼現回推到今天的價值。問題出在我們不擅於預測，尤其是預測未來。但這並沒有阻止我們預測。我們患有《黑天鵝效應》（*The Black Swan: The Impact of the Highly Improbable*）作者納西姆‧塔雷伯（Nassim Taleb）所謂的「認知傲慢」（epistemic arrogance），就是我們總認為自己比實際情況更擅長做預測。[10] 結果是，我們錯誤地對我們的預測抱有信心。投資人喜歡建立模型，因為看起來很科學（Excel 的工作表愈多，效果愈好）。

然而，投資模型鼓勵定錨，大多數的模型都經過校準，可以在當前價格的合理範圍內，為一家公司產生出現值。另一個小問題是貼現率。如果你不贊同歷史波動率（beta）是很好的風險衡量指標（我們就不贊同），那麼就不清楚要用哪種適合的貼現率來計算。在馬拉松公司，我們相信詳盡的預測增加不了多少價值。

面對預測很困難的情況，一種常見的反應是轉向簡單可以用來替代價值的變數，像是股價淨值比、本益比、自由現金流量收益率。很多「價值型」投資人提倡以這些衡量指標當作標準，來買一大堆便宜的股票。這種方法本身並不愚蠢，每個衡量指標都是判斷潛在價值非常有用的指引，但有過度簡化的危險。傳統評估價值的衡量方法，缺乏說明一項投資具體的背景，比方說一家公司的商業模式、產業結構和管理階層分配資本的能力，而這些背景可以決定未來的現金流量。

　　量化評估價值的衡量指標，往往也會鼓勵去針對投資風格進行狹隘的歸類。以標準普爾美國的投資風格相關指數（S&P US Style Indices）為例，價值股票是由股價淨值比、本益比和股價營收比來判斷。另一方面，成長指數則是由每股盈餘三年的變化、三年的每股銷售成長率，以及十二個月的股價變動來判斷。雖然在這些因素當中，有些因素很強大，但卻過於粗糙，無法成為評估價值唯一的框架。以此分析我們的投資組合，往往會對馬拉松公司最適合哪個投資風格的判斷造成混淆。傳統的標籤（「成長」或「價值」），往往不適合我們這種以資本週期為本的投資方法。

　　舉在中國占主導地位的網路搜尋引擎公司百度為例，近期馬拉松公司投資組合恰好買進百度的股票。買進當下，這檔股票的價格是淨值的七‧二倍，盈餘的十八倍，從價值的

角度來看，這兩項指標都沒有特別吸引人。

然而，百度在業界有 70％的市場份額，且此產業的獲利正不成比例流向市場領導者，使得競爭對手很難壯大──這些因素也應納入考量。百度還經營一種幾乎不需要資本投資、而且以超過 100％的速度，把獲利轉換成現金的商業模式。資產負債表中輕資產的特性，有助於管理過度投資與營運資金的成長，在快速成長模式中，這是兩大危險。百度目前每次搜尋轉換成現金的水準，還不到開發市場同業的十分之一，因此還有很大的改善空間。此外，百度的創辦人、執行長兼董事長李彥宏擁有 20.7％的股份，他的利益與外部投資人的利益一致。儘管這個投資案的風險很大，尤其是有供給面被顛覆的風險，不過我們相信，「昂貴的」百度股票為長期投資人，提供極具吸引力的價值投資機會。

2.8　品管（2014 年 5 月）

資本週期分析有助於辨識出擁有持久高報酬的投資標的

資本週期的投資方法通常與「價值」領域的股票相關，在這個領域，持續減少的報酬會導致資本外逃，最終為獲利能力與評價的恢復奠定基礎。世人或許不太了解，資本週期

也可以應用在具有持續高報酬的公司，過去十年，馬拉松投資的企業中，這個類型的事業已經出現一些績效表現最好的企業，包括康樂保（Coloplast）、Intertek、吉博力、顧能公司（Gartner）、花王（Kao）和 Priceline，族繁不及備載。這類投資標的如何適用資本週期的框架？

訂價能力可以說是這些投資標的獲得高報酬最持久的決定性因素，主要來源有二：第一個是集中性的市場結構，與「透過需求週期、鼓勵採用合理的訂價方法，來有效管理產量」密切相關；第二個則是產品或服務本身的「內在」訂價能力。當價格不是客戶購買決定中最重要的因素時，就會產生內在訂價能力。在大多數的情況下，這種特性是因為無形資產存在而產生的。在馬拉松公司的持股中，可以找到幾種無形資產的例子。

消費性品牌就是一個明顯的例子。在牙膏市場，商店自有品牌的滲透率只有 2％，支撐高露潔出色的經濟效益。[11] 無形資產也有可能源自長期的客戶關係，例如代理商的商業模式（羅格朗、亞薩合萊或吉博力），這種商業模式中，客戶仰賴中間商（分別是電工、建築師和水電工），代理商關心的則是安全性、品質、可靠性、可用性，也許還有自身從中賺取佣金的能力。在這種情況下，價格會轉嫁到終端客戶，對他們來說，產品成本只占總支出的一小部分。[12]

有時，一個產品會內嵌在客戶的工作流程中，以至於改變的風險超過任何可能節省的成本，比方說電腦系統（甲骨文）或工資管理系統（自動資料處理公司〔ADP〕、佩齊公司〔Paychex〕）等訂閱制服務公司。另一個例子是公司規模讓客戶受益的網絡，如保全業（Secom）、工業氣體（美商普拉克西艾爾公司〔Praxair〕、亞東工業氣體公司〔Air Liquide〕）、汽車拍賣（聯合全球驗證公司〔USS〕）或測試中心（Intertek）。最後，技術領先（英特爾、凌力爾特）可能是另一個重要的無形資產——儘管這樣的訂價能力來源可能不太持久，除非還可以與其他無形資產相結合。一旦上述某些特徵結合起來，使得產品或服務成本相對不重要，就會出現最好的經濟效益。舉例來說，啟動汽車安全氣囊的類比半導體晶片，成本只有 1 美元多一點。

無形資產的存在構成一個強大的進入障礙。它們實際上很持久，很難複製，而且往往有規模經濟。重要的是，這些阻礙長期下來往往會疊加，因為高資本報酬率會產生大量的自由現金流量，自由現金流量又會重新投資到事業上。舉例來說，過去五年來，寶僑（P&G）在廣告上的支出超過 400 億美元，英特爾在研發上投資的金額大致相同。這會排擠新進廠商，使資本週期的破壞面影響減少（超額獲利通常會吸引競爭對手，長期下來會侵蝕獲利能力）。因此，無形資產的

存在創造了一個良性循環，允許內在價值在存續期間以高於平均水準的速度複合成長。

如果再加上謹慎使用自由現金流量，對長期股東而言，就是極為強大的組合（過程中，管理階層的重要性是第一考量的因素，因為自家公司的高成長可能會被不智的投資決策，或買回庫藏股的錯誤時機所影響）。

重要的是，較高的複合成長率會伴隨較低的風險水準，因為高報酬事業的財務狀況往往更能抵禦不利的衝擊。這有部分是簡單的數學計算：毛利率5%的企業毛利下降1%時，受到的影響比毛利20%的企業還大。同理，創造持久高報酬的因素（無形資產、強大的市場地位與合理的管理），也會使企業在面對商業環境的不利變化時（不論是總體經濟變化還是特定產業的特性），變得更為穩健。

對於短視的投資人來說，以更高的報酬率複合成長帶來的好處可能微不足道。短期來看，股價往往會受到總體經濟或特定股票的新聞報導等因素所驅動。投資一家高品質的公司短期內似乎很無趣，而且無利可圖。投資優質公司帶來的低風險，只有在長期才能適當觀察出來。實際上，投資人往往更關注短期，一定程度上是心理作用：大腦根本不習慣多年期的計劃，而是更擅長應對短期的威脅與刺激。這可以在幾種行為捷思法（behavioural heuristics）中見得，特別是雙曲

貼現（hyperbolic discounting）和近因偏誤（recency bias）。[13]
在體制中，短期主義也可能會強化。大多數投資公司基金經理人的薪資與績效掛鉤，以年度績效加權計算薪資，這對長期思維不利。

最後，還有另一個更技術性的原因可以說明，為什麼投資人一直不太讚賞高報酬企業的優點：投資人傾向關注損益表，這點使得投資人執著於本益比評價指標，而非股價對自由現金流量比（price to free cash flow, P/FCF）。因此，他們以同樣的眼光看待所有的盈餘成長，即使在股東權益報酬率和產生的現金流量更高的時候，實際上更能創造價值。要我們在兩家盈餘成長相同的公司做出投資選擇時，我們會為擁有高股東權益報酬率與產生更多現金流量的公司，付出更高的價格（以本益比計算）。

簡而言之，投資人有許多充分的理由，去投資有持久高報酬的公司。現在似乎是這樣做的好時機。理由很簡單：幾乎所有產業的毛利率都接近高檔。過去，毛利率往往都會均值回歸，因此要考慮目前的獲利能力是否會持續下去。此外，潛伏在背景中的尾部風險（tail risks），也就是公部門和私部門的債務水準升高，以及前所未有的貨幣刺激力道，所產生的不確定後果，可能會在未來某個階段影響低品質企業的獲利。目前的評價水準，還不需要投資人為這種優異的持

久高報酬付出溢價，因此，在我們的全球帳戶中，高股東權益報酬率的標的占多數。[14]

2.9 低調行事（2015 年 2 月）

提供客戶不可或缺的服務，這樣的公司後來往往被證明是很好的投資標的

典型的成長股一開始就有高報酬、營業額上升，前景一片光明，但在後來幾年卻每況愈下。問題出在高獲利與成長的企業往往會吸引大量競爭，科技這類令人興奮的領域更是如此。一開始用高價買進成長股的投資人通常會敗興而歸。然而，我們發現有一種類型的公司非常值得支付溢價。我們首選的成長型股票，從事的似乎都是不起眼、卻對客戶必不可少的業務；實際上，這些業務重要到客戶很少注意到自己支付的費用。

馬拉松公司與這樣的公司會面時，公司經理人常說，它們的產品（或服務）雖只占客戶總成本的一小部分，卻至關重要。可能是某個特定的零組件對產業流程或公司工作流程的「關鍵任務」。舉例來說，如果客戶的關鍵零組件故障、不得不關閉生產線，它們可能會面臨非常高的成本。因此，可

靠性比價格來得更加重要。這個產品還可能因為品質、安全性或性能屬性而成為必需品。

客戶認知價值高，結合其他一些可以限制競爭的優勢，便可確保公司持續產生高報酬。優勢可能是製造和配銷的規模經濟、監理阻礙，以及高轉換成本。這些公司談的是「基於價值」或「技術性」的銷售，通常涉及將高素質的銷售人員「內建」在客戶的研發部門當中。有時這代表該零組件必須在一個產品的整個生命週期內使用，這種情況在汽車業與航空業都很常見。

我們在各行各業中都觀察到這種「低調行事」的公司。在科技領域，凌力爾特（資本利用報酬率高達141%，非常驚人），以及亞德諾半導體（資本利用報酬率25%）等類比半導體公司發揮關鍵的作用，將真實世界的現象（熱能、聲光）與數位世界連結。晶片的成本只占設備總成本一小部分（如上所述）。某些軟體公司也表現出類似的特性。

佩齊公司（資本利用報酬率35%）和自動資料處理公司（資本利用報酬率25%）等工資管理系統提供很重要的服務。以自動資料處理公司來說，雇主在每張支票上的成本約3美元，小公司不希望被這種無足輕重又耗時的工作所困，畢竟對沒有經驗的管理者來說，這種工作有很高的出錯風險，最好外包出去，佩齊也因此得以在不失去客戶的情況下，每年

漲價 3％。在歐洲，Aveva 和達梭系統（Dassault Systèmes）等電腦輔助設計／製造（CAD-CAM）軟體公司為設計工程師提供關鍵任務的服務；經營供應鏈的重要環節，為企業提供有效的進入障礙。

在消費品領域，對終端消費者的購買決策來說，香料和香水公司銷售的是重要的關鍵成分。然而，它們的產品只占整體商品的一小部分。就工業用酵素而言，丹麥的諾維信公司（Novozymes）是主導廠商，現在很多生產流程會使用很少量的酵素，既可以提高效率，又可以實現產品差異化。清潔劑中使用的酵素通常占總成本不到 5％，諾維信擁有超過 50％的全球市場份額，也享有龐大的規模經濟效應。

同理，特殊化學品公司可以在特定產品上賺取非常高的毛利。英國上市公司禾大（Croda，資本利用報酬率 23％）的高階經理人曾經跟我們提過，他們如何在抗老化妝品的特殊活性成分上賺到 90％的毛利。由於該產品（五胜肽〔Matrizyl〕）很成功，他們現在應該很後悔當初沒去商議收取特許使用費，因為收取的價格不到銷售總價的百分之一。另一家英國利基化學品公司威格斯（Victrex）是生產聚醚醚酮（polyetheretherketone，一種在工程應用中使用的聚合物）的領導廠商，威格斯的相關人士告訴我們，它們的專業銷售團隊如何在新產品的設計階段與蘋果公司等代工生產廠商合

作。這家公司的營業利益率高達35％以上，令人印象深刻，股東權益報酬率約為25％。

實驗室用品的市場利潤豐厚。這裡的關鍵在於，客戶（科學家／實驗室技術人員）關心的是產品的品質、可用性與服務，而不是價格；訂單固定（每天），而且相對較小。客戶幾乎感受不到價格差異。沃特斯公司（Waters，液相層析〔liquid chromatography〕）、頗爾公司（Pall Corporation，過濾技術），以及梅特勒－托利多等公司（Mettler–Toledo，測量器具）都是先銷售設備，然後銷售耗材。科學家非常不願意更換供應商，沃特斯公司聲稱，他們甚至無法汰換舊有的技術！法規也創造進入障礙，在藥品製造過程中，產品往往需要美國食品藥物管理局核可，拉高了潛在的轉換成本。如果它們試圖更換一家小型供應商，製藥公司的整個生產流程就得再度經由美國食品藥物管理局重新認證。

工程公司也可以從閥門和閥門驅動器（actuators）等，看似平凡的產品中獲得非常高的報酬。Rotork（資本利用報酬率24％）製造的閥門驅動器，被用來控制大型煉油與煉氣廠的流程，並取得回饋數據。這對工廠的功能和安全性而言至關重要，擁有這些設備的公司，像是荷蘭皇家殼牌公司（Royal Dutch Shell）可能會指定承包商使用Rotork的閥門驅動器。過去十年來，Rotork的銷量每年以12％的速度自然複合成長；

斯派瑞莎克公司（Spirax–Sarco）的資本利用報酬率約為17％，這家公司銷售在工業生產過程中，以蒸汽為主要應用的工程套組。斯派瑞莎克有龐大的工程師團隊，常常拜訪客戶工廠，展示自家產品如何提高能源效率，並改善對環境的影響；公司享有20％的毛利率。最後，集成微電子公司（IMI，資本利用報酬率20％以上）把業務重新聚焦在關鍵應用程序中，控制液體和氣體的產品上。

雖然方才談到的這些高獲利公司可能很低調，不被客戶注意，但並沒有逃過投資人的目光。過往，遇到如此出色的企業時，我們很容易認為，高評價代表這些企業在股票市場上的價格已經很合理，甚至過於高估。然而幾年過後，再度接觸同一家公司時，我們常常會發現股價已經飆升。舉例來說，2005年，我們首次拜訪斯派瑞莎克時，該公司的本益比是17.5倍，股價在8英鎊左右，我們沒有投資。五年後，我們再度登門造訪，股價已經超過18英鎊。我們做出了同樣的結論：股價已經完全反映公司的價值。之後，股價又漲了將近一倍。這下子，我們似乎終於從中學到教訓：對於高品質、「低調行事」的企業而言，股價往往已經合理做出反應。[15]

第 3 章

管理階層很重要

　　和許多投資人一樣，馬拉松公司很愛引用巴菲特的話語，樂此不疲。這位奧馬哈的先知觀察到：「如果一家公司的保留盈餘相當於淨資產的 10％，那麼該公司的執行長工作十年之後，就得負責配置公司 60％以上的資本運作。」這話講的是，投資人應該特別注意管理階層的資本配置技巧。

　　隨著馬拉松公司的投資持有期間變得愈來愈長，公司比整個基金業更加強調，「經理人的資產配置技巧對投資結果具有決定性的影響」，研究管理階層已經成為馬拉松公司的主要內容之一。本章以芬蘭桑普集團的比約恩・華洛斯（Björn Wahlroos）為例，顯示理想的公司經理人，除了應了解所屬產業的資本週期，經理人的利益也應與外部投資人的利益一致。

3.1　引人深思（2003 年 9 月）

專業分析師無法料到荷蘭公司倒閉，並不令人意外

大家常說，失敗學到的東西會比成功學到的多。長期下

來，我們的歐洲投資組合歷經相當多的失敗，我們可以確認，這句格言也能應用在投資上。觀察他人的失敗可能也很有啟發（而且充滿幸災樂禍）。世界第三大超市集團、總部位於荷蘭的國際食品零售商阿霍德公司（Ahold）就是近幾年歐洲最大型的股東價值崩垮案例之一。[1] 幸好，我們的通才投資專業小團隊提前察覺到這家集團資本配置不當、管理不善且財務不明，以及隨之帶來的危險。

問題還是在於：為什麼高度專業（而且高薪）的分析師團隊沒有發現這點？我們回顧了一些由頂尖券商針對阿霍德所做的研究報告。依我們看，這些研究顯示專家分析師的模型有系統性的缺陷，而這很大程度上，源於分析師與他們研究的公司之間的關係。

1. 與管理階層走得太近

分析師總有被管理階層「綁架」的危險。對於把大部分時間花在研究少數幾家公司的專家分析師來說，這種風險會增加；相較之下，通才分析師可能會研究好幾百家公司。分析師被綁架所構成的威脅在於，他們可能會成為管理階層的代言人。

以阿霍德公司為例，分析師被綁架是真實存在的危險。舉例來說，有位券商分析師的研究報告標題是〈來自贊丹的

生活〉（Live From Zaandam，贊丹是這家公司的總部所在地）、〈參觀 Stop & Shop 超市〉（Visit with Stop & Shop），以及〈與表現最好的康乃狄克州 Stop & Shop 超市團隊度過一天，以及與財務長共度一夜〉（A day with top performing CT Stop & Shop team and a night with the CFO）。依我們看，這位分析師選擇的標題，展示出他與阿霍德的管理團隊走得分外親近。

至於揭露資訊方面，阿霍德也是出了名地不透明。公司偶爾會給特定分析師保密的資訊，收到資訊的分析師也許（有意或無意）覺得自己欠了管理階層的人情——這就是所謂的「回報傾向」（reciprocation tendency）。而當事情開始出錯時，奇怪又微妙的斯德哥爾摩症候群（Stockholm syndrome）效應，也就是人質成為綁匪的代言人的情況可能就會出現。[2]

2. 太多資訊

擁有更多資訊不見得能改善決策。我們從賽馬的研究得知，評磅員一旦得到更多賽馬與騎師的資料，就會變得格外有自信，儘管他們不太可能選對優勝者。分析師手上若握有太多數據，就會有見樹不見林的危險。執著阿霍德單季每平方英尺的銷售成長和其他各種指標，並無法對未來表現提供鞭辟的見解。另一方面，分析一家公司五年的現金流量便可

迅速抓住關鍵，得知阿霍德的管理階層並沒有從核心事業中產生現金。

　　一旦與先前形成的信念有衝突的資訊被封鎖，就會有「認知失調」的危險。某名券商分析師似乎深受其擾，他認為，阿霍德將餐飲服務事業多樣化發展之後，（在評價方面）似乎被不公平地降評——隨後他似乎就對公司的負面資訊視而不見。後來有人揭穿，阿霍德故意誤報餐飲服務事業的獲利能力。我們的賽馬投注者顯然在下注後對自己的看法更有信心。危險在於，分析師根據單一思路得出結論並堅持觀點，不管實際上發生什麼事。

3. 在避風港裡過活

　　專家分析師在避風港裡工作，他們太常與公司管理階層和同業分析師往來，太少接觸世界其他地方正在發生的事情。同業分析師之間，羊群的本能可能會使相似的看法更加強化。他們的想法會開始反映出康納曼所謂的「內部觀點」。以阿霍德為例，零售業專家分析師花了很多時間，用一連串的指標來比較阿霍德和艾伯特公司（Albertson）與克羅格公司（Kroger）等美國同業的業績表現。不過，身為跨國投資人，我們發現，把特定產業的公司報酬，拿來來與其他產業和其他國家的公司報酬進行比較更為有用。一位專家分析師

無法判斷阿霍德公司相對於一家北歐造紙廠，或泰國水泥廠是不是一項好投資。

4. 激勵措施很糟

　　管理階層對企業的資本配置影響甚巨。資深經理人做出的決策很可能會受到激勵措施所影響。然而，專家研究員很少處理激勵措施這個關鍵議題，可以確定在與阿霍德有關的券商報告中，沒有針對激勵措施為主題發表評論。或許，券商分析師這樣的疏忽與他們自己的激勵措施有關，此外，這樣的討論也有可能會引起中國牆（Chinese Wall，注：指公司內部可能發生利益衝突的部門間資訊需要相互隔開，避免發生不正常的交易，例如幫助企業募資的投資銀行部門，可能會事先得知公司的新消息，若同公司的券商部門研究員知道這個消息，可能會有內線消息的疑慮）外的企業金融同事有不好的感受。

　　雖然阿霍德大幅宣傳公司引進了基於經濟附加價值（Economic Value Added, EVA）的激勵措施，但我們還是得知，執行長主要根據每股盈餘成長來獲得獎勵，而這是可以透過併購和使用槓桿來改善業績表現的指標。考量到荷蘭一般公認會計原則的會計認列做法，很容易受到影響，以及阿霍德採用併購多家小公司，整合成一間大公司的成長模式，我們覺得

很不妥。當我們發現，這位執行長擁有的股票只有不到 1,700 股時（股價高峰之際價值為 7 萬美元），感覺又更差了。

5. 績效評估指標更糟

　　果不其然，由於激勵措施奏效，阿霍德後來在每股盈餘成長上繳出非常優異的成績。這家公司達成連續二十三季每股盈餘雙位數字成長的成就——這個紀錄好得令人難以置信：阿霍德在 2000 年、2001 年和 2002 年前三季的年度財報統統都要重編。為什麼專家分析師這麼關注每股盈餘？理由與上面提到較短的衡量期間有關。

　　正如我們的觀察，每季的現金流量表相對沒有意義。使用應收應付制會計（accrual accounting）的原則，管理階層在提報財務數字時有一定的自由度，不幸的是，也有很大的空間可以造假。單季每股盈餘數字在股票市場賽局中也能發揮作用。一旦分析師設定市場預期下一季的每股盈餘數字、且管理階層繳出超出這個數字的成績單，股價預期就會上漲。之前我們曾討論過，這個賽局並沒有效果，因為很容易受到「古德哈特定律」（Goodhart's Law）的影響——也就是說，一旦某個數據被廣泛用來當作衡量標準，就會變得不再可靠。[3]

　　以上的言論並不是說專家分析師沒有價值。我們希望他們可以幫助我們快速理解每個產業創造的術語，讓我們熟悉

關鍵的產業趨勢。同時，由於上述的危險，我們無意在公司內部引進專家分析師的模型。我們面對的困難，是說服其他人相信「專業知識」（也就是大量的知識）不一定會帶來優異的投資表現。我們認為，之所以會這樣的原因微妙而複雜。阿霍德的悲慘故事就顯露出可能出現的問題。[4]

3.2 錯判週期（2010 年 8 月）

管理階層傾向買高賣低是企業界的一大謎團

當今的資本市場已經稍微穩定，觀察各管理階層在雷曼兄弟危機前後的表現是個有趣的練習。一般情況下，大多數的管理階層，甚至是整個產業的管理階層，都會順著景氣循環採取行動。看到企業在景氣高峰時不斷買回庫藏股，卻在景氣低谷時募集新資金，真是令人沮喪。這個過程中，股東總是會深受其害。唉，這次也不例外。

為什麼企業往往會買高賣低（就算是涉及到自己的股票也一樣），一直是企業行為的一大謎團。在過去幾年動盪的日子裡，情況就是如此。如圖 3.1 顯示，隨著市場攀升到 2007 年高點，很多公司藉由以現金為主的併購交易與買回庫藏股，花費破紀錄的金額來收購價值過高的股票。儘管股票發

行量達到高峰，但有人懷疑，其中大部分都被用來買進其他公司價值過高的股票。富通銀行（Fortis）用 190 億歐元的現金增資，買進荷蘭銀行（ABN Amro）部份股權；威立雅（Veolia）用在市場高點發行約 30 億歐元的股票，購買明顯高估的資產（根據過去的經驗，隨後威立雅的股價下跌 66%），就是這種情況。

這些公司和管理階層像羊群一樣的行為始終令人震驚。很多時候，當一家公司決定要買回庫藏股，它的競爭對手也會玩起同樣的遊戲。同樣的道理，同業中多家公司之間往往會出現同時募集資金（次級市場發行股票）的情況。它們會一起行動的原因在於，沒有公司想看到競爭對手取得籌資優勢。舉例來說，2008 年，歐洲建築材料集團（包括霍爾希姆集團〔Holcim〕、拉法基公司〔Lafarge〕和聖戈班公司〔Saint-Gobain〕）加碼買回庫藏股，並在 2009 年初的市場低點附近募集了大約 100 億歐元的資金。這些公司在資本週期頂端進行大量投資，在 2005 至 2008 年期間花掉驚人的 460 億歐元，然後在 2009 年處分 90 億歐元的資產。法國水泥集團拉法基在 2007 年底以價值 102 億歐元的現金與股票買下埃及水泥集團歐瑞斯克姆公司（Orascom），就是價值破壞的例證，然後又在 2009 年市場的低點被迫募集新資金。併購之後，拉法基的股價已經跌了大約 64%。

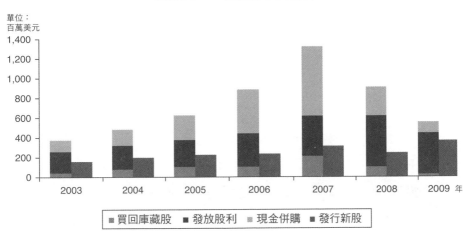

圖表 3.1　歐洲資本配置

單位：
百萬美元

■ 買回庫藏股	■ 發放股利	■ 現金併購	■ 發行新股

資料來源：Nomura, Dealogic

　　這種順著景氣循環採取行動的情況，並非建築材料業獨有。歐洲住房建商也在 2003 至 2008 年間買回 19 億 5,000 萬歐元的股票，在 2009 年和 2010 年募集的新資金卻又超過這個數字，這個產業現在的投資金額只有 2007 年高峰水準的 1/3。歐洲汽車產業的表現一如往常，2000 至 2008 年間撤出的資金高達 70 億歐元（其中三分之二在 2008 年的高點撤出），然後在 2009 至 2010 年發行大量股票，約 121 億歐元，用來挹注因為金融危機而陷入低谷的產業。

　　少數公司則利用這次危機，以後來證明很便宜的地板價達成併購交易。這些交易主要出現在銀行業：法國巴黎銀行

（BNP）接收富通銀行（比利時和盧森堡的業務）；巴克萊銀行（Barclays）買下雷曼兄弟的美國業務；荷蘭桑普集團收購北歐銀行的大量股份（已經有 10 億歐元的獲利）；桑德坦銀行（Santander）搶購英國聯合萊斯特銀行（Alliance & Leicester）、美國主權銀行（Sovereign Bancorp）和部分巴黎銀行。在汽車業，飛雅特汽車沒付半毛錢就併購了克萊斯勒（Chrysler），並得到政府一些擔保。事後看來，這些在歐洲的併購與巴菲特在市場接近低點時，使用大量現金投資奇異公司（GE）、哈雷機車（Harley Davidson）、瑞士再保險公司（Swiss Re）和高盛（Goldman Sachs）的手法如出一轍。

雖然代表股東行使職權的董事會通常會在錯誤的時機幫公司買賣股票，但內部人士以自己的帳戶交易時，表現卻會更好。在前述威立雅的例子中，執行長在股價接近高點時賣出自己持有的大多數股票（價值 400 萬歐元）。雖然內部人士在金融危機前夕賣多於買，但檢查動盪期間諸位董事的交易可以看到，這些董事過早成為買家，而且在市場整個下跌期間都是如此，直到 2009 年第一季結束、市場開始復甦之際，他們才大幅賣出股票。可能是因為在市場動盪期間，他們被迫延後銷售的時間，也有可能因為他們正在回應大眾對二次探底的普遍擔憂。

回顧近幾年的情況，我們強烈的印象是，大多數的公司

都錯判週期，而且誤判危機，結果在那段期間做出糟糕的資本配置決策。便宜的債務誘惑以及明顯樂觀的成長前景誘使許多管理階層認為，不僅自己擁有的公司股票很便宜，其他公司的股票也提供很好的價值，特別是考慮到當時的資金成本異常低廉。私募股權泡沫助長了這種羊群行為。在週期高點難免會出現企業過多的情況，而這嚴重拖累了股票投資人獲得的報酬。

3.3 資本配置者（2010 年 9 月）

一流的經理人會對自家產業的資本週期瞭若指掌，
並以逆景氣循環的方式投資

投資人長期投資一家公司時，成功與否往往取決於資深管理階層的投資技巧。中期來看，股東權益報酬率一般是由執行長對資本支出、併購活動，以及以債務和股票來為業務融資的水準等情況來決定的。此外，是否發行新股或買回庫藏股，以及做決定時的股價，這些問題可能都會對股東報酬有很大的影響。投資經理人買進股票時，實際上是將責任外包給管理團隊。執行長的「資金管理」技巧可能與管理日常業務運作的技巧一樣重要。不幸的是，正如我們在其他地方

提到的情況，在資本配置上，歐洲的商業領袖往往和羊群一樣從眾，順著景氣循環操作。

問題在於，這些人往往缺乏合適的技巧。就像巴菲特所言：很多公司的負責人不熟悉資本配置，他們的能力很差並不奇怪。大多數的老闆之所以能升到最高層，是因為這些人在行銷、生產、工程，或有時在內部組織政治等領域上表現出色。

對於執行長來說，金融公司的經營可能最具挑戰性，畢竟與經營大型食品零售公司或消費性產品公司相比，經營金融公司需要更多資本配置決策。近年來，銀行執行長因為不明智的資本配置而毀掉公司的例子比比皆是，其中最惡名昭彰的就是全球金融危機發生前，「開膛手」佛瑞德・古德溫（Fred "The Shred" Goodwin）決定收購荷蘭銀行的資產，結果撐破蘇格蘭皇家銀行（RBS）的資產負債表一事。

不過，管理上偶爾也會出現一般規則以外的情況。芬蘭金融服務集團桑普的執行長與現任董事長華洛斯就是一個典型的例子。桑普是馬拉松公司長期持有的公司，也是我們歐洲投資組合中最大的金融業部位之一。

2001 年，華洛斯到桑普集團任職，當時他以 4 億歐元的價格把自己經營的精品投資銀行曼達德（Mandatum）賣給桑普，桑普集團則用股票支付這筆錢，華洛斯持有曼達德 30%

的股權，換得桑普集團 2％的股票。這筆交易實際上是一種逆向收購，華洛斯成為執行長也是這項協議的一部分。當時，桑普集團擁有銀行、產物保險和壽險三個國內為主的事業。這個集團持有諾基亞 1％左右的在外流通股權，當時價值 15 億歐元，占桑普集團淨資產 22％的價值。華洛斯擔任執行長的第一個行動，就是在 2001 年 11 月以每股 35 歐元的平均價格將諾基亞的持股從 3,500 萬股減少到 670 萬股。今天，諾基亞的股價是每股 7.2 歐元。

華洛斯的下一步是干預公司主要在芬蘭的產物保險業務，這項業務在國內市場占 34％的份額，但基本上是很成熟的市場。華洛斯把這項資產賣給一個名為 If 的泛北歐產物保險公司，桑普集團因此取得 38％的股份（以及半數的投票權），加上 1 億 7,000 萬歐元的現金。合併後的集團在挪威有 37％的市占率、瑞典 23％，丹麥 5％。引進新紀律（應該說是寡占訂價）之後，總和比率（combined ratio）[5] 很快便從 2002 年的 105％降到 2005 年的 90％。

2003 年，在這個新戰略的所有利益完全實現之前，桑普集團利用合作夥伴的財務困境，以 24 億歐元的隱含價值，收購了整個企業中產物保險業務的所有股權。至 2015 為止，券商對桑普集團的評價中，If 的市值預估最低是 40 億歐元，華洛斯先生還公開邀請潛在買家，以 80 至 90 億歐元的價格收

購。桑普集團下一個重大的策略舉動發生在 2007 年，就在全球金融危機爆發之前，當時集團宣布，將芬蘭的消費金融事業賣給丹麥銀行（Danske Bank）。這筆交易中，桑普集團以市場最高價格 41 億美元換取現金。後來，這筆現金一步步被重新投資在品質更高的消費金融特許經營權上，因為之後桑普集團持有北歐最大銀行集團北歐銀行（Nordea）超過20％的股權。現在，桑普以平均一股 6.39 歐元的價格投資北歐銀行 53 億歐元，而北歐銀行目前的股價是 7.7 歐元。幾乎有一半的部位是由帳面價值的○‧六倍價格買進的，與用三‧六倍帳面價值賣出的芬蘭業務相較，可以看出套利金額相當可觀。

雷曼兄弟破產之前，華洛斯配置資本的妙招是決定將桑普集團投資組合中的股票權重降至 8％，同時維持大部位的流動性固定收益資產。因此，這家公司能夠在 2008 年秋天投資 80 億至 90 億歐元，向陷入困境的賣家以低價買進商業信用證（commercial credit）。桑普集團特別積極買進芬蘭最大造紙廠芬歐川集團（UPM–Kymmene）的債券，當時的收益率超過 8％。做出一定要投資這家公司債券的決策很容易，因為芬歐川集團當時的執行長就是華洛斯本人。根據桑普集團的資料，這項公司債的投資已經產生 15 億歐元的收益。

由於這些精明的資產配置決策，桑普集團的股價自 2001 年 1 月以來輕鬆超越金融服務同業，且表現超過整體歐洲股

票市場將近二・五倍。桑普集團的案例結合了很多我們可以在管理上尋找的關鍵要素，也就是公司執行長既了解產業的資本週期，還能推動週期（北歐產物保險業務整合的故事）、以逆景氣循環的方式配置資本（在金融危機發生前賣出股票），受到適當的激勵（大幅持股），並在有人準備好付出過高價格的時候賣出資產（從芬蘭銀行撤資）。可惜的是，歐洲其他地方很少有桑普集團這種管理方法的例子。[6]

3.4 北極星（2011 年 3 月）

北歐股票長期表現優異，反映出管理階層的好素質

對於精通盎格魯薩克遜資本主義自由放任原則的觀察者來說，北歐公司的成功呈現出一個複雜的問題：為什麼擁有高稅率和廣泛福利制度的北歐準社會主義社會，後來卻成了資本主義企業成功的避風港？我們長期配置較多北歐股票，因此我們自認可以嘗試回答這個問題。

就股票市場的報酬率而言，瑞典在 20 世紀的表現堪稱全球最好，平均每年的實質報酬率為 7.6％，相較之下，美國股票是 6.7％。100 多年來，瑞典股票的投資人收益是美國同業的兩倍多。在許多不同的產業，斯堪地那維亞半島都出了世

界一流的公司，像是 H&M 和宜家家居（Ikea）（零售業）、快桅集團（航運業），以及成功的資本財公司，包括阿特拉斯科普柯集團（Atlas Copco，壓縮機）、山特維克集團（Sandvik，碳化鎢工具），以及 Volvo 和 Scania（卡車製造）。在科技領域，愛立信（Ericsson）和諾基亞仍然占據市場領先地位，儘管大家都熟知諾基亞近幾年的困境。

北歐國家除了受益於豐富的自然資源，還享有穩定的法律結構與政治結構，在武裝衝突中保持中立的政策，更是強化了政治結構。新教徒的職業道德、工會與管理階層之間普遍合作的關係，以及與世界其他地方接觸的意願，也是推動成功的因素。

北歐勤奮工作的能力，與地理上的開放性結合。瑞典、挪威、芬蘭和丹麥，以及被列為榮譽成員國的冰島，這些斯堪地那維亞國家的人口加總起來不到 2,500 萬人（瑞典的人口最多，有 900 萬人）。瑞典阿特拉斯科普柯集團的老闆就很喜歡提到，這裡的人口比超過 3,000 萬人的中國重慶市還少得多。斯堪地那維亞半島人煙稀少，國內市場有限，迫使公司到海外謀生，許多企業在全球化時代蓬勃發展。中國已經成為阿特拉斯科普柯集團最大的區域市場。北歐各國政府也一直積極藉由貿易推廣和其他手段來增加企業利益，不受西方外交政策的約束。阿特拉斯科普柯集團從 1920 年代就進到中

國，ABB 公司則是 1907 年，愛立信開始在中國經營的時間更是可以追溯到 1894 年。斯堪地那維亞的公司還能在美國或西歐公司視為禁區的國家發展業務。

過往我們傾向配置較多北歐股票市場，主要是受到北歐管理團隊知覺品質（perceived quality）的影響。一般來說，北歐的經理人能夠清楚說明策略，且在一定程度上專注實行，歐洲其他地方的經理人則不一定。我們還發覺他們具有高度的適應力，斯堪地那維亞的公司不僅對出國旅遊抱持開放的態度，在我們最近一次的造訪中，還發現一件令人震驚的事情：很多成功的大公司都是外國人經營的。阿特拉斯科普柯集團的負責人是比利時人，斯凱孚（SKF）是由蘇格蘭人經營，諾基亞和愛立信最近都聘請美國人當老闆。這種對外界的開放心態，與南歐近期的發展形成鮮明的對比；在南歐，義大利和法國出於保護主義重新定義了戰略產業，他們正在相互比爛。

不過，斯堪地那維亞也盛行某些保護主義。很多大公司都因為所有權結構的原因，受不可捉摸的股票市場寵愛。在北歐企業界，重要股東群的影響是不可忽視的特徵。近期，馬拉松公司與三家瑞典大型資本公司在斯德哥爾摩大飯店（Grand Hotel in Stockholm，1968 年以來由瓦倫堡家族〔Wallenberg〕擁有）一對一開會，其中兩家是由瓦倫堡家族

控制，包括伊萊克斯（Electrolux，1956年以來由瓦倫堡家族擁有）和阿特拉斯科普柯集團（從1873年創立以來）。第三家公司則是阿法拉伐（Alfa Laval），這家公司在瓦倫堡家族擁有五十多年之後，1991年被以經營利樂公司（Tetra Pak）知名的勞辛（Rausing）家族接手收購。

雖然大家可以評論瓦倫堡家族後面幾代人的投資技巧，但由家族控制的公司高階主管經常辯解說，長期股東擁有不成比例的所有權（透過A股與B股的結構），因此可以為公司提供穩定性與專注性。簡而言之，研究這些北歐公司如何在競爭中脫穎而出，是件相當有趣的事。

阿特拉斯科普柯集團已經是壓縮空氣設備領域的全球領導廠商，表現超越一開始在英國和美國更強大的競爭對手。現任執行長把公司的成功歸於一致的長期戰略、全球影響力、創新的傳統，以及對產品售後市場的早期開發。阿法拉伐在選定的液體處理和熱交換市場也取得類似的成功。這家公司的策略是繼續專注在範圍有限、但不斷成長的工業應用，好在全球的競爭中取得回報。

亞薩合萊進一步體現出高度專注與全球導向因素結合的效用，它是全球鎖具事業的領導廠商，馬拉松公司的投資組合也持有亞薩合萊的股票。前任執行長卡爾・思文凱（Carl Henric Svanberg）曾向我們強調，亞薩合萊如何從只喜歡談論

鎖具的董事會受益。不難想像出有這樣一群認真的瑞典人。

近年來，這家公司一直將製造業務轉移至低成本國家。它們也從北歐工會開明的做法受益，北歐工會對組織重組的態度，與法國和比利時的僵化態度形成鮮明的對比。據亞薩合萊現任財務長的說法，斯堪地那維亞的工會體認到，公司擁有安全的未來，才有可能有健康的就業前景，而這需要持續獲利，並克服當前和未來的競爭威脅。

在馬拉松公司正常的分析架構中，管理階層的激勵措施被認為是最重要的要素。我們希望管理階層的財務利益與股東的命運密不可分，但這種觀點並不適合斯堪地那維亞的社會民主主義。在很多情況下，北歐公司繼續放棄管理階層的股票選擇權，而這種報酬的稅制往往很不利。高階經理人不熱衷領取豐厚的收入，以及對於小公司（按照國際標準）的舞弊有很大的反應，反映出斯堪地那維亞的社會民主風範。

這並不是說不會有人因為成功而創造大量財富，利樂的勞辛兄弟、H&M 的史蒂芬・佩爾森（Stefan Persson），以及宜家家居的英格瓦・坎普拉（Ingvar Kamprad）都在億萬富翁排行榜上都名列前茅。一些上市公司的執行長也累積可觀的財富，儘管他們承擔的風險通常會比盎格魯薩克遜董事會常見的風險更高。

思文凱就是典型的例子，他一開始就借了 300 萬美元買

股票，在擔任亞薩合萊執行長期間，賺取超過 3,600 萬美元。思文凱 2003 年加入愛立信時也投資了 1,200 萬美元，當時該公司的股價剛好處於低點，他最初的投資後來賺到超過二·五倍的收益。其他用自己的錢承擔大量股票風險的執行長，還包括桑普集團的華洛斯，亞薩合萊的現任執行長約翰·莫林（Johan Molin），以及海克斯康（Hexagon）的歐拉·羅倫（Ola Rollen）。馬拉松公司的持股往往集中在這樣的公司上。

雖然在講求平等的斯堪地那維亞，個人稅率和對炫耀性消費的鄙視程度都很高，但公司稅率在國際標準上，仍相對較低。

在丹麥，將近一半的全職勞工繳納 63％的邊際最高稅率，而企業的所得稅率只有 25％。其他斯堪地那維亞國家的公司稅率從 26％到 28％不等。這與位於資本主義堡壘的紐約市，企業實際繳納的公司稅率為 43％形成鮮明對比。

因此，儘管斯堪地那維亞地區抱持社會平等主義，卻是個讓公司創造財富的好環境。所有權的穩定以及一致的戰略重點，為許多斯堪地那維亞公司創造長期的競爭優勢。事實證明，在一個似乎只會在新興市場才看得到成長的世界，到海外市場尋求成長的必要性是有好處的。對許多這類成功公司來說，新興市場成長是否持續，可能是目前高漲的股票市場主要的威脅。

3.5 股東決定薪酬（2012 年 2 月）

在解決代理問題所有不完美的方案中，
內部人長期持股是最好的方案

英國上市公司高階經理人薪酬計劃的設計者為了證明自己的努力合情合理，面臨愈來愈大的壓力。這有部分是週期性的。每回只要股市崩盤，對紅利計劃的審查就會增加，特別是對「失敗的獎勵」的相關審查。另一個長期因素是全球化驅動的所得不平等加劇（政治人物也很熱衷利用公眾不滿的情緒）。根據調查機構 Manifest 的資料，1998 年以來，富時 100 大公司的執行長的平均薪資成長四倍，而一般員工的收入則只成長 50％。同一時期，富時 100 指數的股價水準並沒有改變。我們有點同情那些薪資顧問，畢竟要設計使管理階層和長期股東利益一致的激勵計劃，並不是件容易的事。

愈來愈多股東在公司的年度股東大會上投票反對薪酬報告。也愈來愈多董事長和薪資委員會的負責人，造訪馬拉松公司（通常會有薪酬顧問陪同），希望能預防股東對公司薪酬的不滿。直接聯繫投資人的目的，多半是為了規避獨立代理顧問服務公司（像是機構股東服務〔Institutional Shareholder Services, ISS〕以及退休金與投資研究顧問〔Pensions & Investment

Research Consultants, PIRC〕）。這些組織對薪酬顧問起到健康的平衡作用，薪酬顧問的同業對公司薪酬的分析，已經成為薪資上漲的齒輪。我們想不出有哪一家公司會以高於同業高階經理人的薪資中位數為由，去降低這些人的薪資。

儘管大家樂見代理顧問服務的影響愈來愈大，不過這些組織基於規則的規範方法，不是每個情況都適用，特別是高階經理人的薪酬。那麼，最好的激勵方案是什麼？答案得視情況而定。以每股盈餘成長和總股東報酬率表現，來衡量的薪酬結構愈來愈常見，但這會遇到管理大師彼得・杜拉克（Peter Drucker）很久以前就發現到的問題：杜拉克觀察到，正確的績效衡量標準，「不但可能像尋找神祕魔法石一樣徒勞無功，肯定還會造成傷害與誤導」。當薪酬與每股盈餘掛鉤時尤其如此。多年來，馬拉松公司特別厭惡此事。

每股盈餘的衡量很容易被不誠實的高階主管操縱，這套衡量方法不考慮風險，而且鼓勵破壞價值的併購和買回庫藏股，尤其是利率很低的時候。此外，此法還助長了賣方熱愛的當季每股盈餘猜測遊戲。有時候，達成每股盈餘的目標似乎成了公司主要的策略目標，令人遺憾。公司的戰略應該考量如何最妥善分配資源。如果轉虧為盈需要花三年的投資，而且薪酬還與中期每股盈餘表現掛鉤，那麼管理階層可能就不會追求最好的商業計劃。雖然跨期問題某部分可以藉由分

年實施績效獎勵來解決，但投資人的短視以及管理階層自身的利益，往往會導致公司只關注每年的每股盈餘，而這種每股盈餘與長期價值的創造無關。

將薪酬與基於股價來衡量的總股東報酬率掛鉤，比跟每股盈餘掛鉤來得好，因為它迫使管理階層思考，如何在中期推動股價上漲。這樣的計劃會遇到點對點的衡量問題：如果併購的投機策略或股票市場的評價普遍過高，只要拉抬一開始或結束時的股價，這種衡量方式就有可能被扭曲。接著還有關於衡量報酬的時間框架問題。此外，基準應該是絕對的，還是相對的？兩種方法都有優點，但都不完美。如果基準是相對的，那麼基準取決於同業表現，還是大盤指數？廣告巨頭 WPP 的負責人蘇銘天（Martin Sorrell）因為有能力超越一小部分行銷服務公司，因而成為非常富有的人。不幸的是，由於這個產業多年來表現不佳，這些創造出來的財富並沒有與公司的股東分享。

出於這個原因，我們通常更喜歡以股票市場指數為基準的企業激勵計劃，這個基準與我們收取的績效費用一致。公司經理人可能會因為無法掌控相對於大盤指數的表現而感到委屈，這可能是由於富時 100 指數，中某些權重較大的產業，例如礦業或製藥業的走勢所推動。通常來說，經過一段表現相對優異的時間之後，有些公司會來找我們，尋求從相對的

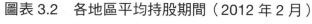

圖表 3.2　各地區平均持股期間（2012 年 2 月）

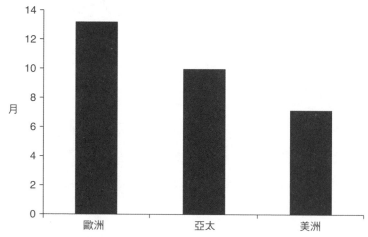

資料來源：World Federation of Exchange Limited, HSBC estimate

總股東報酬率，轉換成絕對的總股東報酬率數字；因為管理
階層認為，這段時間很快就會結束。

　　至於衡量績效的時間範圍，則會遇到投資人短視的問
題。由於歐洲股票的平均持有時間已經降到十二個月（見圖
3.2），「一般」投資人對一家公司五年的業績表現，幾乎沒有
興趣。我們偏好用更長的衡量期間以及多年分階段的利益，
來鼓勵長期的戰略思考。管理階層應該降低，那些高頻交易
員和投資人執迷的每季每股盈餘的權重。時間框架也可能需
要因產業而異，在資本財和採礦業，計劃的期間可能超過五
年比較好（至於飛機引擎，產品生命週期可能長達數十年）。

由於每項措施都有利弊，薪酬顧問會尋求折衷方案、將激勵計劃的多種措施綁在一起，就不意外了。但所謂的「平衡」方法，例如將每股盈餘目標與資本支出報酬率（return on capital overlay）加總，然後用總投資報酬率調整，可能會讓管理階層和投資人摸不著頭腦，更糟的是，這可能會助長複雜難懂的遊戲策略。

依我們看，讓內部人持股一直是解決代理問題最直接的處理方法，畢竟公司管理與所有權分離才會有代理問題。我們的投資組合往往偏好成功企業家自己經營、且手上保有大量持股的公司。值得高興的是，很多公司都仿效利潔時集團（Reckitt Benckiser），要求高階經理人持有大量股份；近日滙豐銀行也修改了公司的激勵措施，規定任職五年後贈送的分紅股票必須持有到退休。想要讓管理階層將注意力集中在真正的價值驅動因素上，讓管理階層長期持股可能是最好的方式。經理人保護財產的本能應該是要防止過度冒險，儘管雷曼兄弟的執行長狄克・福爾德（Dick Fuld）是不幸的反例。[7]

3.6 幸福家族（2012 年 3 月）

家族控制可能會對外部股東帶來問題，但可以為代理問題提供巧妙的解決方案

管理權與所有權分離的股份公司會產生弊端，並不是最近才出現的情況。早在美國大革命那年，亞當・斯密（Adam Smith）就觀察到我們現在所謂的代理問題：

　　這些公司的董事……是管理別人的錢的經理人，而不是管理自己的錢的經理人，因此我們無法指望他們應該與管自己的錢一樣小心警覺……因此，在這樣一家公司的管理工作中，疏忽或浪費的情況比比皆然。

　　　　——《國富論》（Wealth of Nations），1776 年出版

　　這個問題還有個可能的解決方案：投資仍由家族控制的公司。不幸的是，此法並非沒有缺點。通常的情況是，家族的利益會抬得比外部投資人的利益還高。除此之外，這類企業往往容易出現裙帶關係，以及讓公司無法運作的家庭糾紛。俗話說：有錢人白手起家，但富不過三代。因此，很多投資人寧願避開這些標的。但要避開很困難，畢竟 S&P 500 大公司中，有大約三分之一的公司是由家族掌控。此外，這種家族控制還會為外部股東帶來龐大的利益。有一些證據顯示，至少在美國，由家族大幅持股的公司，績效表現優於市場上的其他公司（見圖 3.3）。回過頭來看，團結努力將財富傳給後代的家族，往往證明自己可以妥善管理資金。

　　在最好的情況下，家族控制可以為代理問題提供巧妙的

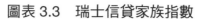

圖表 3.3　瑞士信貸家族指數

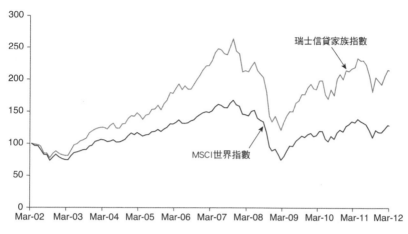

瑞士信貸家族指數

MSCI世界指數

300
250
200
150
100
50
0

Mar-02　Mar-03　Mar-04　Mar-05　Mar-06　Mar-07　Mar-08　Mar-09　Mar-10　Mar-11　Mar-12

資料來源：Bloomberg

解決方案。家族更能承受短期的獲利波動，並為自己和外部股東的長期利益進行投資。傑夫・貝佐斯（Jeff Bezos）擁有亞馬遜20％的股份，他顯然樂意忍受只有4％的營業利益率，同時投資在科技上，並比競爭對手更有價格優勢。在實體零售業稱霸的沃爾瑪也是由家族控制的公司。

　　有了家族股權的穩定支持，管理階層得以進軍有利可圖的全新產業，比方說，一家經營飲品與金融事業的公司收購了航運公司（智利的基嫩科〔Quiñenco〕）、一家超市與飯店集團買進印尼汽車製造商（新加坡的怡和洋行〔Jardine Matheson〕），以及一家英國食品公司建立了成功的服裝零售

事業（英聯食品〔AB Foods〕）。[8]

投資人要面對的問題在於，如何判斷家族經理人的好壞。熱愛科學的讀者可能知道安娜・卡列尼娜原理（Anna Karenina principle）[9]：在許多要素之中，只要有一個要素有問題，注定就會失敗。以下是常見的家族問題清單，任何一項問題都有可能破壞公司的成功。

1. 家族不團結

家族分裂和內部糾紛會對家族和非家族股東的利益持續造成損害。義大利的古馳家族（Gucci Family）忙著內鬥，無暇顧及面對競爭和專業化管理。直到古馳被法國奢侈品集團巴黎春天集團（Pinault-Printemps-Redoute）接手，時裝業務才重振旗鼓。[10]

加州著名的酒莊王朝蒙戴維家族（Mondavi Family）經歷兩代的手足相爭，最後在 2004 年將事業賣給飲料巨頭星座集團（Constellation Brands）。安巴尼兄弟（Ambani brothers）在印度的紛爭，導致橫跨紡織到電信的企業集團信實集團（Reliance Group）在 2005 年解體。然而有時候，在家族內部或幾個家族之間對資產控制權的紛爭，可能會推動買回大量庫藏股，因此對小股東有利。

並非所有家族企業都不快樂。巴黎奢侈品集團愛馬仕

（Hermès，我們喜歡稱它是最後一家老派公司）就很成功。儘管愛馬仕的創辦人有超過七十位成年後裔，但這個家族與股東群的利益依然一致。有時，一名特別有主導能力的家族成員能夠把自己的意志強加到其他家族成員身上，以維持家族的掌控地位與公司的長期成功。一般會想到的例子有福斯汽車的費迪南德・皮耶西（Ferdinand Piech）、漢考克資源公司（Hancock Resources）的吉娜・萊茵哈特（Gina Rinehart），以及瑞典金內維克投資公司（Investment AB Kinnevik）的楊・史坦貝克（Jan Stenbeck）。

2. 喪失商業敏銳度

以托馬斯・曼（Thomas Mann）的小說名字命名的「布登伯洛克效應」（Buddenbrooks' effect），描述家族企業如何隨著時間經過而惡化，因為後代對財富帶來的一切比前一代更感興趣。美國美妝公司雅詩蘭黛（beauty company）的衰落，便表明了當一個家族對控制的公司不敢興趣、或未有效管理時會發生什麼事情。這時，任命外部專業人士是讓公司脫胎換骨的關鍵。

英國摩爾斯家族（Moores Family）擁有的英國型錄公司小樹林（Littlewoods）就因沒有做好在網路上競爭的準備，最後只好賣出。

3. 自己交易

　　不重視公司治理原則的家族控制企業，本益比往往會比同業還低。實際上，竊盜案很罕見，但在家族和上市公司的交易中，顯然有利於家族的交易並不少見。舉例來說，巴西國家鋼鐵公司（CSN）併購了由控股家族擁有的鐵罐公司馬泰利克（Metalic），這個家族還掌控另一家印尼食品公司邁大公司（Mayora Indah），在上市公司之外還擁有分銷業務。另一家巴西鋼鐵公司蓋爾道（Gerdau），提供貸款給控股家族擁有的馬場，並付使用費給控股的股東去使用家族名稱，因而受到質疑。公司治理良好的企業往往會得到比較高的本益比，因此家族控制的企業有動機停止自己交易。舉例來說，巴西的杜拉泰克斯公司（Duratex）和巴西航空工業公司（Embraer）改善了公司治理，因為它們希望能減少代理問題讓股價打折的幅度。

4. 接班計劃不當

　　家族控制的公司必須準備好把大權交給下一代。當公司的成功與家族無關，而是與創辦人的社會、政治關係相關時，未成氣候的後代就應該在受到偶然的打擊之後振作起來。這一直是亞洲家族企業的特點，這些企業的財富建立在政商關係帶來的獨占和特許之上，一旦八十幾歲的創辦人計

劃不周，就會導致股價表現不佳。

5. 尋租政治

雖然仰賴收取租金（注：這裡的租金指的是透過壟斷或管制獲得的超額利潤，就像租金一樣可以不斷收取）的公司可以吃香喝辣，但假設創辦人離開之後，這些租金還會繼續存在，那就太天真了。對家族（和非家族股東）有利的事，有可能對國家不利。與政治人物和監理機關保持密切關係，似乎讓卡洛斯‧史林（Carlos Slim）的墨西哥電信公司（Telmex）在墨西哥的固網電信接近壟斷，網路互聯比率遠高於經濟合作暨發展組織（OECD）國家的平均水準。在菲律賓、香港、墨西哥、以色列和土耳其，少數知名家族的主導地位帶給家族和少數股東諸多回報，但卻扼殺了競爭與創業精神。

這種情況下，政治上會有強烈反彈的危險。史林的美洲電信公司（American Movil）就因為「壟斷作為」被判處將近 10 億美元的罰款。[11] 以色列似乎終於要解決強大家族財閥的問題，像是德雷克集團（Delek Group）和 IDB 控股公司（IDB Holdings）。只要觀察與穆巴拉克（Mubarak）政權關係密切的埃及公司命運突然改變，像是帕姆控股（Palm Holdings）和 EFG Hermes，就可以看出局勢變化得有多快。相對來說，成功的家族企業，像是戈茲控股公司（Koç

Holding）、銀瑞達（Investor）和基嫩科，似乎擅長避免受到政治界的直接影響。

事實證明，與靠著家族的政經主導地位而成功的公司相比，具有競爭力、且沒有明目張膽尋租的家族企業，都是比較好的長期投資標的。儘管家族控制會帶來問題，但把你們的錢投資在瓦倫堡家族（銀瑞達）、貝佐斯（亞馬遜）、戈茲（戈茲控股）、盧克西克家族（Lukšić Famliy，基嫩科）和阿雅拉家族（Ayala Family，阿雅拉公司〔Ayala Corporation〕），晚上我們會睡得更香。

3.7 約翰‧魯伯特的機靈與智慧（2013 年 6 月）

歷峰集團即將離職的老闆是名副其實的企業明星

馬拉松公司期望與知道如何有效分配資金的企業經理人一起投資。這樣的人需要某種人格特質，像是對流行的投資標的（與當紅的投資銀行家）有疑慮，以及願意逆潮流而行。我們較為成功的一項決定是與約翰‧魯伯特（Johann Rupert）一起投資，直到最近，他還是歷峰集團（Richemont）的執行董事長與執行長，他的家族在瑞士奢侈品集團中擁有控股權。

就在魯伯特先生準備開始新事業的當下，我們決定回顧一下先前的會議紀錄，看看這位真正傑出的經理人有哪些人格特質吸引我們。

首先，有些背景因素。自 2002 年 3 月以來，歷峰集團一直是馬拉松公司歐洲投資組合的一部分，而且至少從 1994 年起（我們開始計算持股績效開始），我們就擁有這家公司的前身凡登公司（Vendôme），直到 1998 年被收購為止。歷峰集團 1988 年成立以來，魯伯特先生就是執行長，主要業務是林布蘭集團（Rembrandt Group）南非以外的資產。林布蘭集團是由魯伯特先生的父親創立的，持有樂富門（Rothmans）菸草事業，以及一些奢侈品品牌，包括卡地亞（Cartier）、登喜路（Alfred Dunhill）、蔻依（Chloé）和萬寶龍（Mont Blanc）。

長期下來，菸草事業持續擴張，最終分拆給股東。在科技、媒體及通訊產業泡沫期間，歷峰集團幸運擺脫了歐洲付費電視業務，後來便專注在奢侈品事業的經營，尤其是高階瑞士手錶與珠寶。收購的品牌包括江詩丹頓（Vacheron Constantin）、沛納海（Panerai）、梵克雅寶（Van Cleef & Arpels）、積家（Jaeger LeCoultre）、萬國錶（IWC）和朗格（A. Lange & Söhne）。成立以來 25 年間，如果最初投資 5 瑞士法郎，現在已值 120 瑞士法郎，計入股息和公司分拆，年

複合成長率為 13.5％。

魯伯特先生不是一個會花很多時間和投資人閒聊的人，馬拉松公司從未與他進行一對一的面談。然而多年來，我們參加過很多小組會議，也聽取很多場歷峰集團的法說會。

我們蒐集了很多魯伯特先生隨意的評論，他說話帶有明顯的南非口音，我們認為，這些評論證明了為什麼他會成為成功管理他人資金的管家。

關於管理：

- 一旦經理人不了解自己從事的業務，總是會有危機訊號出現。
- （關於與主導供應商的關係）如果你是老鼠，就別玩貓捉老鼠的遊戲。
- 我認為，如果你想要成功，你就需要很多健康的偏執，每天都有人覬覦你的早餐，如果你沒有警覺，他們就會吃掉你的早餐。
- 今天可以授權出去的事情，不要拖到明天。
- 很多年前我就學到，從出生到上靈車那天，事情永遠不會糟糕到變得更糟。
- 真正的問題在於，公司是否會把自由現金流量重新配置到會賺錢的地方，而不是白白浪費？

關於短期主義：

- 哪天艾爾‧鄧拉普（Al Dunlap，注：以裁員著名的高階經理人）倒在自己的電鋸上時（注：指裁掉自己），我會舉杯慶祝。

- 所以，對於任何想問我們對明年有何看法的人，我建議你不要提出這個問題，因為我們不打算回答。這不是因為我們在裝腔作勢或覺得有趣，而是因為我們真的不知道明年會怎樣。

- 我不會告訴你我對第三季 XYZ 的看法。

關於併購與買回庫藏股：

- 如果任何資產的訂價有錯，最後都會被濫用。

- 如果你用過高的本益比買進，就永遠賺不到錢。

- 不不不，我試著賣掉公司的當下，我並沒有虧很多錢。當我買進那該死的東西的時候，我就虧錢了。那種情況你應該把錢存起來，而不是試著找到更傻的傻瓜接手。

- 關於成功退出付費電視業務，永遠不要把運氣和天才混為一談。

- 在這裡，我們的工作是創造善意，而不是大發慈悲付錢給其他人。

- 併購的第三個階段是亢奮，然後幻滅。接下來就是尋找買下的罪魁禍首。
- 籬笆另一邊的草總是更綠，但是要爬過去才會知道，原來這邊的草比較綠，因為草叢裡藏著滿滿的牛糞。一旦你開始涉足所有事，你就會陷入自我懷疑。
- 你可以一直用股權來折價收購，不過股權永遠是最昂貴的支付方式。
- （關於在科技、媒體及通訊產業泡沫期間以股票融資收購）就像一個小孩用100萬美元賣掉他的狗狗一樣，得到的報酬只有兩隻被割斷的貓爪。
- 如果你誇下海口抬高股價，那麼股價一下跌，大家都會來找你。
- 我們不會為我參與買進的股票講一堆廢話。
- 如果你觀察買回庫藏股的時機，以及公司買回股票的價格，這些公司不可避免會在非常接近市場高點的時候買回股票，因為那時他們有很多現金。天啊，2年後一切亂成一團，他們會後悔嗎？

關於投資銀行家：

- 經濟衰退之所以會發生，是因為投資銀行家以過低的成本提供資金，導致產能過剩和經濟衰退。

- 當你真正需要銀彈的時候，你會發現銀行都不在這裡，資金也用完了。

關於公司治理：

- 因此，如果你想要完美的公司治理分數，那就找一個你不認識、也從未見過的人，他並未參與你的事業，對你的事業一無所知。你雇用他，給他一筆不錯的獎金，進到董事會。接著（透過代理權投票服務），你設定的所有標準都會達標。猜猜看會發生什麼事？五年後，公司會大亂。最佳公司治理的標準和中期業績表現之間直接成反比關係。

關於奢侈品產業：

- 我們知道維持持久競爭優勢的唯一方法是讓品牌權益（brand equity）成長……因為品牌權益會創造需求，而且會產生訂價權。
- 我只是一個普通的商人，我認為奢侈品產業是一個可以創造股東價值的好產業。
- （引用可可・香奈兒〔Coco Chanel〕的話：）流行終將消退，只有風格永存。
- 很多年前，香奈兒就曾說過：錢就是錢，就是錢。只

是口袋變了，我們必須找到那些口袋。

- 周年紀念日、生日和女友總會有的。
- 如果你的商業模式，或是你的智慧財產權是用數位的 0 和 1 表示，就會遇到問題。幸好，我們的智慧財產權奠基在原子鐘上，很難被破壞。
- 卡地亞睡在金庫裡。
- 關於品牌誠信，你不能在飛雅特的工廠生產法拉利。

關於中國：

- 中國的暴發戶想要花錢的時候，他們不會買中國貨。
- 在東方，可靠性、原創性和歷史很重要
- 我覺得我正在火山頂上享用正式的晚宴，那座火山就是中國……就我個人而言，我認為中國不會出現任何問題，這是我的看法，但我什麼都不知道，我說真的。[12]

3.8 意見一致（2014 年 6 月）

只要環境適當，與經理人開會可以學到很多東西

過去兩年裡，馬拉松公司與企業管理階層開了將近 2,000 場的會議。這項活動，連同準備工作與寫下的筆記，耗費掉

投資團隊大部分的工作時間。然而，許多評論員認為這種會議是在浪費光陰。他們的觀點可以理解，畢竟公關顧問現在已經為經理人做好充分的準備，使得這樣的會議看起來就像促銷活動。投資人還是會現身，但我們懷疑，這些投資人中，有很多人的目的，是獲得與這個企業短期前景有關的資訊優勢。我們認為這沒什麼用。由於我們的投資方法實際上是長期投資，資產配置至關重要。我們之所以與公司會面，主要是為了評估代表股東的經理人投資的技能。

會議管理並不是科學的流程，恰好相反，這涉及對人做出判斷，是很容易出錯的活動（離婚率可以佐證）。我們參與會議，藉此尋找一些問題的答案，像是：執行長是否以長期戰略的方式來思考業務？他是否了解產業的資本週期如何運作？他看起來聰明睿智、精力充沛、並對事業充滿熱情嗎？他會以鼓勵的方式與同事和其他人互動嗎？他顯得值得信賴又誠實嗎？他是用對股東友好的方式做事嗎（就算是最微小的細節）？

為了評估這些問題，會議的形式很重要。一般來說，參加人數愈少愈好。大型會議往往包括公司的經理人、投資人關係負責人、財務部門的公關代表、券商與其他隨從。減少會議兩方的參與者會誘發更開放更友好的對話，還會減少隨從賣弄知識的風險，因為這可能會導致對話無可奈何地陷入

細節當中。賣方會議上很常使用一種全新、但很可怕的表現形式：「爐邊談話」。這種追求不重要細節的會議，通常會由一位執行長接受專家分析師的提問。談話通常會變成「深入探討」影響短期收益的因素，長期投資人對此可能毫無興趣。這類問題可能很荒謬。最近參加的一場會議上，就有人問一家大型工業公司的老闆是否可以預期，和前一年一樣的季節性模式將會出現。

一家公司派出陣容龐大的代表團，可能代表執行長缺乏信心，只好靠人多勢眾助長氣焰。與許多陷入困境的公司、以及幾家日本、西班牙和義大利公司開會的時候，常常有這種情形。吉博力的表現則完全相反，這家成功的瑞士水電設備公司執行長往往單槍匹馬到我們辦公室來，他似乎已經自行安排旅行，利用與水電工、建築師和其他客戶會面的空檔與我們會面。

令人震驚的是，我們發現，經理人常常搞不清楚「公司戰略」這個話題是在談什麼。執行長常把短期目標（像是每股盈餘目標，或是股東權益報酬率的門檻）視為戰略，比方說「我們的戰略是繳出 15％的股東權益報酬率」。真正的戰略，無論是軍事戰略還是商業戰略，都與評估自己所處的位置、面臨的威脅、計劃如何克服威脅，以及對手會如何反應有關。傑克・威爾許（Jack Welch）在通用電器（General

Electric）任職期間，曾要求各部門的經理人準備幾張投影片，從以下各方面描述他們的經營環境：你的全球競爭環境長什麼樣子？過去三年，你的競爭對手為了改變競爭格局做了什麼事？同一時期，你對他們做了什麼？未來他們會如何攻擊你？你有什麼可以超越他們的計劃？

　　要執行長公開談論競爭對手可能很困難。他們擔心太過公開可能會違反保密條款（專業投資人是一群完全不值得信任的人），或是公司被揭露出實質上有市場支配地位，可能會引發反壟斷的問題。此外，很多經理人一心只顧成長，因而無法預料到競爭對手可能的反應（「內部觀點」的另一個例子）。儘管如此，有時還是會漏掉一些有用的東西。要是管理團隊稱讚競爭對手，對投資人來說是難以多得的珍寶。英國媒體公司每日郵報與通用信託集團（DMGT）發現，它們很難與房地產資訊網站Rightmove一較高下——了解到這一點，促使我們決定投資Rightmove。[13]

　　討論一家公司如何利用投資銀行家，以及如何進行併購例如偏好友好的談判交易，而不是有爭議的競價拍賣，可能會透露出一些端倪。在不相關的領域進行預期之外的分散投資，顯示核心事業可能出現問題。對買回庫藏股的看法也可以提供大量資訊。很少有執行長認為這是與資本支出或併購決策相等的合法投資，大概是因為他們不願意縮減公司任何

方面的業務。許多人擔心買回庫藏股代表公司已經沒有投資構想了。就這個主題而論，我們希望聽到經理人根據內部的評價模型證明買回庫藏股的合理性，因為這可能會引發對企業評價的有趣討論。

善用各種提問技巧，便可形塑出對執行長的印象，像是性格、智慧、活力和可信度等。詢問執行長認為重要的事情，便可以測試其知識誠實（Intellectual honesty，注：指將知道的東西誠實表達出來，而不為了自身利益而隱瞞或竄改）的程度。為了讓過度推銷的執行長感到不安，我們喜歡問有哪些事情不可行，等著看他們是否思慮周全。有時候，老闆會要求同事談論業務中有問題的地方，藉此逃避責任。對此否認的執行長常常把問題歸咎於部門主管，並聲稱經營階層現在已經改變了，來後續追蹤。執行長與財務長或投資關係負責人等同事的互動方式，往往可以顯示出他們的領導素質。我們喜歡在會議上看到一個人展現好奇心，比方說呈現出對自己的業務很感興趣。謙虛的跡象例如說承認過去犯的錯，則會讓我們更相信執行長有掌握實際的情況。

外表也有可能露出一些線索。穿著高檔皮鞋或時髦西裝的工業公司執行長，更有可能享受投資銀行家的豪奢，而不是花時間拜訪工廠和客戶。虛榮的跡象通常令人生厭。有位執行長在開會之前，被我們看到他正小心調整精心設計的蓬

鬆髮型，幾週之後，他發起了一場有勇無謀的大型併購。

　　與執行長會面還可以深入了解管理階層對成本的做法，這在針對薪酬的討論中經常出現。了解公司出差政策這類日常事務也可以告訴我們很多事。巴西的美洲啤酒公司接管位於比利時的洲際釀酒廠之後，公司經理人告訴我們一項新規定限制：搭乘六個小時以上的航班才可以坐商務艙。這種企業節儉的洞見，讓我們相信相同的管理階層有能力削減百威啤酒的成本。在合併之前，百威擁有一支有八架獵鷹商務噴射機的機隊，合併之後（2005 至 2011 年），這家美國啤酒公司的營業毛利大幅增加了 10 個百分點。另一家公司的高階經理人也令我們印象深刻，他在倫敦旅行時比較喜歡坐電車，而不是配有司機的豪華轎車。出席會議的投資人關係代表人數也是很好的指標，表明公司遵守嚴格預算的程度。當然，評估管理階層團隊時，我們也曾犯過錯。但我們認為，試著發掘出一位偉大的經理人，依然非常值得玩味。

3.9 文化禿鷹（2015 年 2 月）

馬拉松公司對管理階層的關注，迫使我們思考企業文化

　　企業文化是由一組共同的假設和價值觀所構成的，這些

假設和價值觀指引員工的行動，並鼓勵員工為了實現特定的目標而集體行動。文化既反映出價值觀，也是管理階層的主要責任。然而，這些人在職業生涯中建立起強大的文化之後，文化可以持續很長一段時間。不過，懷疑論者可能會問：為什麼投資人會為了這麼難以形容、如此無形的東西而煩惱呢？嗯，有證據顯示文化會帶來回報。

這個主題最知名的研究論文，也許是約翰‧柯特（John Kotter）和詹姆斯‧海斯科特（James Heskett）的〈企業文化與績效〉（Corporate Culture and Performance）。這項研究調查1980年代超過200家公司，他們的企業文化與公司表現之間的關係。兩位作者詢問員工，他們對競爭對手的客戶態度與股東態度的看法。研究期間，表現出強大積極文化的公司，股價表現優於競爭對手800％以上。其他根據員工如何看待自己工作場所來衡量企業文化的研究也發現，「團隊精神」與股價漲幅之間有類似的關係存在。

柯特和海斯科特的研究證實，強大的文化很可能會產生極端的結果，有特別好的結果，也有特別糟的結果。正向的文化可能有不同的形式，最常見的成功企業特徵或許是強調成本控制。幾乎每家公司都會定期進行成本削減，然而，傑出的公司會展開一場反對不必要支出的長期革命。英國保險公司安圖保險（Admiral）早期發展之際，想要使用印表機的

員工得在執行長面前伏地挺身。另一個「小氣鬼」公司是美國低價值工業產品經銷商快扣（Fastenal），該公司的執行長號稱「美國最廉價」。傳言快扣的高階經理人在會議上被要求與其他人合住飯店房間。據說公司辦公室配置的都是二手家具。節儉的文化聽起來對員工沒有吸引力，但要是與獲利共享計劃結合，可能會創造奇蹟。1987 至 2012 年間，快扣繳出的報酬率超過 38,000％（不包括股息），比指數中其他公司的表現都好。比爾・蓋茲，接招吧。

削減成本並不是唯一會成功的文化模式。實際上，有些公司會藉由增加支出、而非減少支出來強化文化。北美量販店好市多（Costco）就是個典型的例子。好市多與傳統的零售商店模式不同，它支付給員工的薪資不但比法定最低工資高，而且還遠高於競爭對手。好市多員工的平均時薪超過 20 美元，而美國零售業的平均時薪不到 12 美元。這家公司最近還為將近 90％的員工提供醫療服務。華爾街一直在對好市多施壓，要它削減工資費用，這種雜音在 2009 年危機期間達到高峰。好市多則反其道而行，在接下來的三年提高工資。如此慷慨的報酬在於，好市多的員工任職的時間更久，因此省下訓練成本。在公司工作超過一年的員工，流動率只有僅僅 5％。忠誠的員工更可能有超水準的表現，好市多的客戶服務評價也一直很優秀。

關鍵在於，強大的企業文化構成一種無形資產，這種無形資產的價值可能與品牌知名度或客戶關係網絡一樣寶貴。就像巴菲特談到波克夏海瑟威的家族企業時說道：

如果我們取悅客戶、消除不必要的成本，並改進我們的產品和服務，我們就會增加力量……在日常生活中，這個效果很難察覺，但日積月累，效果會很龐大。當我們的長期競爭地位因為這些幾乎不受人注意的行為而有所改善，我們就會把這個現象描述為「拓寬護城河」。

另一方面，變質的文化可能會毀掉一家公司，看看曾在金融危機中嚴重受到波及的美國國際集團（AIG）就知道了。有位評論員的說法是，這家全球保險公司在帝國執行長漢克・葛林柏格（Hank Greenberg）的長期統治下，發展出一種「共謀文化」。不加思索的服從、缺乏「外部觀點」，且不惜一切代價追求成長，導致持有部位的風險愈來愈大。即使末日愈來愈近，事實證明，美國國際集團的高階經理人還是無法意識到公司面臨的風險。2007 年 8 月，金融產品部門（AIG Financial Products）的負責人這麼評論部門在信用衍生商品市場中的部位：「認真說，在任何一種合理情境下，我們都很難看到這些交易會損失任何一毛錢。」一年多後，美國國際集團宣布當季虧損 110 億美元，主要來自金融商品部門。

就像正向的文化有很多不同的形式一樣，負面的文化也五花八門。執迷追求營收增加，有時會導致徹頭徹尾的詐欺。1990 年代，鄧拉普任職期間，家電製造商夏繽（Sunbeam）的帳目遭竄改，以符合激進的獲利目標。在極端的情況下，糟糕的企業文化可能會釀成悲劇性的後果。2010 年，梅西能源公司（Massey Energy）的礦場爆炸，造成二十九名礦工喪生。美國勞工部（The US Labor Department）的調查將此悲劇歸咎於「重生產、輕安全」，以及「害怕與恐嚇」的企業文化在企業內部助長。

如果有益的文化是寶貴的無形資產、腐敗的文化是一種生存威脅，那麼外部投資人如何分辨兩者的差別，便極其重要。和許多投資一樣，這是透過與公司會面與進行研究，把長期下來不完整和模糊的證據拼湊在一起的過程。

有些量化措施可能有幫助：在員工相信自己正在做的事的公司，員工忠誠度和內部人擁有股權的比例可能會更高。公司的激勵計劃很大程度說明了公司的文化。管理階層貪婪嗎？哪些績效指標受到重視？是成長本身，還是客戶滿意度？員工是怎麼想的？透過 glassdoor.com（一種針對公司評論的 TripAdvisor）等網站可以找到這些看法。我們一直在尋找管理階層奢侈與自滿的跡象。危險的跡象包括昂貴的差旅費（公務直升機很容易引發抱怨）、年報中太多執行長的照

片，以及穿著講究的服裝。

在我們投資組合中的公司有很多成功文化的例子，例如瑞典商業銀行將權力下放給分行經理，促使他們對銀行業務更負責。另一家控股公司利潔時集團則對資深經理人培養企業家精神。然而，即使一個強大的文化被灌輸進一家公司，要發揮全部的影響也可能需要多年的時間，也許超出華爾街有限的投資範圍，不過長期投資人最好還是要留意。

PART 2

繁榮、蕭條、繁榮——
跟著資本週期避險又獲利

第 4 章
注意醞釀中的事故

　　金融危機爆發後，英國女王參訪倫敦政經學院（London School of Economics）時問了一個知名的問題：為什麼沒有提前發現問題？女王大概沒有得到真正的答案。答案其實是：經濟學家針對經濟運作的方式所開發出的典範有嚴重缺陷。經濟學家設想的世界均衡又理性，其中貨幣和金融的運作本質上不會改變；然而事實證明，這種學術模型與現實的情況相去甚遠。

　　然而，要說金融界「沒有人」預見「危機」到來，也並非事實。在 2008 年之前的幾年裡，許多認真的投資人和獨立的策略家對於強勁的信貸成長、可疑的金融創新，以及全球各地出現的各種房地產泡沫其實有所警覺。馬拉松公司近水樓臺，可以就近觀察金融市場，因此早在 2002 年就開始關注

圖表 4.1 盎格魯愛爾蘭銀行的股價與大事記：摘自馬拉松公司會議紀錄

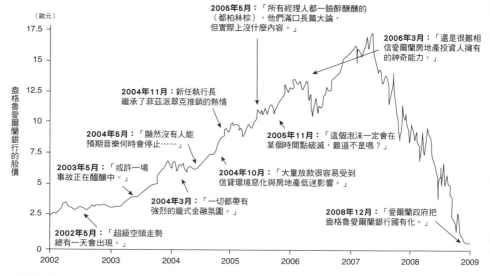

資料來源：Marathon

資產證券化和信貸超額成長的相關風險。這些年來，我們與許多銀行的管理階層開會，更是憂心忡忡：這些銀行似乎正帶著自家組織高速衝撞巨石。接下來我們會詳細分析讓愛爾蘭的國家主權信用差點陷入困境的案例：盎格魯愛爾蘭銀行。

我們可以從資本週期的角度來理解迫在眉睫的金融危機。景氣好的時候，銀行的資產（貸款）快速成長，競爭也在增加；影子銀行系統的出現，以及銀行的信貸利差縮減可以證明這一點。金融業供給面的外移，最終影響了整個產業

的獲利能力。這樣看來，銀行業並沒有什麼特別之處。資本週期分析也可以有效應用在危機前的房地產市場，有些國家的房價不斷上漲，引發了龐大的供給反應，尤其是西班牙和愛爾蘭。經歷最極端資本週期的經濟體，在信貸和住房的存量增加上，後來都產生最嚴重的後遺症。

4.1 醞釀中的事故：
與盎格魯愛爾蘭銀行會面（2002–2006）

危機爆發前幾年，我們與英國和愛爾蘭銀行的管理團隊會面之際，就有強烈的不祥預感

許多投資界人士懷疑，與管理階層會面究竟有什麼價值。紙上談兵的分析師認為，這樣的開會過程已然成為一種推銷活動，可能會使投資人與真相的距離愈來愈遠。在詹姆斯・蒙蒂爾（James Montier）的《行為投資法》（*Behavioural Investing*）一書中，他用一整章的篇幅討論〈為什麼要浪費時間聽公司的管理階層講話？〉。蒙蒂爾覺得，開會可能會讓基金經理人得到過多的資訊，而且這些資訊很可能會被用來證實某些先入為主的看法，尤其是過於樂觀的看法。基金經理人也有可能會對權威人物印象過於深刻。不可否認，天真的

人可能有被引誘犯下可怕錯誤的危險。另一方面，接觸到真的很糟糕的經理人，可以幫助投資人避開潛藏的危機。馬拉松公司就避開了信貸泡沫中最嚴重的一些銀行業災難，這樣的經驗顯示，與經理人開會還是很有價值。我們會留意會議的狀況。以下是金融危機前，對於即將發生的銀行業事故的一些觀察。

盎格魯愛爾蘭銀行

會議時間：2002 年 5 月（市值：19 億美元）

業務評估：

盎格魯愛爾蘭銀行放款給民營公司的企業主（也就是老闆兼經理人），這些人主要在英國北愛爾蘭以及波士頓經營服務產業。貸款 90％ 的抵押品是房地產。這些企業主毫不掩飾宣稱，向盎格魯愛爾蘭銀行借款的成本，比向每天往來的普通銀行借款的成本還高。那麼，盎格魯愛爾蘭銀行真的沒有提供高風險的最後貸款人服務嗎？當我知道跟它們借錢的利率更高時，為什麼還要跟它們借？除非我知道駿懋銀行（Lloyds Bank）不會放款。

我們得到的答案是：盎格魯愛爾蘭銀行的放款規模往往很大（在英國平均是 450 萬歐元），駿懋銀行要花好幾週的時

間才能提供答覆，盎格魯愛爾蘭銀行則可以當場決定放款金額。對盎格魯愛爾蘭銀行而言，典型的放款是指客戶為了買價值 2,000 萬歐元的房地產，但手頭只有 500 萬歐元現金的時候。它們會查看住戶的租賃契約，並試圖了解主要承租人的信用狀況。

它們聲稱自己並不關心房地產市場是否下跌，因為承租人已經承諾會根據長期合約支付租金，只要承租人有能力繼續支付租金，它們就有把握收得到利息。這就產生了是否可以償還本金的問題，但未來還很遙遠，此刻無論如何都沒有人會擔心。當然，如果房地產的價格減半，它們還是會得到利息，但損失的本金會很多嗎？

至於銀行的基礎建設，基本上很少。現有的客戶群並不需要龐大的分行網絡。過去七年，盎格魯愛爾蘭銀行三分之二的業務來自既有客戶群，新客戶則是藉由口耳相傳找上門來。如此一來，它們的成本收入比（cost income ratio）非常低，大約 30％。2002 年上半年，放款資產（loan book，180 億歐元）成長了 12％，其中英國和美國分別成長了 21％與 26％。五年前，總放款裡愛爾蘭占 80％，相較之下，如今只占 50％。

總而言之，我們很難不去相信這是建立在愛爾蘭房地產繁榮背景下，風險極高的商業模式，而如今英國也出現相同

的情況。

管理階層評估：

「我在這裡毫無顧忌，要把盎格魯愛爾蘭銀行賣給你。」
（執行長西恩・菲茲派翠克〔Seán FitzPatrick〕這麼說）管理
階層推銷得如此賣力，這還不明顯嗎？（這是我見過最糟的
推銷之一）。自 2014 年 9 月以來，這檔股票漲了一倍多，從
1997 年開始算的話，上漲了七倍。

市值評估：

超級空頭走勢總有一天會出現。問題在於，菲茲派翠克
會吸引觀眾的目光，使得眾人無法判斷股價是否會再翻倍。

會議時間：2003 年 5 月（市值：26 億 4,800 萬美元）

管理階層評估：

管理階層有強烈的推銷傾向，一切看起來都很棒。財務
長威廉・麥卡帝爾（William McAteer）就是這樣的人，他會
立刻記住人名，並在接下來的會議用名字稱呼眾人。在投資
人會議上，他似乎也認識許多與會者，令人擔憂，因為這表
示他對投資人有很濃厚的興趣，知道誰有可能買他的股票。
他的財務助手也在過度宣傳。

市值評估：

如果用股東權益報酬率 25％ 來看，股價似乎並不貴；然

而，公司的放款策略與高成長率也隱藏著風險。大家很難不對它們的舉止感到不安，也許一場事故正在醞釀中……

會議時間：2004 年 3 月（市值：50 億美元）

業務評估：

如前所述，這種商業模式是在沒有分行網絡的情況下，放款給愛爾蘭島和英國（以及一些波士頓）的企業（主要是房地產相關企業）。盎格魯愛爾蘭銀行的競爭優勢在於批准貸款的速度（信貸委員會每週開會，95%的放款都會通過），以及靈活性與執行程度（能夠很快「通過」真的是銀行業的優勢嗎？）……

盎格魯愛爾蘭銀行的「使命」是讓有錢的人更有錢。它們仰賴現有客戶和口碑來成長，而且不用經紀人。去年，淨放款成長了 43 億歐元，成長率為 33%……一切瀰漫著強烈的龐式金融氛圍，因為償還的本金不如償還的利息安全。舉例來說，如果我在十年內借了 1,000 萬英鎊買進房地產，而麥當勞是租客，那麼支付利息應該沒有問題。但是當我必須償還 1,000 萬英鎊的本金時，我不得不仰賴未來 10 年市場的繁榮。

因為這是長尾負債（long-tail liabilities，注：指很長期的負債），不會影響菲茲派翠克先生在馬貝拉（Marbella）的別墅 —— 他近期還賣出了股票。[1] 它們的準備金占逾期放款

（non-performing loans, NPLs）的 217％，而歐洲的平均水準則是 28％。然而，這兩個數字都應該要更高，才能反映出個人貸款的龐大規模。

管理階層評估：

菲茲派翠克在簡報中提到，2 月時董事們在內部人大量賣股票時如何「誤讀」市場，這個誤讀大概是指市場的反應，而不是賣股票的時機（當時股價是 13 歐元）。當我問到為什麼董事們如此熱衷賣股票時，他非常生氣。在即將退休之際，他以分散投資為由，賣出價值大約 2,000 萬歐元的資產。他的總持股價值 6,000 萬歐元。不過，在同個時間點，42 歲的英國業務負責人約翰・羅雲（John Rowan）賣出 300 萬歐元的股票（占他持有股票的 40％）；而菲茲派翠克暗示，這會讓羅雲喪失接班的機會。這不正說明羅雲跟菲茲派翠克一樣精明，也就是說，羅雲是符合資格的接班人嗎？

市值評估：

公司資產有 10 億歐元，1,000 萬歐元的貸款只要有幾筆出問題，就會讓一半的資產消失（其實只要 50 筆放款就夠了，而它們每週批准 20 至 25 筆放款）。內部人賣股票與長尾負債的定時炸彈，實際上才是最可怕的特徵。而且市值是帳面價值的四倍，看來股價已經太高。

會議時間：2004 年 5 月（市值：50 億美元）

業務評估：

處於利基市場的銀行執行長發表了鬥志高昂的簡報：「我們不提供全面性的服務，我們只是要求客戶放幾顆雞蛋在我們的籃子裡。」英國和波士頓被視為是「愛爾蘭業務的擴張範圍」。英國業務成長的速度比愛爾蘭快，此刻占放款總額約 40%，大概是 87 億歐元，平均放款金額為 500 至 700 萬歐元。其中「很大一部分」是投資房地產……

關於口碑擴張策略，我想到另一件事：這是否代表這家公司放款的客戶分布，相當不平均地偏向愛爾蘭的海外菁英與他們的配偶？盎格魯愛爾蘭銀行正在改變逾期放款準備金策略。這家銀行目前有大約 2 億 9,000 萬歐元的逾期放款準備金，相當於放款總額 210 億歐元的 134 個基點。實際的逾期放款水準是 66 個基點，逾期放款比率為 207%，相較之下，歐洲銀行的平均數字是 80%；考量到次級放款的性質，這被公認是個適當的數字。不過菲茲派翠克表示，它們決定，在放款總額達到 550 億歐元之前，不會增加任何準備金，這將使逾期放款覆蓋率減半。

這是在辯護它們的商業模式正確，還是在隱現它們的傲慢自大？

管理階層評估：

菲茲派翠克在講台上虎視眈眈，沒人敢否定他的商業模式，當然，這是愛爾蘭銀行的會議，沒有人會反對。規模顯然很重要，他一開始便吹噓說：「我們現在的規模比 1998 年的愛爾蘭銀行還大。」他認為，十年內，它們可以把目前占14%的愛爾蘭商業市場比重再翻一倍；但很難看出市場上有28%的人願意、且能為盎格魯愛爾蘭銀行這樣的服務付費，所以這個利基市場模型必須調整才能成長。他宣稱 2004 和2005 年（的盈餘）都「勝券在握」。

市值評估：

很難不做出以下的結論：這樣的成長和獲利能力無法持續，但顯然沒有人能預期音樂何時會停止……

會議時間：2004 年 10 月（市值：62 億 7,000 萬美元）

管理階層評估：

新任執行長德魯姆今年 37 歲，之前在都柏林和美國擔任銀行業務主管。他似乎相當低調，與即將離職的執行長相比更是如此，大家懷疑，他是否能以同樣的方式吸引投資人。羅雲則是由於早先和菲茲派翠克一起大舉出售股票，結果斷送了接班職位。有觀眾問羅雲為什麼沒有得到執行長的職務時，他顯得相當不自在。

市值評估：

這家銀行的市值是帳面價值的四・二倍，股東權益報酬率為 30%。大量放款很容易受到信貸環境惡化，與房地產低迷影響。多頭市場的情況可以根據帳面價值的快速成長（每年成長 25%）來判斷。

會議時間：2004 年 11 月（市值：75 億 8,000 萬美元）

業務評估：

回顧一下，盎格魯愛爾蘭銀行 80% 的獲利來自以擔保（房地產）為基礎的企業放款，其中一半的放款在愛爾蘭島，41% 在英國，剩下則在波士頓地區。過去五年，英國的放款總量成長得比愛爾蘭還快，而且很可能很快超過愛爾蘭島，成為最大的市場。這有點奇怪，因為英國市場幾乎不成熟，或說缺乏競爭力，而愛爾蘭經濟一直以更快的速度在成長⋯⋯

對於一筆新放款，貸款成數（loan to value ratio）通常是 70%，且在租賃期滿時，抵押品的價值通常會有 35% 的水準。因此，我們估計房地產價值必須下跌 65%，愛爾蘭銀行才會虧損⋯⋯

我懷疑這個市場高度仰賴租金收益率、放款利率與房地產價格前景之間的關係。管理團隊談到目前愛爾蘭住房市場

瘋狂投機的危險,該地的租金收益率已經暴跌,但房地產價格還在繼續上漲,這是龐式騙局。有人懷疑住宅市場和商用不動產市場(例如牙醫診所)在某些方面是相關的。

管理階層評估:

新任執行長繼承了菲茲派翠克推銷的熱情,而且很難插話提出問題,因為每個答案都包含一長串的要點。

新的投資與理由:

去年放款總額成長了 63 億歐元(35%),實際上卻包括 90 億美元的放款成長,以及 30 億歐元的還款。它們不斷指出自己沒有達到成長目標(也就是逐年增加的放款目標),聽起來有點「此地無銀三百兩」。

會議時間:2005 年 5 月(市值:86 億美元)

業務評估:

由於大家對這檔股票的「興趣日益濃厚」,盎格魯愛爾蘭銀行首度在倫敦召開業績發表會。一如往常,公司業績呈現非常強勁的成長,總資產在上半年成長了 17%,達到 400 億歐元,這是多虧新放款淨值有 40 億歐元……

它們坦承,英國和愛爾蘭島的租金收益率下降(英國目前的租金收益率大約 4%),但堅稱客戶並不期望資本增值,使盎格魯愛爾蘭銀行的逾期放款覆蓋率是安全的。不過它們

也強調，它們的客戶是聰明的房地產人（也就是會在房地產上漲時賺到錢！），因此會在景氣低迷之際，隨著新機會的出現而受益。這個故事似乎跟週期高點 15% 的放款成長不太一致。此外，股票市場繼續相信每股盈餘會成長的故事（上半年成長 30%），而且業績公布當天，股價上漲了 5%～6%。

管理階層評估：

所有經理人都一臉醉醺醺的，他們滿口長篇大論，但實際上沒什麼內容。

市值評估：

目前的股本是 15 億歐元（或說帳面價值的四‧四倍），在過去兩年半翻了一倍，股東權益報酬率目前是 33%。對於盎格魯愛爾蘭銀行的商業模式是否穩固，有很多理由懷疑，其中最重要的是，像英國這樣銀行過多的市場，如何在未來五年，在商業不動產放款市場，繼續保持驚人的成長與良好績效表現？

會議時間：2005 年 11 月（市值：93 億 5,000 萬美元）

業務評估：

盎格魯愛爾蘭銀行持續出現非常強勁的放款成長（截至 2005 年 9 月 30 日為止，年度成長 40%），因為在愛爾蘭的放款總額（占放款總額 56%）成長了 46%，相當驚人。英國占

2005 年總放款金額 40%，年成長 27%。它們之前提到，英國是成長的主要引擎，我們懷疑，面對愛爾蘭業務持續繁榮，連它們都有點驚訝。愛爾蘭的放款表現要歸功於愛爾蘭經濟的活力。儘管如此，46%的放款成長還是遠比市場成長率 26-27%還高。這一年的放款總額增加了 100 億歐元……實際上占年初放款總額的 80%……

和之前一樣，盎格魯愛爾蘭銀行堅持所有的放款都有資產擔保（即房地產），而且 70%來自現有客戶；它們自豪自己有能力可以快速做出決策，因為它們把決策權下放，還有做事很有效率的放款委員會……

在英國，新放款淨額是 26 億歐元，新放款總額則是 50 億美元，放款總額一開始是 99 億歐元……回想英國的負責人（羅雲）最近離職（錯失最高職位），顯然損失了一筆相當可觀的股票選擇權（100 萬股選擇權，履約價格 6.3 歐元，價值約 800 萬歐元），實在有點可疑。麥卡帝爾表示，薪酬委員會決定開會討論是否讓羅雲先生保留一些選擇權，儘管實際上第一個履約日期是 2006 年 12 月──這是否符合發送選擇權的主要目的，例如留任與激勵管理階層、鼓舞和獎勵員工等，其實很清楚難判定。

新的投資與理由：

盎格魯愛爾蘭銀行在 2005 年發行特別股，募資了 3 億歐

元，因為愛爾蘭監理機關認為它們的「核心」一級資本適足率（Tier One ratio）「有點低」。

市值評估：

本益比最近重新調整（從十到十一倍調整到目前的十四倍），同時盈餘繼續快速成長。大多數券商都買進這檔股票，而且 Goodbody（愛爾蘭券商）用一組東歐銀行股票（「類似的」成長股）來顯示盎格魯愛爾蘭銀行還是很便宜！這檔股票似乎仍在利用愛爾蘭房地產多頭行情，對東歐的房貸市場也成長強勁（成長至 10 億歐元，占抵押資產 4％，比 2004 年成長 66％）。這個泡沫一定會在某個時間點破滅，難道不是嗎？

會議時間：2006 年 3 月（市值：115 億美元）

業務評估：

行情和過往一樣依然看多。放款的資產如果按照地點來劃分，41％在愛爾蘭島，總放款中有 56％是放款給愛爾蘭的客戶，從這一點可以看出，它們放款給海外愛爾蘭投資人的比重有多高。

2005 年，愛爾蘭的總放款增加 46％！舉例來說，它們在布拉格設立了辦事處，服務愛爾蘭的房地產投資人。它們對客戶的能力充滿信心（愛爾蘭人更擅長房地產投資？）……

自上次的會議以來，這家銀行悄悄私募了（占在外流通

股票）5％的股票，超額認購高達四倍。當然，它們還是認為，股票發行與資本適足率過低沒什麼關係（風險性資產總額共 400 億歐元，而股東權益有 17 億歐元，第一級資本僅占4％）。沒有每股盈餘稀釋的問題，也沒有立即的併購計劃。「市場就在那裡。」在愛爾蘭，它們聲稱沒有受到丹麥銀行和蘇格蘭皇家銀行等新進業者的影響。

在英國，現在的重點是讓倫敦以外的「地區」（曼徹斯特、伯明罕、格拉斯哥和貝爾法斯特）業績成長。在英國的商業不動產市場上，蘇格蘭皇家銀行是最大的競爭對手；在愛爾蘭，最大的競爭對手則是愛爾蘭聯合銀行（Allied Irish）。整體而言，在低利率、流動性增加與格外良好的信貸條件推動下，盎格魯愛爾蘭銀行從商業不動產的週期性成長中受惠。在利率上升的環境，應該會讓這家銀行更容易受傷。

管理階層評估：

財務長麥卡帝爾似乎比平時更顯狡猾。儘管羅雲離職時持有的選擇權還無法履約，但薪酬委員會決定送給這位「銀行之友」其中三分之一的選擇權。

市值評估：

還是很難相信愛爾蘭房地產投資人擁有的神奇能力。這個商業模式不太可能輕易用於不同的信用環境。這家銀行的公司治理也很糟糕。[2]

4.2 建築商的銀行（2004 年 5 月）

危機前觀察盎格魯愛爾蘭銀行的棘手問題

「時間是偉大的說書人。」

——愛爾蘭諺語

任何認為歐洲是深受硬化症所苦的成熟經濟區，因而注定永遠處於低經濟成長的人，都應該參加過近期在都柏林舉行的愛爾蘭股票會議。成長在愛爾蘭占有重要地位，在愛爾蘭主要金融機構的簡報中更是突出。成長主要的驅動力是房貸，去年愛爾蘭的房貸成長了 26%（奇怪的是，所有主要銀行的財報都提到它們的房貸放款成長超過全國成長率）。

愛爾蘭正經歷房市泡沫，因為低利率誘使個人抬高房地產價格。以愛爾蘭的例子來說，多虧歐元區的貨幣保護傘，使得實質利率為負。這個大趨勢是否會持續下去，對銀行又會有什麼影響，支持或反對的意見都經過反覆討論。[3] 也許更有啟發性的方法，是觀察特別成功的一家愛爾蘭銀行的經營故事，也就是盎格魯愛爾蘭銀行的案例，並發揮你的想像力，或許就能預測到即將發生的事。

盎格魯愛爾蘭銀行從 1986 年市值 800 萬歐元、資產只有

圖表 4.2　盎格魯愛爾蘭銀行的每股盈餘成長與客戶預付款

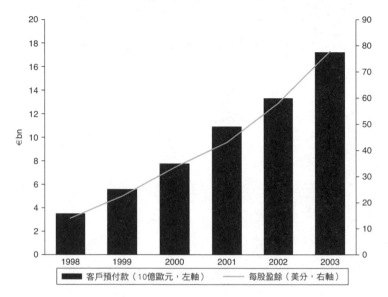

資料來源：Anglo Irish

1 億 3,800 萬歐元的小型金融公司，發展成市值 43 億歐元、
資產 255 億歐元的大型銀行。在愛爾蘭經濟體，房貸的蓬勃
發展促使這家銀行成長，並將業務擴展到英國和波士頓市
場。目前，90％的放款以房地產為擔保；不過，盎格魯愛爾
蘭銀行通常不提供個人貸款，而是希望放款給想要擴大房地
產資產、買進之前租出去的房地產，或是拿房地產抵押來換
取資金的小型企業。

　　銀行的成功離不開分行網絡。雖然沒有分行網絡會喪失

低成本的存款，但管理費用也會比較少。盎格魯愛爾蘭銀行的成本收入比只有 30％，令人印象深刻。平均放款規模在愛爾蘭是 450 至 550 萬歐元（在英國是 700 至 800 萬歐元），反映出這家銀行並沒有提供大量的住宅貸款。在英國目前的總放款為 170 億歐元，其中大部分的放款是讓客戶投資房地產，這些客戶因為買進房地產（通常是店鋪或倉庫）而融資，然後根據長期租賃安排將房地產出租。

逾期放款比率是 217％，相較之下，歐洲銀行的平均數字只有 80％。至於銀行的評價，股東權益報酬率是 32％，股價淨值比是四‧二倍，殖利率是 1.6％。每股盈餘去年成長了 34％，1998 年以來的年複合成長率為 41％。

這種商業模式的核心特徵，似乎取決於盎格魯愛爾蘭銀行和擁有房地產的客戶之間的關係。1986 年以來經營這家銀行的執行長菲茲派翠克表示，它們的競爭優勢是比受官僚主義妨礙的同行更快批准放款。在每週的放款委員會會議上，最多可以核可二十五筆放款，核可率為 95％。這家銀行公開宣稱的使命是「讓客戶更富有」。

管理階層依據目前的還債情況，來呈現盎格魯愛爾蘭銀行的信用風險，但這忽略了潛在的還款風險。在房地產市場下滑的情況下，即便假設租戶依然有還款能力，利息的還款還是安全的，房地產開發商是否有償還本金的能力，肯定還有很大的

疑慮。用特立獨行的美國經濟學家明斯基的術語來說，盎格魯愛爾蘭銀行從事的顯然是「投機金融」（speculative finance），借款者只能用收入來償還利息，而不是從事「避險金融」（hedge finance），借款者可以用當期的現金流量來償還所有債務，包括利率和本金。我們還沒有達到明斯基的「龐氏金融」的時刻，龐式金融描述的是借款人甚至無法用當期的現金流量支付利息的情況。

這家銀行的商業模式在利率下跌的環境特別有效。在成本方面，銀行在批發貸款市場的融資成本，隨著歐元區銀行同業拆款利率（EURIBOR rates）降低而下降。在營收方面，較低的利率使房貸更容易負擔，進而導致房地產的價值更高，以及信貸成長強勁。由於愛爾蘭的租金到目前為止會與房價同步變動，槓桿操作的房地產開發商有更多收入來支付較低的利息費用。

然而，如果利率上升，這種良性循環可能就會變成惡性循環。如果沒有存款基礎，盎格魯愛爾蘭銀行的資金成本會快速上升。在營收方面，房地產價值下跌，會使現有放款的資金還款出問題，增加違約的風險。

換句話說，利率正在下跌的時候，盎格魯愛爾蘭銀行是一台很棒的賺錢機器，但在其他情況下並不適合投資。單筆1,000萬歐元的放款只要有幾筆出包，盎格魯愛爾蘭銀行10

億歐元的股本就會嚴重受損。

有人可能會辯說，管理階層已經預見到這些風險，並為長期突發事件做好準備。然而麻煩在於，支付給資深高階經理人的是以股權為主的紅利，有利於短期成長，同時壞帳問題很可能有很長的長尾效應。這家銀行已經發行了超過 620 萬股的股票選擇權（占總股本 2%），履約價在 1.09 與 6.70 歐元之間，而目前的股價是 13 歐元。管理階層藉由出售大量股票來應對股價大漲，這沒辦法反應短視的股票市場無法看到的東西。年僅五十五歲就即將退休的菲茲派翠克先生，最近以大約 2,000 萬歐元的價格出售自己持有的一半股份，四十六歲的英國業務負責人則出售了持有股份的 40%。

查理‧蒙格（Charles T. Munger）常把一句話掛在嘴邊：「銀行比銀行家還多。」對老派銀行家而言，把願意即時放款當作競爭優勢令他們極為反感。我們特別關注愛爾蘭銀行家對投資人強迫推銷的程度。最近的會談中，有個人宣稱：「我要厚著臉皮在此跟你們推銷 XX 銀行！」我們不太喜歡這種銀行家，我們偏好謹慎、關注長期負面風險的人。正如我們在許多企業看到的情況，執著成長，再加上過度推銷，很可能會以悲劇告終。至於悲劇什麼時候會發生，必須等待時間發酵，也就是等待這個愛爾蘭俗話說的偉大說書人如何發揮作用。

4.3 證券化機制（2002 年 11 月）

證券化使某些產業湧進太多廉價資金

馬拉松公司的投資方法，根據的是任何特定公司或產業的股東權益報酬率，長期下來會有朝正常水準靠近的趨勢。根據這種演變發生的速度（相對於市場預期），就有可能產生投資機會。然而，要讓這個過程發揮作用，必須剝奪不好與失敗的企業取得廉價資金的機會。不過，如今證券化的過程，可以用異常低的成本提供資金給天生高風險的活動，讓獲利正常出現的時間延後，並把損失累積到未來。這對資本週期有影響。從證券化輕鬆取得資金的產業，其股東權益報酬率很可能在低融資邊際成本間來回擺盪。

對於不熟悉這種做法的人而言，簡要描述典型資產證券化的機制可能會很有用處。舉例來說，在航空業，資產證券化的流程是從飛機製造商接獲一筆（相對於標價）有明顯大幅折扣的採購訂單開始。交付訂單後，這筆資產就會由航空公司以接近標價的金額，賣給新成立的證券化工具，隨後在飛機使用壽命內租回飛機。這個證券化工具會發行強化設備信託憑證（Enhanced Equipment Trust Certificates, EETC）給投資人，租金費用會分券，承擔最高違約風險的投資人（次順

位票據持有人）收到的租金費用較多，承擔最小風險（優先順位票據持有人）收到的租金費用則比較少。與傳統的債務工具相比，證券化之所以這麼有吸引力，是因為航空公司通常會保留次順位分券，而這些分券會成為資產負債表上的資產。這些層級的低信用評等與折扣相關，都會被購買飛機的折扣抵銷，因此在交付飛機的當下，會立即產生獲利和現金流量。這就是現代金融煉金術的奇蹟。

在良好、甚至正常的商業條件下，航空公司會向證券化工具支付租賃費用。但在經濟衰退或破產申請中，航空公司暫停付款，證券化優先順位的擁有者就能沒收抵押品，次順位的參與者則沒有權利要求償還債務，而且在航空公司的資產負債表上，這樣的資產全都必須減記為零，進一步加重航空公司的損失。透過這項巧妙的金融工程，航空公司得以用極低的資金成本（最近低到 6%）獲得全新閃亮的飛機，同時讓股東承擔所有的經營風險。一個股東權益報酬率很少讓人滿意的產業，竟然能得到如此便宜的資金，真是令人相當驚訝。

在證券化的推動下，金融工程類似的壯舉在美國房貸市場的死水中清晰可見。綠點金融公司（GreenPoint Financial）透過券商網絡，推出不符合房利美（Fannie Mae）與房地美（Freddie Mac）制定標準的房貸。這些高風險貸款就是大家熟知的 Alt-A 房貸，收益率比一般標準型房貸高出 100 個基點。

粗心的觀察家可能會認為，這種收益率的加成是對信用風險增加相應的補償。因此，綠點金融竟能把這些貸款全數賣出、而且完全沒留下任何信用風險，同時還保留比收益率高出 95 個基點的代理費率（agency rate），作為一次性的銷售收益──我們對此感到相當驚訝。

根據綠點金融的說法，這筆意外之財很有可能到手，因為買家（通常是投資銀行或房貸服務的專業人員）會接收貸款，並重新用證券化包裝，吸引綠點金融描述的「根本不關心」房貸基本面價值的資金。利用近期非常好的違約統計數據（每年損失不到 5 個基點），優先順位債券分券的買家被誘導，認為風險報酬的特徵對他們有利，並接受與標準貸款有微小利差的利率。風險較高的次順位票據買家很高興得到顯著的殖利率溢價，同時讓減記這種高槓桿債務工具的時間延後。過去幾年，綠點金融充分利用這個瘋狂的市場，將房貸放款量和整體放款銷售量加倍。

在這個金融短視的年代，飛機和 Alt-A 房貸證券化的買家渴望收到「可靠的」收入流，同時讓可能出現的風險推遲，這並不奇怪。證券化一直是掩蓋這些活動的實質經濟情況、同時也是促進愈來愈多資金流入的有效方法。[4] 至於航空公司，只有當管理階層的成長雄心，被更大程度的貸款配額限制時，這個產業的股東權益報酬率才會提高，朝向更能接受

的水準移動。[5]

4.4 繼續私募股權（2004 年 12 月）

收購熱潮已經進入泡沫階段

安聯集團（Allianz）的投資總監保羅‧阿赫萊特納（Paul Achleitner）最近評論道：「幾十年來，買進並持有（上市公司）的傳統策略一直運作得很不錯，但在現代的監理環境中卻行不通……私募股權的價值不會像上市公司的市值那樣波動。」他不是唯一對私募股權充滿熱情的人。根據各種產業估計，歐洲目前是全世界最大的私募股權交易市場，約占私募股權併購活動大約 60％。報導指出，英國民營公司的勞動力中，有五分之一受雇於私募股權公司。十一月公布的四項歐洲主要私募股權的競價結果，總交易金額達 200 億美元，包括一個集結幾家私募股權公司的團體，可能以 140 億美元收購西班牙第三大行動電信公司奧納（Auna）。如果這項併購案成功，將成為歐洲有史以來最大的私募股權交易。

私募股權公司正舉更多債來進行更多的交易，且併購行動的廣泛程度已經變得和 1960 年代 LTV、利頓工業（Litton）和 ITT 等大型企業集團相似。那麼，當今的私募股權公司是

否會和過往的大型企業集團遭遇同樣的命運，還是會繼續存活下來，發揮公開資本市場無法發揮的重要作用？

很多因素對私募股權有利。在一個看重各季盈餘表現的時代，非上市資產的老闆比股市「投資人」更能接受私募股權公司做出更長期的決策。私募股權擁有的企業可能更容易進行企業重組。想一想西門子在九百家合併起來的子公司中裁員有多困難，私募股權公司的經理人則不受《沙賓法案》（*Sarbanes–Oxley legislation*）要求，上市公司持續增加官僚作業的阻礙。此外，即便大眾獵奇式關注上市公司付給高階經理人的費用，私募股權公司管理階層的薪資，也能逃過眾人的眼光。理論上來說，股東掌控公司的程度很高，代理問題就可以減少（而在實務上，股權收購會引來一群想要收取佣金的全新代理人）。

然而，我們對目前的私募股權熱潮還是不太放心，首先：

1. 銀行和其他金融機構願意以更寬鬆的條件提供資金給私募股權公司交易，這似乎引發了一波熱潮。息稅折舊攤銷前盈餘（EBITDA）是衡量銀行願意為企業收購提供貸款的現金流量指標，而淨債務對 EBITDA 的比例一直在上升。如今 EBITDA 六倍至七倍的交易並不少見，正如某位觀察家所言：「舊的七就是新的五。」這引發眾人對信貸泡沫的擔憂。資金充裕的銀行以低利率，和歷史上少有私募股權貸款違約為

由，來證明他們對私募股權交易的熱情（這是一種「用後照鏡來開車」的論點）。我們還察覺到，債權人要求的擔保和貸款要求正在減少，寬鬆的放款鼓勵私募股權利用更多槓桿。由於併購貸款對私募股權基金沒有求償權，私募股權公司的風險較小，而提供債權的人（也就是銀行或向銀行購買貸款的人）風險較大。然而，償債能力的增加，會使私募股權用更高的價格交易的可能性增加。

2. 如果私募股權投資的企業預測自己有足夠的現金流量支持更高的槓桿，那麼更高水準的債務可能是合理的。但最近的一些案例顯示，大量的債務都流入景氣循環型的企業中。以法國電子零件經銷商蘭格賽（Rexel）為例，37 億歐元的收購資金是以債務占 EBITDA 幾乎七倍的比例融資。或如大宗化工用品公司賽拉尼斯（Celanese），12 億美元的併購資金是以五‧五倍的比例融資。[6]

3. 私募股權公司本身就現金充足。據說，現在擁有超過 10 億美元資金的收購公司超過一百家。根據英國創投公司 3i 的說法，私募股權公司募集的所有資金中，有四分之三是最近五年募集到的。由於在相對較短的時間投資了如此多的資金（大多數的基金會在募資後的三年內全數投資），投資銀行會在拍賣中巧妙的煽動，讓私募股權公司之間變得過度競爭。

4. 我們有很多理由懷疑，私募股權產業是否有能力複製

在長期多頭市場期間取得的歷史報酬。耶魯大學校務基金經理人大衛·史雲生（David Swensen）在著作《耶魯操盤手》（*Pioneering Portfolio Management*）中提到，私募股權基金在1987 至 1998 年的平均年化報酬率是 48％，同期 S&P 500 指數的年化報酬率為 17％。這似乎令人印象深刻，但就像史雲森寫的那樣，如果對標準普爾的投資跟私募股權採用相同的槓桿，那麼年化報酬率會達到 86％。

5. 私募股權的出價比業內買家還高。如今，在我們與企業的會議上，這樣的抱怨非常常見。最近與英聯食品的會議上，公司財務長才怨說很難與私募股權公司競爭這種交易。舉例來說，創投公司希克斯穆斯（Hicks Muse）最近用 16 倍營業利益的價格，併購了知名的 Weetabix 早餐麥片事業（在這個特殊的案例上，這家公司會與希克斯穆斯其他麥片事業產生綜效）。問起它們如何付得起比業內買家更高的費用時，3i 的資深人士提到，它們比企業買家「更聰明」，而且在併購交易上做「更多努力」。但這樣的說服力好像不太夠。

6. 私募股權界缺少透明度，這常常被人認為是個明顯的好處，卻是一把雙面刃。畢竟，我們很容易忘記公開市場透明度之所以會增加，其實是源於對特定企業的違法案例所做出的反應。如果在私募股權界這樣的行為被「隱藏起來」，問題就不會消失。依我們看，與監理更為透明的公開市場相

比，私募股權界更有可能出現洗劫退休基金、誇大資產價值，或是其他可疑的行為。

7. 私募股權泡沫的前兆已經出現，包括避險基金進入私募股權領域、對 EBITDA 評價指標的執迷——這讓我們想起在科技泡沫期間對「擬制性」（Pro forma）盈餘的狂熱，以及複雜金融結構商品的激增，包括使用「特殊目的公司」（special purpose vehicles，注：資產證券化時，發行人會資產組合轉移到一個特殊目的公司，並藉以發行證券來融資，因此特殊目的公司通常是資產證券化流程的核心）。私募股權已經成為企管碩士畢業生最受歡迎的職業選項之一，這是很可靠的反向指標。

8. 由於 IPO 市場低迷，私募股權公司一直在尋找其他更混亂而不正規的出場路徑。因此一連串的「二次收購」（指一家私募股權公司將投資的公司賣給另一家收購公司）相繼出現。如果先前的買家已經思考過所有創造價值的機會，很難看出新買家可以用類似的方式創造龐大的收益。另一種出場方式是利用槓桿操作進行資本重組，以債務融資的方式，用特別股的股息來將股東的投資還給股東。如果情況變糟，這樣的風險更有可能落在銀行身上，而不是私募股權發起人的身上。

9. 私募股權公司為投資銀行、放款銀行、律師、會計師

與金融界各種相關人士創造數十億美元的佣金費用。在「合併」企業融資界，我們看到潛在的利益衝突。一個明顯的利益衝突來自銀行期望產生的交易費（顧問費、初始費用等等），以及確保滿足放款本金安全的需求。我們假設渴望交易的投資銀行家比傳統上頭腦更清楚的放款專員更占上風，一種可疑的新做法是所謂的「釘書機放款」（staple lending）：向賣方提供銷售建議的銀行也提供貸款給賣方，並把貸款「釘在」買賣協議中。VNU 集團賣出名錄業務之際，就曾發生過這種情況：高盛和瑞士信貸第一波士頓（Credit Suisse First Boston，簡稱 CSFB）都為投標人提供出價建議，並為併購方提供資金。銀行身為顧問，大家期望銀行會尋求最高的價格，但對於放款銀行來說，想要最低的價格難道不合理嗎？

10. 最後，安聯對私募股權看多，應該足以讓最堅定的樂觀主義者嚇得發抖。在資本配置上，安聯值得獲取特殊的獎勵。回想一下，這家德國保險公司曾在 2001 年以 250 億歐元收購德勒斯登銀行（Dresdner Bank）80％的股份，又在 2002 年底市場低點時出售 120 億歐元的股票。安聯的投資總監無法分辨價格與價值的差異，也無法激發眾人對他的信心（提示：信心不會隨著市場的日常情緒而波動）。簡而言之，私募股權的資本週期和避險基金一樣，很有可能即將變得很糟。[7]

4.5 吹泡泡（2006 年 5 月）

幾項投機活動的指標顯示，市場已經達到高點

「我一直在吹泡泡，吹著空氣中漂亮的泡泡，

泡泡飛得很高，幾乎飛到天空頂端，

然後跟我的夢一樣，破滅消散，

幸運總是藏得不為人知，我四處尋找，

我永遠在吹泡泡，吹著空氣中漂亮的泡泡。」

——西漢姆聯（West Ham United Football Club）球迷的口號

　　最近幾個月，市場參與者過度自信的行為跡象，某種程度已經成為近期市場崩盤的前兆。由於馬拉松公司關注資本週期，我們一直對辨識泡沫有很濃厚的興趣。最近在大宗商品、新興市場、避險基金、IPO，當然還有私募股權方面的投機活動，都顯示出市場已經達到高峰。當前市場泡沫的證據可以在以下地方找到：

1. 大宗商品泡沫

　　金價近期觸及二十五年的高點，同時銅、鋅與其他基本金屬價格連續幾個月呈垂直般飆漲。然而，最近由於金融市

場參與者的投機性需求，使得本來就很強勁的用戶需求加劇（主要來自中國），大宗商品的價格似乎正超速上漲。銅的交易價格已經比硬幣的面額還高，現在把 1992 年以前鑄造的英國便士與美國的美分和鎳幣熔化是划得來的。最近幾週大宗商品價格狂飆，讓我們想起 2000 年科技泡沫最後幾週網路股在盤中飆升的情況。不祥之兆在於，5 月 10 日《金融時報》推出名為〈金融時報銅礦〉（FT Copper）新特刊的兩天前，銅價觸及歷史高點，隨後暴跌 14％。

2. 私募股權狂熱（I）

　　過去幾個月，一些知名的大型私募股權集團（就是 KKR 和阿波羅〔Apollo〕）利用充裕的市場流動性以及自身歷史績效紀錄的吸引力，把自己投資的基金以基金上市。不用說，在標的基金已經收取管理費之上，這些基金還加收管理費。KKR 最初的目標是募集 15 億美元，但由於市場興趣濃厚，它們將募資金額提高到 50 億美元。在花旗集團和其他銀行收取了 2 億 7,000 萬美元（淨資產價值的 5.5％）作為承銷費用後，KKR 的基金現在的交易價格已經比發行價格還低。如果這樣能賺錢就太好了！

　　附帶說一句，阿波羅基金要付給高盛和好朋友們 6％的費用，果然是「交情很好」的朋友。

3. 私募股權狂熱（II）

幾週前，全球最大的私募股權集團黑石投資了 27 億歐元，收購德國電信（Deutsche Telekom）4.5％的股權。德國電信是上市公司，指數基金（免管理費）和許多只看多的經理人（管理費很低）可以自由投資。然而，黑石集團為這檔股票付出了 2.6％的溢價，並且同意鎖住兩年不賣出股票，而它得到的安慰獎是有可能在二十人的德國董事會中得到一席董事。這檔股票的股價比黑石買進的價格低 11％，是至今為止私募股權對上市公司股票進行最大的一筆投資。為什麼它們私募股權的客戶要為這樣的投資標的支付過高的費用，令人費解。我們認為，德國電信的交易顯示，併購集團現在擁有的資金比可以投資的機會還多。

4. IPO 狂熱

IPO 日程表突然爆滿。馬拉松公司獨家的 IPO 指標，也就是我們辦公桌上堆積如山的股票發行公開說明書，正在發出強烈的警告訊號，這個指標在科技、媒體和電信泡沫時非常有效。有趣的是，與上次泡沫相比，IPO 的產業類型組合發生了顯著的變化；現在募資的主要領域包括能源、大宗商品、公用事業以及專業的金融產業。

在專業的金融產業，專業基金管理團隊和基金經理人的

基金正把握機會募資或出售。去年3月，一家總部在瑞士的實體公司上市引起我們的興趣，這家公司的名字叫合眾集團（Partners Group），是管理私募股權基金與避險基金的基金。截至今年為止，合眾集團管理的資產為110億瑞士法郎，2005年的營收為1億2,500萬瑞士法郎。在上市第一天股價暴漲25%之後，合眾集團的市值達到21億瑞士法郎，驚人的占管理資產19%，而且是營收將近十七倍。

大約在同一天，查理曼資本（Charlemagne Capital）在倫敦證券交易所上市。這家基金管理公司是由曾支持勵晶太平洋集團（Regent Pacific group）和現在已經解散的勵晶東歐（Regent Eastern European）槓桿債務基金的一群人士創立的。查理曼資本專門投資炙手可熱的新興東歐市場，資產規模已經從2000年的2億5,000萬美元，成長到今天的50億美元。目前的市值大約是管理資產的10%，去年的獲利有三分之二來自績效費。IPO提供內部人和董事有機會出售持有公司25%至33%股權。在過去幾天新興市場的動盪之後，查理曼資本的股價在上市七週內下跌了32%。

5. 併購熱潮（I）

市場泡沫的另一個指標是併購界動物本能的恢復，這樣的活動已經回升到近期1999至2000年科技泡沫期間的水準。

湯姆森金融公司（Thomson Financial）的資料指出，2006年第一季歐洲公布的併購交易金額總計大約是 4,370 億美元，比去年同期成長了 240％。一般認為，長期來看，併購會破壞價值，這也是為什麼發起收購的公司在宣布併購交易時，股價正常會下跌。但我們最近觀察到幾個案例，發起收購的公司股票在宣布出價的時候股價飆升，即使為併購標的公司付出很高的溢價。舉例來說，當西班牙基礎建設集團法羅里奧（Ferrovial）宣布以未公布併購前溢價 28％的金額，收購規模更大的英國機場集團英國機場管理局（BAA）時，法羅里奧的股價上漲了將近 6％。同樣，當米塔爾鋼鐵公司（Mittal Steel）宣布要出價併購競爭對手安賽樂（Arcelor）時，股價在 48 小時內上漲了 14％。

6. 併購熱潮（II）

缺乏戰略邏輯或潛在降低成本的併購交易現在是強力發展的題材。我們最近看到一家澳洲基礎建設基金收購愛爾蘭一家國營的電信商，還有一家類似的新加坡組織收購一家英國港口經營公司，加上一家投資銀行的私募股權部門。在這兩個例子中，儘管併購沒有綜效，都支付大筆併購的溢價。這些公司民營化後，以槓桿併購這些公司所節省的稅負，很難證明這些高額的收購溢價是合理的。

7. 散戶的熱絡

如果避開散戶投資人的古怪行為不談，任何關於股市裡的離譜行為都是不完整的。散戶經歷世紀之交的當沖交易崩盤之後，終於恢復了對股票的興趣，隨著美國房價上漲到破紀錄的水準，以及股票市場穩步上漲超過十八個月，他們的情緒也跟著亢奮起來。在美國，嘉信證券（Charles Schwab）2月的手續費收入是三年前的三倍。

散戶在紐約證券交易所的選擇權交易量大約占60％，成交量也一直再飆升。以過去幾年新興市場的表現（從2003年的低點到近期的高點，MSCI新興市場指數上漲260％，同時期的S&P 500指數只從2003年的低點上漲63％）來看，新興市場受大家注目，也就不足為奇。今年前十週，美國投資人投資新興市場基金的資金比2005年一整年還多，而且2005年本身就是破紀錄的一年。

8. 內部人拋售股票

最近，企業董事的交易也發出一些強烈的訊號。過去幾個月裡，內部人賣股票的情況正穩步增加。英國最近幾個月的統計數據顯示，企業董事賣出的股票金額是4月買進金額的十六倍。相較之下，這個比例是一年前的四倍不到。雖然內部人買賣股票的比例幾乎總會偏向賣出股票，而多年來企

業的董事們往往會從選擇權或分紅計劃中，累積免費或便宜的股票，但目前內部人賣出股票的數量還是很顯著。

上述所有情況，再加上公司和券商開會時傳達出來的訊號，顯示 2006 年 5 月代表某種程度的市場高點。[8]預測市場轉折點總是很困難，但是過度的跡象以及自大的行為應該可以引以為戒。這種便宜資金助長諸多投機活動的日子即將結束，而且很可能出於很糟糕的原因，才會讓取得便宜資金的情況持續下去。

4.6 傳包裹遊戲（2007 年 2 月）

證券化債券市場是私募股權狂熱的罪魁禍首

幾乎每天都有私募股權即將出價的傳言。併購獵物的規模已經擴大到被視為國家級機構的公司（在英國，包括英國機場管理局〔一家機場集團〕以及平價藥妝店博姿〔Boots〕）。這引發大眾抱怨私募股權「蝗蟲」不但會把資產分拆賣掉，還會逃稅。在英國，怒火現在燒到私募股權公司的負責人，這些人既有錢又是外國人，成了完美的代罪羔羊。

然而，我們懷疑，如果真有罪魁禍首，那應該是債券市場。收購公司大多數的軍火都是債券市場提供的。較低的利

差與更寬鬆的放款條件是神奇的投入要素，讓私募股權以誇張的交易價格併購，還能達成高預期的報酬。

簡而言之，了解私募股權業務的關鍵，在於了解信貸領域正在發生的事情。

首先，信用利差已經縮減。這是一種全球性的現象，而非歐洲的現象；在最近一次會議上，穆迪（Moody's）一位資深分析師把這個現象歸咎於亞洲和中東國家的「儲蓄過剩」（savings glut）：太多的錢去追逐稀少的「優質」金融資產。在歐洲信貸市場，商業銀行提供的收購融資比例也在下降。銀行在槓桿貸款（leveraged loans）中的比重從本世紀初超過90％，減少到如今不到60％。

在歐洲的收購債務市場上，證券化信貸工具（也就是債務擔保證券〔collateralized debt obligations, CDOs〕與擔保貸款憑證〔collateralized loan obligations, CLOs〕）與避險基金正在取代銀行，占比愈來愈高。

多年前，美國的信貸市場就有過這樣的發展。在歐洲，過去 18 個月，在風險較大的融資收購中，傳統銀行的放款大幅消失，這樣的趨勢愈來愈明顯。

歐洲銀行因為看中與企業的關係，而緊盯放款的日子已經過去了，更不用說緊盯淨利息收入。這樣的發展有很多涵義，首先，有道德風險層面的問題。由於銀行持有自家放款

的債務愈來愈少，它們對長期信貸品質的擔憂必然也會減少。

英國金融服務局（Financial Services Authority）最近的一次調查發現，平均來說，銀行在完成最大收購交易的一百二十天內，會把81％的部位分銷出去。傳言指出，這種承做放款、然後出售證券化後的貸款模式，導致放款品質下降。

舉例來說，瑞典商業銀行是一家審慎經營的機構，也是在1990年代初期銀行業危機中，唯一毫髮無傷的瑞典銀行。而在瑞典的企業放款市場中，目前這家銀行的市占率正在流失。該銀行有個政策：除非銀行已經準備好要把放款認列在帳目上，否則不會簽訂放款協議。大家很容易會得出一項結論，也就是最近市占率的流失，是因為競爭對手採取「傳包裹」的商業模式，而且還因此導致放款標準拉低。

我們在其他地方注意到套裝放款（off-the-shelf loan packages）出現，讓急需收費的投資銀行提供資金給私募股權的併購交易。釘書機融資無疑是要向潛在投標公司，設法收取盡可能高的金額。毫無疑問，提供這類放款的投資銀行不會長期持有這類債務。

英國《金融時報》最近有篇文章提供了更多信貸標準下降的證據，倫敦一位律師哀嘆，現在似乎沒有人會針對可能欠款的企業安排與相關的債權人談判。這位律師向大約五十

家基金公司發出協議草案，卻沒有收到任何針對違約安排的意見。過往，每項條文都會有些爭執。信用評等公司標準普爾最近進行的一項調查發現，完全分期償還的最優先級公司債的占比，已經從 2002 年的 41％下降到 2006 年的 25％。另一項調查結果顯示，將剩餘的現金流量用來償還槓桿收購公司債務的比例已經減少，留下更多可用的現金來發放股利給收購公司的發起方。

對於參與傳包裹遊戲的銀行來說，信貸市場轉向之際，總是會有被套牢的風險。此外，銀行在消除潛在有毒的信貸風險上，或許不像它們聲稱的那樣精明。這些證券化債務賣出之後，最後還是有可能回到同一家銀行的自營交易部門。最近英國金融服務局對銀行進行的一項調查顯示，只有 50％的受訪者能夠指出他們認為債務已經賣到哪裡去。HBOS 公司的執行長安迪・洪比（Andy Hornby）表示，槓桿放款風險最終落到哪裡，是英國銀行業目前面臨最大的問題之一。[9]

對於私募股權基金來說，抱著打鐵趁熱海撈一筆的態度似乎相當恰當，儘管違約率上升的情況不可能讓它們毫髮無傷。但是，從上市公司投資人的角度來看，對歐洲金融業保持審慎的態度似乎很明智。儘管銀行業廣泛採用自家承做放款、然後把證券化債務賣出去的放款模式，但是銀行資產數量仍持續創新高。不過，轉嫁風險可能會比轉嫁責任更容易。

4.7 房地產嘉年華（2007 年 2 月）

過去幾年，西班牙瘋狂炒房

「歪著長的樹，樹幹永遠不可能伸直。」

—— 西班牙諺語

我們最近注意到，西班牙房地產開發商地中海阿茲克羅克公司（Astroc Mediterraneo）去年低調 IPO。就算用目前多頭的西班牙股票市場當作標準來衡量，阿茲克羅克公司的股價表現也相當出色。公司上市以來，股價已經上漲超過十倍，市值達到大約 80 ～ 90 億歐元，成為歐洲市值第五大房地產公司。擁有 51 ％股份的董事長兼創辦人恩里克·班紐諾斯（Enrique Bañuelos）突然成為西班牙最有錢的人之一。管理階層利用這次的強勁市場表現，額外發行了 20 億歐元的股票。

其他西班牙房地產公司同樣火熱。歐洲最大商辦業主梅特瓦切薩（Metrovacesa）目前的股價比公司淨資產價值高出一倍，溢價比其他歐洲房地產公司高很多——儘管有部分原因是公司兩大股東在爭奪經營權。這個類股的股價持續上漲，吸引新資本進入。去年有四家西班牙房地產公司進行 IPO，相當於過去四年整個產業的上市公司總數。

這些故事說明了西班牙的特點，一個對任何近期造訪西班牙的遊客來說都顯而易見的特點：過去幾年，這個國家似乎出現房地產狂熱。起重機隨處可見，每個主要城市都成了大型建築工地。根據可信的估計，建築業占西班牙經濟產出的 15 ～ 20%，而歐洲的平均數字則低於 10%。儘管西班牙人口占西歐人口不到 15%，但是西班牙現在每年的水泥消費量占歐洲大陸整整一半。

建築狂熱的原因之一，在於過去幾年西班牙與希臘、葡萄牙和愛爾蘭等較小型的經濟體共同得到歐盟所提供、約三分之二的歐盟融合基金（Cohesion Funds），這些錢已經用在道路、橋梁、機場和其他大型基礎建設計劃上。隨著歐盟基金把資金資助移往更需要用錢的國家，西班牙的占比減少，西班牙政府計劃增加基礎建設預算，彌補資金缺口。

後來，住宅建築市場蓬勃發展。西班牙的建築規模之大，實在令人嘆為觀止：每年有 80 萬新屋開工，約占整個歐洲新建房屋大約三分之一。1997 年以來，西班牙的房屋存量已經翻倍，在一定程度上反映出外部需求，特別是英國、德國和北歐人買進第二棟房屋的數量，以及強勁成長的移民數量。西班牙繁榮的經濟吸引了大量歐盟外的工人，移民占總人口的比例從 2000 年的 2%，上升到今天的 9%。[10]

信心高漲，加上移民持續湧入邊境，有什麼理由相信這

樣的繁榮不會持續下去？首先，房價上漲情況似乎正在放緩，家庭債務已經達到可支配收入的 130％，自 2001 年以來，上漲了將近 50％，是歐洲上漲幅度最大的國家之一。西班牙被鎖在歐元區，因此利率遠比這類強勁成長經濟體適合的水準低很多。雖然還債的成本相對而言還是可以接受，但有時候家庭根本不想承擔更多的債務。另一個擔憂是，對於希望購買度假小屋的外國人而言，西班牙房地產不再那麼有價值，許多人喜歡地中海地區更便宜的房產，像是希臘、土耳其和克羅埃西亞的房屋。

對西班牙許多地方政府而言，房屋興建的步調放緩是個壞消息，畢竟地方政府能從出售新屋興建許可給積極的開發商的過程中，收取很大一筆收入（似乎沒有人知道具體的金額是多少）。雖然大部分都攤在檯面上，但這是一筆有時會涉及檯面下交易的大生意；幾年前南部城市馬貝拉就曾爆發非法開發醜聞，經過一番調查，主管機關最終逮捕了市長。在一個似乎很難讓任何人接受 50 歐元或 100 歐元紙鈔的國家，據說發行的紙鈔中，有大約四分之一是 500 元紙鈔。毫無疑問，這些現金多半以某種方式在建築業間流通。[11]

西班牙的經濟已經變得愈來愈依賴建築業，這個產業雇用了大約 22％的勞動力。與過去幾年成長非常強勁的另一位歐洲周邊經濟體愛爾蘭不同，西班牙並沒有享有同樣的生產

力成長。儘管移民一定程度抑制了工資上漲，但是單位勞動力成本還是以歐元區平均水準的兩倍攀升，使得西班牙愈來愈缺乏競爭力，尤其是在生產力缺少成長的情況下。有跡象指出，外國直接投資從 2000 年占 GDP 4％，到了 2005 年減少了一半以上，只剩不到 2％，因為外國公司正在尋找更具投資競爭力的地點。如果西班牙採取浮動匯率，相對較高的通膨與較低的生產力成長結合起來，可能會被匯率貶值抵銷。當然，西班牙被困在歐元區，無法透過貶值來恢復失去的競爭力。

　　儘管西班牙經濟繼續以高於歐洲平均水準的速度成長，但成長愈來愈多是透過企業和家庭的貸款來資助。於是乎，西班牙的經常帳赤字激增，在 2006 年底達到 GDP 的 8.8％，相當驚人，甚至比美國的百分比數字更高（美國的經常帳赤字是 6.8％）。經常帳是衡量一個經濟體消費與投資相對於生產和儲蓄的數字，以絕對金額來看，西班牙的經常帳赤字位居世界第 2，僅次於美國。

　　隨著歐洲利率小幅上升，西班牙的債務負擔變得更加沉重。很難看出這樣的債務如何持續下去。有可能出現軟著陸的情況，但需要長期低於平均水準的通膨和工資成長，同時又不會過度傷害消費者與企業信心。對西班牙經濟來說，未來的日子可能會更加艱難，對班紐諾斯先生而言也是如此。[12]

4.8　導管機構（2007 年 8 月）

德國銀行系統的分散特性，特別容易出事

　　實際上，（到目前為止）當前信貸市場動盪的 2 個主要歐洲受害者是德國的銀行，以及一些中型銀行，這難免令人生厭。德國工業銀行（IKB Deutsche Industriebank）、一家針對中型企業市場的上市專業放款銀行，以及德國常出意外的國有銀行薩克森公立銀行（Sachsen LB），都不得不接受更大型的德國銀行和政府機構的聯合紓困。德國銀行的問題似乎在於產業的分散性質，以及德國銀行家很容易被滑頭的金融城騙子所騙。

　　這個世紀初，幾家德國銀行在房地產放款上面臨重大損失。僅僅幾年前，最大的國有銀行之一西德意志銀行（WestLB）被迫減記私募股權的投資。這次的問題與所謂的「導管機構」（conduits）投資工具有關，主要在銀行的資產負債表之外。這幾間銀行就是在這事上栽了跟頭。德國工業銀行和薩克森公立銀行在資產擔保票據市場把錢資助給它們的導管機構，這類資金通常很便宜，且期限很短，一般到期日在九十至一百八十天內。接著，這個貸款就會投資更高收益、更長期的資產，像是抵押貸款債務或資產擔保證券；發

起銀行只需要少量的抵押品，就可以在問題出現時，把錢還給商業票據的持有人。因此，只要商業票據的融資成本能比長期資產產生的收入還低，這些導管機構就會為銀行帶來可觀的獲利。

過去四到五年間，許多歐洲銀行在這個市場上非常活躍。歐洲的導管機構中，有大約 5,100 億美元的資產擔保商業票據（五年前只有 2,000 億美元），且占 1 兆 2,000 億的資產擔保商業票據將近一半。薩克森銀行和德國工業銀行積極採用導管機構模式。德國工業銀行的導管機構是 2002 年創立的萊茵區融資公司（Rhineland Funding），擴張非常迅速，截至今年年中，資產規模達到 140 億歐元。而此時，德國工業銀行對萊茵區融資的曝險是 80 億歐元，但相較之下，第一級與第二級資本合計只有 40 億歐元，且銀行市值最高時不到 30 億歐元。薩克森銀行的情況也很類似，其導管機構是奧蒙德碼頭公司（Ormond Quay），最初成立於 2004 年，規模成長到 170 億歐元，相當於銀行 680 億美元總資產的四分之一，銀行股本的十一倍。

雖然事情進展得很順利，這樣的曝險水準似乎也沒有問題，然而，當世人開始擔心導管機構持有的「投資級」債券有多少部位在美國的次級房貸時，一連串類似的信貸活動在幾週前倏然停止。美國次級房貸可能不像信評機構的評級顯

示的那麼安全。突然間，在商業票據市場將融資展期行不通了，而且由於負債金額是它們能夠支付的金額的數倍，如果不能盡快安排紓困，兩家銀行馬上就會違約。

雖然德國工業銀行和薩克森國有銀行是最極端的例子，但是在德國，這絕非孤立事件。事實上，德國國有銀行似乎特別重視導管機構模式。八家德國最大的國有銀行均未列歐洲最大的銀行名單，但在使用導管機構方面，它們都排在前30名。薩克森國有銀行的奧蒙德碼頭公司是歐洲最大的導管機構之一，就算以德國的標準來看（更別說以歐洲的標準），薩克森都是一間小型銀行，這樣的情況令人訝異。

那麼，德國的市場結構之所以容易受到這些陷阱影響的關鍵何在？部分問題在於德國銀行體系的分散性。與大多數歐洲市場出現少數高獲利的國家級銀行不同，德國最大的民營銀行市占率只有個位數。國家停止擔保之後，地區性的國有銀行便很難在批發貸款市場上取得更便宜的資金，導致它們更難在企業放款上競爭，且在對企業放款時，會削弱民營銀行的實力。2005 年，歐盟廢止了這個做法，壓縮毛利。

薩克森銀行是前東德唯一的國有銀行，在這個仍然不景氣的區域裡試著讓放款事業成長，是特別艱鉅的任務。讓德國其他地方的放款成長以及積極擴張投資商品（像是發展導管機構），似乎是明智的解決方案。同樣，德國工業銀行的大

股東是德國復興信貸銀行（KfW），持有38％的股份，德國工業銀行的成長受到這位大股東限制，不願額外增資來擴大傳統業務。反之，銀行轉而透過不受國內監理機關監管的資產負債表表外工具來成長，這個工具除了要安排小額備援貸款（back-stop loan facility，本身可由銀行團提供），需要的資金很少。

德國銀行也面臨道德風險，也就是以犧牲其他人來承擔風險的能力。這或許可以解釋它們為何會持續犯下如此嚴重的錯誤。國有銀行和德國工業銀行等其他公部門的銀行一定很想承擔高額的風險，它們知道，德國政府擔心中小企業能否取得貸款，因此不會允許它們倒閉。

此外，銀行經理人持有的公司股票很少，或根本沒有持股。德國工業銀行的管理階層激勵措施圍繞著年度股東權益報酬率的目標。導管機構只用少量的銀行資本就可以製造獲利，吸引力也因此增加。在最近的會計年度，德國工業銀行的獲利有超過40％來自結構性融資部門（Structured Finance Division），別的先不提，這個部門包含導管機構的活動，以及結構性投資工具（structured investment vehicles, SIVs）的資產，結構性投資工具的建構方式與導管機構大致相同。這個部門的獲利能力是其他銀行業務的兩倍之多。

我們也不能忽視一種可能：德國銀行家只是很無知，他

們不了解自己承擔了多複雜的風險。以德國工業銀行的例子來說，自 1990 年代末期以來，它們一直把帳面上的貸款證券化，然後出售給中小企業，導管機構業務看起來一定很熟悉。這家銀行實際上一直以風險管理能力自豪，在最近的年報中，它們用二十五頁的篇幅，專門呈現各個風險委員會如何監督銀行活動，以確保將風險降到最低，並充分利用證券化金融領域的專業知識。

　　風險受到嚴格控管的印象，無疑受到投資銀行的鼓勵，這些投資銀行設計商品給萊茵區融資公司、奧蒙德碼頭公司和其他導管機構，藉此賺取大量的費用。有些德國的導管機構名字很奇特，引起了我們的懷疑。舉例來說，有個導管機構使用「波賽頓」（Poseidon，注：海神的名字）這個名字，相當可疑。難道有人認為這個機構最後會沉入海平面下嗎？柏林銀行（Landesbank Berlin）的另一個導管機構則歡天喜地使用了「查理檢查哨」（Check Point Charlie，注：冷戰時期柏林圍牆旁進出東西柏林的一個檢查點）這個名字。我們認為，這些可疑的名字似乎是由金絲雀碼頭（Canary Wharf，注：位於倫敦，現在是金融城之後全球著名的商貿中心，這裡暗指上述機構的名字是英國銀行家想出來的）一些幽默人士的傑作，而不是漢堡人或柏林人想出來的。

　　儘管有些人可能會辯說，近年來，德國銀行的情況已經

有所改善（到目前為止，最大的上市銀行似乎都沒有被嚴重捲入這場混亂），但只要產業結構依然維持分散，德國銀行家似乎注定會在全球金融的詐欺遊戲中扮演代罪羔羊的角色。

4.9 瀕臨崩潰（2007 年 9 月）

北岩銀行不可靠的融資來源，
使得英國銀行很容易受到信貸緊縮影響

西歐大型銀行碰到擠兌的情況並不常見，上一次發生是在 1866 年的英國。因此，從北岩銀行（Northern Rock）的組織角度來看，以及在馬拉松公司長期減碼歐洲金融股票的背景下，這似乎是一個值得回顧的主題（是什麼驅使人去做這樣的事？）。[13] 我們的銀行業部位目前占投資組合的 14%，而這個產業在基準指數中的權重占 29%。

多年來，我們與北岩銀行的會面，與其說百思不得其解，不如說這家公司商業模式的持續性特別令人擔心。這家公司從未做過任何投資。實際上，這家銀行在借短債、放長債，並利用最新的金融創新（又名傳遞燙手山芋遊戲）。在當前銀行業規範的背景下，這並沒有讓我們覺得特別反常。資本市場的創新，以及把風險轉移給最沒有能力評估的人並藉

此收費，其實是相當普遍的現象，並非英格蘭北部的房貸放款機構獨有。

德意志銀行有大約80％的營收來自非利息收入，與十二年前相比，這個數字是49％。2006年10月，我們在德意志銀行年度投資人日的會議中，記錄下這樣的看法：「從信貸和持續收費的角度來看，在債務擔保證券、證券化商品、債務經銷（distributed debt）等它們聲稱具有競爭優勢的領域如果有任何崩盤，很可能都會造成極大的損害，因為在現代的債務市場中，這家銀行的定位似乎就像是傳鋒（Scrum Half，注：橄欖球的球員位置，前鋒與後衛之間的傳輸橋梁）玩起醫院波（Hospital pass，注：橄欖球術語，指傳很容易讓隊員受傷的球）的遊戲。」

與北岩銀行的會談中，真正令我們印象深刻的是，與傳統銀行家的形象相比，童山濯濯的年輕執行長亞當‧阿普里加斯（Adam Applegarth）有多麼非典型。經過一對一的會面，會議紀錄的作者深思後寫到：「主要擔心的點在於，他有點聰明過頭了。」我們看到公司斥資3,500萬英鎊興建新總部的計劃，似乎已經發出危險訊號。或許在投資之前，應該研究一下每家公司的總部照片，並與特易購（Tesco）在英國切森特（Cheshunt）郊區的總部高度進行比較。大家現在應該可以很委婉地指出現在稱為公司治理的問題：舉例來說，北岩

圖 4.1　北岩銀行總部

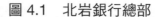

資料來源：Getty Images International

銀行的董事長是以科普作家聞名。

　　事後看來，極度仰賴不確定的融資來源，業務又不夠多元分散，使得北岩銀行很容易受到 2007 年 8 月出現的新情勢所影響。信貸過剩期間，許多金融機構一直在觀望，現在正從目前的市場條件中受惠。歐洲地區性的零售銀行尤其如此，像瑞典商業銀行在企業放款市場的市占率，就一直在流失。其他可能的贏家是商業模式在某種程度上，很像北岩銀行、而且目前正跟著產業被不公平地調降評等的公司。我們認為，英國房貸市場的主導廠商普羅維登特金融公司

（Provident Financial）就是一例。這家公司第一時間受到涉足次貸業務、以及資金投入的期限相對較短的實際情況影響。但事實上，它們進行的是一種反向套利交易，從某種意義上來說，普羅維登特的放款資金比借款資金更短期，與北岩銀行的情況正好相反。[14]

雖然個別情況值得關注，但是整體感覺下來，目前維持金融部位減碼是正確的配置。許多評論家把流動性風險（缺乏批發性融資〔wholesale funding〕）與還款能力或相關抵押品的信貸品質（房貸是否曾還款）區分開來。他們認為，目前的危機只侷限於流動性風險，因此爭論還在繼續，大家不必擔心銀行資產負債表中的資產面問題。但是過去十年日益增加的流動性與資產價格上漲，兩者之間的相關性告訴我們，一旦缺少放款機構的慷慨支持，資產價格很容易受到影響。從這個角度來看，最好等到不良貸款和資產減記增加，再來加碼比較好。

4.10 七宗罪（2009 年 11 月）

一家瑞典銀行如何安然度過金融危機

「錢、錢、錢，有錢人的世界一定很有趣。」ABBA 合唱

團如此高喊。除了這支著名的樂團，瑞典還為世界帶來致命的組合：炸藥和安全火柴。瑞典甚至在 1990 年代初期成功引爆自己的銀行體系。不過，在全球金融危機期間，瑞典商業銀行是沒有倒閉的大型歐洲金融機構之一。瑞典商業銀行是瑞典最大的銀行，也是馬拉松公司長期持有的公司。多年來，我們已相當了解這家銀行。透過與管理階層的會議，我們經常可以觀察到其他歐洲銀行業競爭對手的愚蠢行為。尼爾斯‧克朗（Niels Kroner）最近出版了一本書，描述瑞典商業銀行的歷史與文化，書名叫做《更好的銀行業藍圖》（*A Blueprint for Better Banking*）。就像書名提到的一樣，作者認為，如果其他銀行以「瑞典商業銀行之道」經營，金融體系最近的許多問題應該可以避免。

瑞典商業銀行是一家經營非常保守、分行眾多的零售銀行，也是 1990 年代初期北歐銀行危機中，唯一沒有倒閉的大型瑞典銀行。這回，瑞典商業銀行再次度過難關，沒有募集新資金、也不需取得政府的支援，它也因此躋身歐洲三大銀行之列。瑞典商業銀行去中心化的商業模式，鼓勵分行經理根據與當地客戶面對面取得的資訊來放款，而不是像競爭對手那樣仰賴集中的信用評分技術。這家銀行始終擁有同業最好的客戶服務評等以及最低的成本（成本營收比數字較其他銀行低可以證實這點）。幾年過後，我們問管理階層為什麼許

多分行的地毯都有破洞（很多人告訴我們這件事）。他們答道：「地毯又不會賺錢。」

2007年初以來，瑞典商業銀行避開了同業遇到的災難，股價表現比其他歐洲大型銀行還好。根據克朗的說法，瑞典商業銀行之所以會成功，是因為沒有犯下他所謂的「銀行七宗罪」。這七宗罪包括：

第一宗罪：在資產負債表上，草率錯配資產與負債

顯然，世界各地有很多銀行出現因借短債、放長債而出錯的例子。歐洲近期的例子包括英國的北岩銀行，以及愛爾蘭的銀行。景氣好的時候，愛爾蘭的銀行用到期時間不到1年的商業票據借錢進來，提供家庭合約期限20年以上的房貸融資。瑞典商業銀行敏銳地意識到資產與負債錯配帶來的風險。這家銀行使用中央集中管理的方式，根據存款和放款各自的期限進行搭配與訂價。如此一來，各分行就無法只透過期限轉換（maturity transformation，注：指銀行收受短期性存款，融通中長期放款）來獲利。

第二宗罪：提供資金給資產與負債錯配的客戶

這裡的典型例子是用外幣放款給中歐國家的家庭。不久之前，歐洲的銀行提供低利的歐元與瑞士法郎計價房貸給匈

牙利和立陶宛的客戶，這些客戶不太可能了解他們涉及的外匯風險。瑞典商業銀行不做這類貸款，主要是因為分行經理的主要激勵措施是消除違約風險。分行經理最糟的作為就是增加呆帳。在銀行內部，各分行會以這個衡量標準排名，讓表現不好的人無地自容。

第三宗罪：放款給「付不起錢與不付錢」的人

看到這句話，大家會立即想到銀行會放款給次級借款人和私募股權公司。瑞典商業銀行的做法則更像是「放款給有錢的人」。它們採用一種利基型的放款方法，而不是對大眾市場的放款方法。在瑞典商業銀行多年的研究會議上，相關人士表示，銀行業已經沉迷每季多賺幾個基點的利差，而忽視信用風險，也忽視借款人可能永遠無法償還本金的機率。

第四宗罪：在不熟悉的領域尋求成長

許多歐洲銀行在投資美國次級房貸債務擔保證券上損失數十億美元（瑞銀集團因此損失大約 400 億美元），因為它們愚蠢地相信那些聲稱這是無風險 AAA 級信貸的「專家」，也就是說，它們把承擔風險的決策外包。在斯堪地那維亞，很多銀行在波羅的海國家追求成長，但今年該地區的 GDP 衰退了 15% ～ 20%（拉脫維亞的房價如今從高點下跌 70%），這

些銀行也因此蒙受損失。相對來說，瑞典商業銀行的海外擴張方式就如它們描述的那樣，一直都是謹慎的「自然漸進發展主義」。這家銀行很大程度上避開了波羅的海國家，因為風險太大。反之，瑞典商業銀行在許多成熟的西歐市場擴充分行網絡，包括英國、德國和挪威；在這些市場中，要雇用到優秀的分行經理很容易，這些分行經理對舊銀行的集中管理趨勢不再抱有幻想。在英國，瑞典商業銀行聘請當地分行經理，他們為公司帶來最好的客戶以及受到高度評價的同事。

第五宗罪：從事資產負債表外放款

關於資產負債表外放款這個主要的銀行罪行，最近的例子包括歐洲銀行使用導管機構，以及結構性投資工具。相對來說，瑞典商業銀行的做法是，只接受準備好把那筆放款列在資產負債表上持有到到期日的風險，而不是放款給從事放款業務的人。順帶一提，這個原則還限制了銀行參與傳包裹的證券化計劃（該計劃對整個歐洲銀行體系的承銷標準造成了破壞性的影響）。

第六宗罪：陷入良性／惡性的循環動態

第六宗罪是受所謂的龐式經濟學誘惑。長期以來，斯堪地那維亞的銀行在波羅的海國家放款似乎是個很不錯的構

想，部分原因在於當地經濟成長快速。然而，強勁的經濟成長是銀行自己提供的信貸快速成長的結果。實際上，每家銀行都在同一個市場放款，讓它們覺得這樣很安全，良性循環也持續了一段時間。世界各地的房地產市場似乎都有個類似的特徵：認為資產品質與信貸條件並不相關。瑞典商業銀行以逆勢操作自豪。由於相當仰賴分行網絡，它們不太容易採取高水準的「戰略」舉動（這通常牽涉到快樂的集體迷思）。分行在整個週期中風險偏好相當一致，因此往往會在泡沫時期失去市場份額（例如在 2006 至 2008 年期間），並在其他人不願意放款、或不能放款時取得市占。

第七宗罪：依賴過往的資料

這種常見的金融業惡習，最近在廣泛使用風險值模型（value-at-risk models）一事上可以見得。這樣的模型往往根據數量有限的歷史數據而生，而這些數據在危機前幾年相對溫和。真正的風險被低估了。美林證券在 2007 年的年報中提到的總曝險金額（基於「95％的信賴區間與一天持有期」）為 1 億 5,700 萬美元，一年後，美林證券就陷入 300 億美元的虧損！正如美國發生的情況，房價在十年內上漲 85％之後，預期最大跌幅為 13.4％（房地美最壞的情況預測）是否實際？瑞典商業銀行則是根據更悲觀的危機情境（例如瑞典銀行業

危機重現），來決定自己的資本適足率。

　　瑞典商業銀行與同行還有許多不同之處。在與投資人的對話中，銀行負責人拒絕參與同行試圖估算今年獲利數字的遊戲。他們別無選擇，因為部門預算早在 1972 年就廢除了。他們的想法是，如果分行經理有預算目標，那麼當制訂價格沒有優勢，就會變得更難置身市場之外。

　　管理階層的激勵措施也很不尋常。這家銀行資助一項名為 Oktogonen 基金會（Oktogonen Foundation）的員工分享獲利計劃，當集團的股東權益報酬率超過其他北歐與英國銀行股東權益報酬率的加權平均值時，就會收到獲利分配。如果滿足這個標準（除了景氣高峰，通常會達到標準），三分之一的額外獲利會分配到這個基金，但金額不得超過股利的 15 ％。如果瑞典商業銀行降低股利的分配，獲利分享基金會就不會收到分配的資金。

　　這個基金會的管道會把大部分的資金投入買進瑞典商業銀行的股票，而且目前持有銀行 11 ％的股權。所有員工收到的分配金額會公平分配（沒有傳統上高層分得比較多的情況），而且計劃的適用範圍包括北歐國家的所有員工，以及 2004 年起英國的所有員工。年滿六十歲才會得到分配的款項。1973 年以來，一直為瑞典商業銀行工作的員工，退休時大約可以得到 60 萬美元；事實證明，這大約是諾貝爾獎獎金

的一半，而且無論是執行長還是保全，均一視同仁。無庸置疑，這個系統對銀行的部落文化發展有幫助，而且使員工和股東的利益保持一致。

　　總而言之，瑞典商業銀行是一家擁有強大文化與管理團隊的銀行典範，管理團隊明智配置資本，並採用適當的激勵措施與長期方法。這些要素全都符合馬拉松公司的投資理念。公司的評價仍然有吸引力，股價是帳面價值的一・四倍，本益比是十四倍，而且股息殖利率是 3%──如果有更多銀行用這樣的方式經營，那就更好了。[15]

第 5 章

活死人的價值

　　資本週期分析深受熊彼得「創造性破壞」的觀念影響，指競爭與創新產生一種不斷演進的經濟，並刺激生產力的提升。從這個角度來看，經濟衰退發揮有用的功效；用一個相當老套的景象來描述，就像森林大火燒掉枯木與孱弱的樹，讓健康的幼苗得以成長茁壯。

　　全球金融危機之後的下跌，提供很多投資機會。泡沫破滅、企業開始整合之際，產業中最優秀的企業出現資本快速撤出的情況。愛爾蘭銀行業的經歷就是資本週期進入良性階段一個很好的例子，不幸的是，不全然都是好消息。本章的幾篇文章評論歐洲的政策制訂者如何阻止各種產業進行整合，特別是就業密集度高的汽車產業，以及政治敏感度高的歐洲銀行業。果不其然，資本週期的運作被抑制了，這對投

資人來說是個壞消息，因為產能過剩和獲利能力疲弱的問題並沒有解決。這也預示歐元區經濟將面臨低生產率與經濟成長疲弱的惡兆。金融危機後，透過降低融資利率而推出的超低利率政策，使這些問題更加惡化，脆弱的企業（殭屍企業）得以繼續跛足前進。

5.1　可以買進了（2008 年 11 月）

現在，過度投機的跡象已經消除，市場看起來又有吸引力了

　　與 2006 年 5 月（見 4.5〈吹泡泡〉）我們觀察到明顯過度投機的跡象相比，現在的股市已經大不相同。我們當時提到的大多數泡沫指標如今已經轉正，此外，股票市場的市值顯示，股價對長期投資人來說非常有吸引力。

　　早期泡沫跡象反轉的跡象包括：

　　1. 大宗商品的價格下跌：現在已經可以看到大宗商品價格大幅下跌，這對通貨膨脹帶來有利的影響。在公司層面，大宗商品相關公司正迅速擱置擴大產能的計劃。舉例來說，阿賽洛米塔爾（ArcelorMittal）宣布要大幅削減產量，目標是隨著需求減少，讓鋼價保持穩定。

　　2. 私募股權公司的市值暴跌：景氣好的時候，阿波羅、

KKR 和黑石集團都利用自己創紀錄的市值，推出私募股權 IPO。如此強大的金融巨頭已經殞落！黑石的股價自 2007 年 6 月 IPO 以來下跌了 81%，KKR 私募股權公司的投資人從 2006 年 4 月上市以來下跌大約 90%，與阿波羅基金的表現一樣（AP Alternative Assets LP 自 2006 年 5 月以來下跌 86%）。2007 年 7 月上市的雷曼私募股權基金（Lehman Private Equity Fund）已經跌了 80%。

3. 私募股權公司虧損：早在 2006 年 5 月，我們就質疑黑石收購德國電信 4.5%的股權是否為明智之舉。現在以這筆投資的購買價格來看，已經虧損了大約 20%（不包括槓桿操作帶來的損益放大效果）。華盛頓互惠銀行（Washington Mutual）倒閉，使得德州太平洋（TPG）併購集團在短短一五個多月損失了大約 70 億美元（其中德州太平洋基金損失 12 億美元）。

4. 新上市企業的股價暴跌：儘管有大量的不良資本公開發行（尤其是金融業），IPO 市場的活動已經降到多年來的低點。體現多頭市場後期市場過剩的新上市企業，受到的打擊特別嚴重。合夥人集團（Partners Group）是瑞典上市組合型基金集團，股價自高點下跌了 60%，同一期間，新興市場基金管理公司查里曼資本的股價下跌了 89%。

5. 併購活動變少：2006 年動物本能遍布的鼎盛時期，併購

行為是另一個過熱指標。當時我們注意到，法羅里奧的股價實際上是在宣布以槓桿操作併購英國機場管理局之後上漲的，然而隨著信貸管道被切斷、高價收購資產的實際成本曝光，法羅里奧的股價暴跌了 77％。最近併購界最大的一次反轉是必合必拓（BHP Billiton）撤回對力拓集團（Rio Tinto）的收購案。

我們還過牢騷，2006 年有好幾件併購案並沒有節省成本，反而是由槓桿操作所驅動。如今我們注意到，澳洲基礎建設公司柏克布朗（Babcock & Brown）向投資人（包括馬拉松公司）買進愛爾蘭電訊（Eircom）的股票，而且收購不到三年，就出售了這項投資，損失至少 40％。隨著市場對槓桿操作的基礎建設基金失去信心，柏克布朗的股價下跌 76％。

6. 內部人股權交易：2006 年 4 月，在英國的內部人買賣中，賣方不到 10％。現在情況發生戲劇性的逆轉，2008 年 10 月，內部董事買進和賣出股票的比重為 2：1。

7. 散戶損失慘重：散戶在 2005 至 2006 年對共同基金投入創紀錄的金額，而且偏向買進新興市場基金。不過新興市場基金並沒有跟市場「脫鉤」，而且現在的淨值比 2007 年 10 月的高點低 63％。一朝被蛇咬，十年怕草繩。根據報導，現在散戶存放 40 億美元在貨幣市場基金中，創下新紀錄。

除了市場過剩的早期跡象消失，此刻股票市場的市值也很吸引人。50 年以來，美國公債殖利率首度比 S&P 500 指數的

股息殖利率還低。相對於十年平均盈餘（一種稱為「葛拉漢－陶德本益比」或「席勒本益比」的衡量方法），歐洲股票的價格接近長期低點。市場流動性已經蒸發，買家嚴重短缺（內部人買進除外）。避險基金面對基金贖回的金額可能占總資產的三分之一，預期避險基金會一直出售資產來提高流動性。在公司層面，2007 年創下歷史新高的買回庫藏股計劃實際上已經停止。由於很難從銀行取得資金，且債務市場關閉，就算是資產負債表顯得很穩健的公司，也正在停止發展計劃。

此時此刻，市場受到恐懼與保守主義箝制。流動性緊縮正造成嚴重的價格異常。儘管總體經濟前景黯淡，但股價已有明顯反應，除非有重大衝擊，才會進一步震撼市場。這一代的人從未看過如此吸引人的股價，從這麼低的基期來看，很難相信在合理的投資期限內，投資人怎麼可能無法獲得豐厚的報酬。[1]

5.2　西班牙削減建設（2010 年 11 月）

西班牙建築公司建立帝國的噱頭如今已經結束，
投資機會正在出現

馬德里巴拉哈斯機場（Madrid–Barajas Airport）第四航廈

是一棟 1 公里長的建築，配有竹片裝飾的翼狀屋頂，以及石灰岩地板。一抵達機場，第一眼便可看到西班牙建築公司在經濟成長的「神奇歲月」期間享有的基礎建設榮景。2006 年，這座機場終由法羅里奧建造完成，最終成本是 61 億歐元，超出預算 20 億歐元。安東尼奧・拉梅拉（Antonio Lamela）和理查・羅傑斯（Richard Rogers）的設計團隊不惜重金打造，他們的時尚風格令人不禁把一句格言牢記在心：機場建築的品質和一個國家經濟發展成反比。

不過，昂貴的土木工程榮景已經結束了。西班牙政府最終屈服壓力，削減了基礎建設的預算。歐盟的資金或多或少已經枯竭。大多數建築公司都預期國內經濟會放緩，並花好幾年的時間多角化發展事業、擴張海外。不幸的是，對投資人來說，投資表現很糟糕。這個產業的股價依然低迷，某些股票還比高點少了 80％以上。由於現在西班牙對所有事物都瀰漫著深刻的悲觀情緒，西班牙建築泡沫破滅後的碎石瓦礫是否還有一絲價值？

西班牙營建集團（Fomento de Construcciones y Contratas, FCC）是最早藉由整合大量道路清潔合約而多角經營的公司之一，其他公司則跟著從事資本密集型的服務業務，像是停車場、汙水處理和行李託運。很多公司在世界各地建立起重要的收費公路事業（像是 OHL、法羅里奧和西班牙營建集

團），有的企業則投資可再生能源（像是阿馳奧納〔Acciona〕、ACS 集團和阿苯哥〔Abengoa〕）。然而，建築公司在完工時沒有出售這些能源資產，而是選擇自己經營；它們主要透過債務來為業務提供資金。實際上，景氣好的時候，西班牙的建築公司成為政府修建道路、機場和能源基礎建設的資金來源。它們開始像銀行，情況跟西班牙銀行擴大房貸帳目、並增加對房地產開發商曝險一樣，那時的西班牙銀行更像房地產公司。

這些計劃很容易融資，這樣的便利性也鼓勵許多營建公司進行高價併購。西班牙政府允許公司在稅後獲利中扣除商譽價值的攤銷，藉此鼓勵這種愚蠢的行為。許多公司在資本週期的高點進行非常糟糕的併購，包括法羅里奧以 105 億英鎊併購擁有倫敦希斯洛機場（Heathrow Airport）的英國機場管理局，收購價格是監管資產基礎（regulated asset base，注：指取得機場經營權廠商提供航空服務和設施所使用的資產）價值的一‧三倍。

法羅里奧今日仍有 195 億歐元的債務，其中 70％與英國機場管理局有關，且公司的股價比高點低了 41％。馬拉松公司投資組合持有的阿馳奧納則參與西班牙最大電力公司恩德薩（Endesa）的競標戰，收購了 25％的股份，並讓債務負擔從 89 億歐元增加到 180 億歐元。幸好，公司把這些股份賣給

義大利國家電力公司（Enel），取得可觀的獲利，其中部分獲利還以恩德薩再生能源資產的形式持有。不過阿馳奧納的股價還是從高點下跌了 78％。

隨著西班牙的營建公司多角經營與擴張，它們累積了大量的債務，根據的理由是被收購的公司與特許事業都夠穩定，可以承受龐大的槓桿操作。雖然在週期的早期階段，這種說法可能是正確的，但在後來的併購交易中，債務與高預估市值結合起來，只要經營表現小幅下滑，就會對股票部位造成災難性的後果。當全球金融危機來襲，營建公司對通行費和機場客運量穩定成長的計劃看起來就顯得很樂觀。在某些情況下，監理環境明顯變得沒那麼有利。出於競爭考量，收購英國機場管理局的法羅里奧被迫在市場低點賣出英國的蓋特威克機場（Gatwick Airport）。

其他併購更具週期的特性，因而受到相應的影響。這方面，「爐主」的競爭相當激烈。西班牙營建集團以 10 億 9,000 萬歐元的價格收購巴塞隆納水泥公司優尼蘭（Uniland）的多數股權，並在房地產市場崩盤之前增加對西班牙水泥事業的布局──這個紀錄看來很難被打破。該公司的股價已從 2007 年的高點下跌了 78 ％。當天稍晚，薩維地產（Sacyr Vallehermoso）對西班牙房地產加碼投資，尋求多角發展，經營特許事業與服務；子公司伊特尼爾（Itinere）在週期的錯誤

時間以不可思議的高價出手。結果這家公司的股價從高點下跌 91%。

如今，這些建立帝國的噱頭已經完全結束，大多數西班牙營建公司的主要目標是把資產負債表去槓桿化。到目前為止，有些公司做得相對成功。法羅里奧出售了收費公路、停車場和機場業務，將母公司的債務（也就是無追索權的債務）從 30 億歐元減少到幾乎是零。這些資產是在 2007 年 6 月以相當於當時市值的價格處分完成的，由於是它們從大多數可銷售的資產中精心挑選出一些資產出售，大家或許不該認定留下來的資產也會有那麼高的價值。其他公司則遲遲沒有處分這些資產，或許是希望經濟復甦後，會有機會以更合理的價格出售。由於在家族控制的公司中，管理階層的變更並非重要的議題，因此有人懷疑，這是拒絕處分的要素之一。畢竟，具體認列損失就是承認失敗，如果造成失敗的人不再擔任需要為此負責的職務，那就更容易認列損失。

從投資的角度來看，這個產業現在很值得密切關注。以阿馳奧納為例，這家公司有將近 80 億歐元的債務，其中有大約一半多一點是無追索權的債務，與風力發電計劃有關。阿馳奧納總共有 80 億伏的可再生能源裝機容量。管理階層認為，每百萬伏的價值落在 150 萬歐元至 180 萬歐元之間，也就是說，這個事業的價值介於 120 億歐元至 140 歐元之間。

這不僅輕輕鬆鬆超越阿馳奧納的債務水準，也明顯高過公司的企業價值（114 億歐元）。如果這個數字正確，那麼這個集團的其他投資組合——包括核心的建築事業、被認為價值高達 6 億 5,000 萬歐元的地中海郵輪事業、投入資本 130 億歐元的高速公路和其他特許經營事業、汙水處理事業，以及一家管理 50 億歐元資金的基金管理公司——市值加總為負。

　　儘管這家公司的資產明顯很有價值，但並非沒有問題。公司資產大約有 8 億歐元綁在西班牙的土地開發上，在目前的房市環境下可能無法出售。還有另一個棘手的問題：與恩德薩有關的 15 億歐元債務短期內需要展期，在目前過熱的氛圍下，債務展期很可能代價高昂。儘管如此，西班牙的房地產崩盤似乎創造了一個明顯的投資機會，從三年到五年的角度來看，阿馳奧納和其他西班牙營建公司很可能會度過目前的難關，也就是說，有非常吸引人的市值上漲空間。[2]

5.3 無稽之談（2011 年 11 月）

金融危機之後，對某些愛爾蘭企業來說，
資本週期進入上升階段

　　馬拉松公司最近接到一家都柏林的券商來電，它代表愛

爾蘭的企業客戶，想要徵詢我們的意見。它想知道我們是否認為，愛爾蘭的上市公司當中，某些公司的市值被壓低；如果情況真是如此，企業是否應該遷至其他地方，好讓市值提高。談話後不久，愛爾蘭最大的上市公司建材供應公司 CRH 宣布，要把主要的上市地點移到倫敦。此舉表面上是出於股票流動性的原因，因為在倫敦的股票交易量已經超過在愛爾蘭交易量的一半，但也有人懷疑，它們是想要消除「愛爾蘭折扣」（儘管企業在愛爾蘭島的銷售額只占一小部分，但在愛爾蘭上市的股價卻比較低的情況）。

對許多投資人來說，愛爾蘭已經成為禁區。在固定收益界，我們得知，經理人正在為客戶重新制定投資原則，避免投資歐洲的「邊陲」國家（政治不正確的說法是「歐豬五國」）。資金逃離愛爾蘭，不論是如 CRH 那樣半象徵性的，甚至是像某些固定收益投資人的信託資產那樣實際的離開，在我們近期 2 筆歐洲投資（愛爾蘭銀行和愛爾蘭大陸集團〔Irish Continental Group〕）的背景下，都值得玩味。這些公司需要更改名稱來隱藏自家的凱特爾（Celtic）血統。

馬拉松公司一直對由房地產驅動的愛爾蘭經濟榮景感到非常懷疑，特別是對激進的企業放款與房地產開發放款機構盎格魯愛爾蘭銀行不可思議的成長（見上文）。盎格魯愛爾蘭銀行對於自家的高毛利、主要以批發融資的放款模式，以及

與主要房地產開發商有密切往來感到自豪。有利可圖的市場條件，也有利於愛爾蘭銀行和愛爾蘭聯合銀行的經營，這兩家放款銀行傳統上，比盎格魯愛爾蘭銀行這家年輕的新創公司採取更為保守的做法；但隨著資本週期的推進，這兩家銀行還是禁不起誘惑，去進行風險更高的放款。記者賽門·卡斯威爾（Simon Carswell）在他有趣的書《盎格魯共和國：摧毀愛爾蘭的銀行內幕》（*Anglo Republic: Inside The Bank that Broke Ireland*）中，描述兩家愛爾蘭銀行巨頭，最初如何忽視競爭，但在大約世紀之交、盎格魯愛爾蘭銀行的損害影響出現時，它們為關鍵客戶建立了「贏回」團隊──回想起來，這就是銀行本應逐步降低對愛爾蘭房地產曝險的時刻。

　　強勁的信貸需求也吸引外國放款銀行，尤其是蘇格蘭皇家銀行，這家銀行透過子公司阿爾斯特銀行（Ulster Bank）發展業務，此外還有 HBOS 銀行（現在由駿懋銀行擁有）也進入市場，HBOS 的愛爾蘭事業是蘇格蘭愛爾蘭銀行（Bank of Scotland Ireland, BOSI），在 2000 年收購一家國有銀行之後業績開始起飛。最後參與這場派對的是丹麥銀行，它在 2004 年末併購了澳洲國民銀行（National Australia Bank）在愛爾蘭的業務，且在接下來的三年讓放款總量增加三倍。因此在資本週期的高峰，六家公司各占大約 10% 的市場份額，丹麥銀行緊追在後。

得意輕狂的日子過後，愛爾蘭的房地產泡沫破滅，經濟也隨之崩潰。愛爾蘭的信貸市場情況變得截然不同。遭受重大損失之後，外國銀行對於在愛爾蘭放款失去興趣，丹麥銀行關閉了一半的愛爾蘭分行，駿懋銀行則將蘇格蘭愛爾蘭銀行的放款帳面價值減記高達32％，對愛爾蘭的業務採取緊縮模式。愛爾蘭國內的銀行情況也好不到哪裡去，盎格魯愛爾蘭銀行在減記50％的貸款價值後也緊縮業務，愛爾蘭聯合銀行幾乎國有化，因為政府擁有99％的流通在外股權。

　　剩下的就是愛爾蘭銀行，公司的巨額虧損迫使愛爾蘭政府出手相救。去年夏天增資之後，一群外國投資人（包括楓信金融控股〔Fairfax Financial〕與威爾伯・羅斯〔Wilbur Ross，注：美國知名投資人，以重組破產企業聞名，人稱破產之王〕）收購了35％的股份，政府的持股比例降至15％。馬拉松公司也參與了這次的股票發行，因為在我們認為，愛爾蘭銀行業的低迷狀態，已經具備資本週期轉為正向的條件。

　　一旦事情塵埃落定，競爭格局會是什麼模樣目前還不明朗，但肯定不會和危機前的情況一樣。愛爾蘭政府計劃採行所謂「雙支柱」銀行體系，其中一根支柱是愛爾蘭銀行，另一個支柱則是愛爾蘭聯合銀行，現在愛爾蘭聯合銀行與住宅互助協會 EBS 合併。國家掌控的愛爾蘭壞帳銀行（Irish bad bank, NAMA）已經把很多有問題的開發放款（development

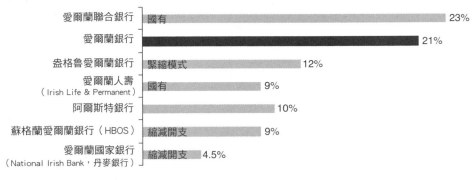

圖表 5.1　愛爾蘭銀行的放款市占率（2011 年 10 月）

愛爾蘭聯合銀行　國有　　　　　　　　　　　　　　　　　23%
愛爾蘭銀行　　　　　　　　　　　　　　　　　　　　　21%
盎格魯愛爾蘭銀行　緊縮模式　　　　　　　12%
愛爾蘭人壽　國有　　　　　9%
（Irish Life & Permanent）
阿爾斯特銀行　　　　　　10%
蘇格蘭愛爾蘭銀行（HBOS）　縮減開支　　9%
愛爾蘭國家銀行　縮減開支　4.5%
（National Irish Bank，丹麥銀行）

資料來源：Société Générale

loans）從銀行的資產負債表中剔除，使愛爾蘭銀行的總放款
削減大約 1,070 億歐元，其中超過一半是英國和愛爾蘭的房
貸，其實大多數，是跟房貸無關的中小企業銀行放款和企業
放款。與大多數歐洲銀行不同，愛爾蘭的放款總量在艱難的
條件下進行壓力測試，確保銀行擁有充足的資本。如今愛爾
蘭銀行的第一類核心資本比率是 15%，為歐洲最高。

　　短期來看，愛爾蘭經濟的前景依然艱辛。房價還在下跌
（儘管跌幅已大幅減少），失業率仍居高不下，消費者信心疲
弱。然而，放遠來看，我們似乎可以合理假設，在競爭沒那
麼激烈的銀行體系，具有主導權的愛爾蘭銀行擁有訂價權
力，應該能再次賺得兩位數的股東權益報酬率。這使得目前
只有淨值不到〇‧四倍的股價顯得非常有吸引力。

從資本週期的角度來看，愛爾蘭大陸集團的情況也很類似。這家公司經營霍利希德－都柏林（Holyhead–Dublin）與彭布羅克－羅斯拿（Pembroke–Rosslare）間的愛爾蘭渡輪，是往來愛爾蘭和英國最短的海上航線。過境的速度夠快，經營者可以白天提供乘客回程的服務，晚上提供貨運服務，將船隻的運用發揮最大效益。這些航線唯一的競爭對手是民營公司史丹納航運（Stena Line），由於港口的容量限制，沒有第 3 家廠商的經營空間。儘管長途航線有不利因素，但愛爾蘭的貿易在過去十幾年的擴張，鼓勵額外增加貨運的容量，特別像 P&O 和丹麥企業集團快槍集團（話說丹麥人和愛爾蘭人有什麼關係？）就增加了遠洋貨運容量。隨著愛爾蘭的經濟低迷，貨運量在 2008 年下降了 4％，2009 年再進一步下降 14％。這些使用較多燃料、吸引較少超額運費的遠洋貨運則因虧損而縮減運量。

　　經濟低迷也波及愛爾蘭大陸集團，貨運量從 2007 年占渡輪營收 55％的高峰下降大約一半；儘管如此，這家公司以外包的方式安排船員，降低成本，且隨著一些虧損的運量被淘汰，以及愛爾蘭出口導向的經濟開始再次成長，運量可能再次增加。客運方面，60％的汽車運輸來自英國造訪愛爾蘭的乘客，去年愛爾蘭大陸集團的客運量只有小幅下滑，因為收費拉高而得以彌補。由於愛爾蘭成為旅遊勝地的新競爭力

（飯店市場大量供過於求），加上瑞安航空（Ryanair）和愛爾蘭航空（Aer Lingus）都縮減運量成長計劃，使得航空運量減少，愛爾蘭大陸集團因而受惠。

愛爾蘭大陸集團目前的船隊在 5 到 10 年內不需要更新，因此任何業務活動的增加都可以直接成為現金流量。與此同時，愛爾蘭大陸集團的市值似乎非常有吸引力，自由現金流量收益率為 10％；此外，執行長持有公司 16％的股份，管理階層與股東利益保持一致。愛爾蘭還在繼續成長。[3]

5.4 破產的銀行（2012 年 9 月）

政治人物阻撓歐洲銀行業進行必要的清算流程

馬拉松公司希望投資競爭日益減少、資本已經撤出，且投資人預期不高，因而使市值評價有吸引力的產業。乍看之下，歐洲銀行業似乎符合條件。競爭和資本似乎都在退卻，信貸也重新訂價。無法理解的資產負債表和複雜的新銀行法規（長達數千頁的《巴賽爾協議 III》〔*Basel III*〕）讓投資人望而卻步。此外還得擔心主權違約風險。歐洲銀行的股價比銀行持有的有形資產還低，所以比美國同業便宜很多。然而，從資本週期的角度來看，投資歐洲銀行的理由並不明確。

首先，來談談資金是否真的撤退了。景氣好的時候，銀行大肆吸納便宜的資金來讓資產成長。1998 年以來，歐元區的銀行資產相對於 GDP 已經從二‧二倍攀升到三‧五倍（截至 2012 年第一季）。歐洲銀行的資產一直都比美國同業還高，因為房貸通常會放在資產負債表上，而且歐洲公司進入公司債市場的管道有限。然而，儘管最近都在談去槓桿，但銀行資產占 GDP 的比重並沒有下降。這很大程度得歸功於公部門幫忙維繫生命，尤其是歐洲央行。事實上，截至 2012 年 7 月 31 日的十二個月內，歐元區銀行實際增加了 340 億歐元的資產。簡而言之，歐洲銀行累積了巨額的債務，而且至今都沒有採取任何措施來削減債務。

此外，銀行也缺乏資金。到目前為止，銀行已經進行了一些比較容易的去槓桿行動，將資金從國外市場撤回國內。隨著優先無擔保債券（senior unsecured debt）的融資減少，歐洲央行的短期融資工具取而代之。這種形式的融資，連同金融資產擔保證券（covered bonds），消耗了大量的抵押品。為了吸引全新的優先無擔保融資（《巴賽爾協議 III》的要求），歐洲銀行必須有更多的股權資本。麥肯錫估計，到 2021 年，它們必須募集 1 兆 1,000 億歐元的資金，才能滿足所有的監理要求。從投資美國和英國銀行的（慘痛）經驗中，我們得到的教訓是：像最終股票數量這種基本面的東西依然不確定的

時候，投資結果是不可預測的。

　　在被炸得體無完膚的產業中，改善報酬率的另一個因素是產業整合，不論是透過併購，還是疲弱的企業倒閉。然而，在西班牙和愛爾蘭之外，歐洲大陸的銀行業似乎無法進行合理的改革。講個故事說明這一點。2008 年，魔鬼營業員傑宏‧柯維耶（Jérôme Kerviel）讓法國興業銀行虧損大約 49 億歐元之後，有人問時任法國財政部長克里斯蒂娜‧拉加德（Christine Lagarde），興業銀行現在是否可能成為被收購的目標。她簡短答道：「不可能。」這個態度表明歐洲國家當局不願讓強壯的銀行接管疲弱的銀行，尤其當強壯的銀行是外國銀行。很多市場還是受到銀行數量過多（歐洲有超過 6,800 家銀行）與過時的結構困擾。即使是在有經濟道德模範的德國，整個銀行業也充斥著數百家未上市的地方合作銀行、儲蓄銀行（Sparkassen），以及批發銀行。由於市場分散，德國銀行系統產生的獲利很少。

　　實際上，資本週期在歐洲銀行業沒有發揮作用，因為政治上並不接受資本週期所需要的創造性破壞。在銀行面臨流動性問題、而非償付能力危機的掩護下，歐元區政府正扶持它們的銀行，未來幾年很有可能繼續這麼做。對於資產負債表較穩健的銀行投資人而言，報酬很可能會受到疲弱的放款成長和過度競爭侷限，精神分裂的政策制訂者一方面促使銀

行增加放款，另一方面又利用繁重的資本和流動性要求來限制放款能力，讓事情變得更糟。歐洲突然去槓桿化的威脅，已經被多年來緩慢而痛苦的調整前景取代。[4]

5.5 模糊地帶（2012 年 11 月）

低利率正在放緩創造性破壞的流程

媒體對歐洲經濟的報導依然宛若恐怖片，長期對歐元危機的疲勞轟炸，已經讓人屈服於如日本式的經濟僵化與失落的十年同樣沮喪的結局。這類報導不限於歐元區的邊陲國家。有消息說，10%的英國企業是「殭屍企業」，靠著超寬鬆的貨幣政策與放款人不願註銷不良貸款而存活下來；與此同時，英格蘭銀行的一份報告提到，5%～7%的未償還房貸債務正以各種形式展延。近年來，我們從與歐洲企業經理人的談話中得出一項驚人的結論：信貸繁榮累積的過剩產能很大程度尚未清除完畢。這在資本密集與週期性的產業中特別明顯。

當信貸很便宜、動物本能很旺盛的時候，眾人很難抗拒「開啟」新資本計劃的欲望，特別是同行競爭且股市報酬豐厚之際。不幸的是，事實證明，在利率保持低檔、銀行不願意收回壞帳來避免損失，且整個歐元區的政治人物都在竭盡全

力防止失業率進一步走高時，就會做出這類的「不當投資」。

這種失敗的典型代表就是歐洲汽車業。儘管需求疲軟、對新興市場的出口也減少了（這些國家一直忙著提高汽車產量），卻似乎無力削減產能。由於政治上的阻力，工廠無法關閉，使得法國汽車業的投資吸引力受限，市值拉低，寶獅（Peugeot）的股價只有帳面價值的十分之一。歐洲汽車製造商也對新投資無法抵擋，福斯（Volkswagen）最近宣布，未來三年將花 500 億歐元在資本支出。由於可供選擇的方法有限，汽車公司的經理人以犧牲獲利為代價，採取降價措施來提高產能利用率就不足為奇了。

歐洲鋼鐵業的情況反映出汽車製造商的處境。歐洲鋼鐵的需求還是比（誇大的）高峰低了 20％，一家貿易組織估計，產能過剩 3,000 至 4,000 萬噸，每年足以生產 2,500 萬輛汽車，幾乎是目前歐洲汽車需求的 2 倍。馬拉松公司投資的阿賽洛米塔爾告訴我們，在公司 32 座歐洲高爐中，10 座高爐如何短暫關閉，以及員工如何簽訂工時較短的工作合約。公司試圖關閉位於法國弗洛朗日（Florange）工廠另外 2 座高爐，有 629 名勞工因此遭到解雇（占公司法國勞工數量的 3％），於是左派的工業部長威脅要把公司驅逐出境，就像《金融時報》報導的那樣，因為公司沒有「尊重法國」。反對全球化的工業部長阿諾・蒙特堡（Arnaud Montebourg）也指

控該公司身為法國最大的工業投資人之一，對弗洛朗日的工廠訴諸「勒索與恐嚇」，不過阿賽洛米塔爾對此予以否認。由於經理人管理產能的自由受到嚴重的限制，阿賽洛米塔爾歐洲業務（占公司總產出 40％）的前景似乎遠不如世界其他地區那麼有吸引力。

歐洲汽車和鋼鐵製造商的問題主要與需求下降有關，而不是與最近在更有利的總體經濟條件下，過度建設的國內產能有關。其他產業也受到顛覆性新技術或商業模式的影響，傳統公司難以應對。國營航空公司背負過時的員工合約與全國冠軍地位，因為低成本航空公司不受阻礙的成長而遭受重創。在斯堪地那維亞苦苦掙扎的北歐航空（SAS）執行長最近嘆道，歐洲缺少《美國破產法第 11 章》的破產保護程序。或許他嫉妒美國的制度可以產生反達爾文的後果，導致最不適者還可以存活下來。

其他歐洲工業已經建立出口能力，卻發現它們假定的出口市場已經發展出自己的國內供應商，總有一天會有進口歐洲的威脅。除了前面提到的汽車產業，還可以舉歐洲的造紙業和製鋁工業為例。《金融時報》最近一篇文章描述中國如何從 2000 年不到 300 萬噸的鋁產量，2011 年增加到將近 1,800 萬噸，占世界產量 40％。如次一來，全球倉庫中堆放了 1,000 萬噸過剩的鋁，足以製造出超過 15 萬架波音 747 飛機，或

7,500 億個汽水罐。

　　從資本週期的角度來看，只有當股票市值下降到重製成本（replacement cost）的一部分，**而且**開一條路處理過剩的產能時，上述的情況才會變得有吸引力。雖然在很多歐洲產業中，已經可見第一個條件即將達成，但想要滿足第二個條件，顯然還是不樂觀。在以往經濟低迷的時期，產能的調整來自利率上升，進而壓抑通膨，導致廣泛出現破產與產業重整。1990 年代初期，我們的投資組合受惠於英國的投資標的，在經濟震盪中倖存下來，並在隨後的復甦中繁榮發展，其中包括住宅建築商（泰勒伍德羅公司〔Taylor Woodrow〕）、企業集團（特拉法加集團〔Trafalgar House〕）和廣告公司（WPP）。

　　由於利率持續維持在低點，加上銀行因為擔心認列虧損，而準備支持疲弱的企業，貨幣政策看來不太可能促使資源進行大幅的重新配置。實際上，它似乎在阻止這樣的結果出現。在這種情況下，透過產業重整而重組供給面似乎也不太可能，尤其是歐洲很多產業已經相當整合，面臨反托拉斯的阻礙。

　　雖然從股東的角度來看，上述飽受產能過剩之苦的產業前景黯淡，但許多股東權益報酬率較高的產業面臨的情況要樂觀許多，尤其是它們的市值因為對歐元過度悲觀而黯然失色。在過去十年左右的時間裡，我們的歐洲投資組合逐漸轉

向股東權益報酬率更高的事業，儘管這些公司的市值比獲利較差的企業還高，但它們很顯然更有機會為股東創造價值。

5.6　死刑（2013 年 3 月）

一旦政治人物保護表現不好的產業，
資本週期就會停止正常運作

信貸繁榮導致全球許多產業產能過剩，如果資本週期平穩運作，隨後股價暴跌與需求的大幅減少，就會導致產業整合、資本撤出。但情況並非總是如此，某些產業是明顯的例外（例如美國的營建業）。資本週期分析出錯，可能會導致錯誤買進股票。儘管如此，它們還是能幫助我們調整及發展投資紀律。事後看來，當我們低估政治和法律的干預、顛覆性技術與全球化對產業的影響時，資本週期方法有時就會失靈。

這個外部因素列表上，還可以加上管理不善產生的自殘影響。最常見的問題是：資本並沒有從報酬率極低的產業中撤出。在最近的週期中，激進的貨幣寬鬆政策與低利率已經緩和了創造性破壞的力量，體質不佳的企業得以繼續經營，原本無法持續的債務現在也得以償還。這種情況與先前經濟週期結束之際形成鮮明的對比，當時利率上升，避免通貨膨

脹的壓力導致大規模破產。在監理機關的資本要求不斷提高的環境下，銀行進一步減記債務的意願受到限制，因此在許多地區（特別是歐洲），這種影響已經加劇。

　　一旦政治人物介入，事情往往會變得更糟。製造業的工作與金融服務業不同，對許多已開發經濟體的政治階層來說，製造業的工作具有特殊的吸引力。成熟的產業缺少成長，且產能過剩，通常需要重組與整合，特別是在更基礎的勞動密集產業，境外經營的情況更為普遍。對過去「誠實」工作黃金時代的情懷，加上政治人物渴望得到選票，助長了保護主義的本能。這一點在歐洲表現得最為明顯，當地的民族主義欲望無法抵擋。

　　在政治敏感度高的產業裡，與產能過剩搏鬥的經理人可能面臨囚犯困境。為什麼一家法國汽車製造商要關閉產能，即便這樣做預期帶給義大利競爭對手的效益將會高得不成比例？或是說，這家瑞典造紙公司因為芬蘭競爭對手的優勢而退縮？為什麼不等其他人來處理產能的問題？在新興市場，中國政治人物對「戰略產業」的認定，導致太陽能與風力發電、不鏽鋼、造紙和電信設備等眾多產業產能過剩。於是，在已開發國家的特定市場，本來是地區性的競爭，突然間變成全球性的競爭。在國家資本主義的條件下，競爭對手的動機很難評估，因此資本週期分析往往應用在本質上主要是國內性質的產業，或是主

導玩家傾向用盎格魯薩克遜式資本主義的產業（如全球啤酒產業），在這些地方進行分析會更有效。

新技術往往會干擾資本週期的平穩運作，網際網路就嚴重破壞了許多產業，包括音樂產業、地方報業、圖書零售業以及旅行社。馬拉松公司在很多地方受到影響，在這些艱困產業中，供給面整合帶來的好處並不足以抵銷長期需求的下降。[5] 幸好，資本週期方法非常適合辨識能夠維持高股東權益報酬率的卓越網路商業模式。[6] 由於理解網路與規模效應可以保護受競爭寒風影響的公司，馬拉松公司成功投資了許多網路企業，包括亞馬遜、Priceline 和 Rightmove（雖然事實證明，截至目前為止，亞馬遜更善於破壞其他產業的獲利，而不是為自己創造獲利）。

近年來，資本週期分析在挑選能維持高報酬的公司股票上，比在被轟炸的產業裡尋找供給面重組後復甦的投資機會更加有用。對於前者來說，投資案例取決於競爭的資本能否進入該產業，而且增加供給，最終會壓低產業報酬。我們在許多案例中看到的情況是，當主導的企業擁有管理良好、獨有的資產，它們往往會變得更為強大，例如雀巢（Nestlé）、聯合利華和麥當勞。這類企業產生源源不絕的現金流量，類似債券的特徵，在當前低利率的環境下，對投資人很有幫助。

總之，資本週期方法的強大之處在於其適應性。基本的

洞察沒有改變，也就是說，隨著市值影響企業行為，並導致供給面變化，高報酬率和低報酬率都很有可能會回歸均值。在馬拉松公司早期的經營中，我們的紀律主要在於找出供給條件正在改變的公司股票。最近，重點已經轉移到辨識競爭力減弱、而且回歸均值的時間被拉長的產業與公司。

5.7 活死人（2013 年 11 月）

投資人應將非典型的貨幣政策視為負面訊號，而非正面訊號

隨著 2013 年接近尾聲，MSCI 世界指數今年至今已經上漲 20％，自 2009 年 3 月以來上漲 130％。金融危機來襲以來所採行前所未有的貨幣寬鬆政策，經常會被認為是促成股市走強的一個因素。在量化寬鬆政策方面，市場受到兩套信念影響：首先，有人認為貨幣政策會刺激經濟，應該會對企業獲利有所幫助。其次，低利率會使股票看起來比現金和固定收益商品更具吸引力。但問題在於，這兩種看法都沒有太多實證或理論支持。

還沒有明確的證據證明近期非典型貨幣措施對實體經濟會產生持久的影響，然而很明顯，已開發經濟體的復甦一直沒有動靜。歐洲經濟規模仍然比 2007 年低 2％，日本只稍微

图表 5.2　美國 GDP 在衰退之後復甦

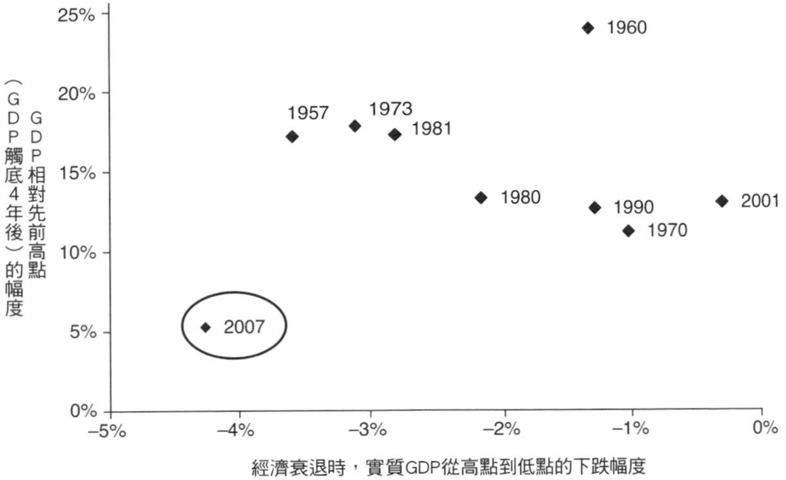

資料來源：Credit Suisse

領先 1％，而美國的國民產出僅高出 6％。即使是對表現出色的美國經濟而言，跟之前的復甦相比，也明顯低於平均水準（見圖 5.2）。企業獲利也好不到哪裡去，近期經濟復甦期間的獲利成長，明顯比過去經濟好轉時期來得落後許多。近 3 年來，全球獲利並沒有成長，而且仍比 2007 年的高峰低很多。

　　公部門與私部門的高負債是經濟疲軟和獲利成長乏力的部分原因。債務存量增加，家庭就不太可能增貸。在這種情況下，即使是長期維持極低的利率，並不斷增加貨幣基礎，也無法刺激民間貸款成長、貨幣供給擴大或通貨膨脹。中央銀行發現自己在推約翰・凱因斯（John Keynes）那條著名的

繩子（注：此譬喻出自 1935 年美國眾議院的聽證會，相較於緊縮性貨幣政策「拉繩」可以抑制過熱著經濟，相反的「推繩」只會讓繩子皺成一團，無法達到預期的效果）。儘管祭出超低利率和大量的量化寬鬆，2009 年以來，美國私部門的槓桿率已經從 GDP 的 168％降至 156％（截至 2013 年 6 月）。去槓桿已經拖累經濟成長。

某種程度來說，這種逆風已經被更大量的政府赤字抵銷。但是公共支出增加對經濟的推動較小（用凱因斯的術語來說就是乘數較低）。此外，政府大量借款可能會削弱公眾的信心。當老百姓覺得總有一天會被政府要求增稅來拯救公部門，在財政持續赤字的情況下限制當前的支出（經濟學家所謂的「李嘉圖等值定理」〔Ricardian equivalence〕）時，就會發生這種情況。

雖然短期看起來對經濟有利，但人為的低利率會扭曲激勵機制，進而扭曲經濟表現。允許所謂的「殭屍企業」繼續生存下去，低融資成本則代表新投資的最低門檻降低，長期下來，如果資本不能自由流向最有生產力的用途，股東權益報酬率和經濟成長都會下降。

1990 年代早期以來，日本這方面的經驗令人擔憂。泡沫經濟破滅、私部門進入去槓桿模式之後，低利率盛行。在日本失落的二十年期間，股東權益報酬率一直比歐洲或美國還

低；目前日本的股東權益報酬率平均約為 8％，相較之下，歐洲和美國分別是 12％和 15％，儘管日本的負債率較低。雖然日本向世界推出零利率政策，但這個國家的名目人均 GDP 仍比 1991 年的水準還低。與當前的西方經驗不同，私部門槓桿率的下降已被公部門的債務上升取代：現在公部門債務占 GDP 已經超過 200％，比 1990 年代初期高出大約 50％。與 1990 年相比，今日公部門與私部門的債務總額相對比日本經濟經濟規模更大。簡而言之，日本長期的低利率實驗，無論是在企業獲利方面，還是國家擺脫債務負擔的能力上，幾乎沒有產生正面影響。

如果量化寬鬆有利於經濟的論點沒有太多根據，那麼低利率可以支撐更高的股票市值的論點又如何呢？在債券殖利率較低的世界裡，股票乍看之下似乎相當有吸引力。在金融理論中，較低的無風險利率代表較低的資金成本（除非股票風險溢酬上升到足以抵銷）。而且，較低的資金成本代表較高的市場本益比是合理的。但如果忘記起初利率如此低的原因——也就是疲軟的經濟、高槓桿率，以及過往近乎災難的金融崩潰回憶——那就太天真了。預期這些因素可能會增加投資人對股權成本的假設，導致更低的本益比。[7]

整體而言，非典型貨幣政策的延續，對股票持有人來說應該是一種負面訊號。這代表實體經濟仍然面臨挑戰，而且

無法承受正常的貨幣條件。反過來說，這表明經濟不太可能以夠快的速度成長，將整體的槓桿率降低到可以持續的水準。此外，公部門不斷增加的槓桿，將使另一種債務危機（這次是主權債務危機）在未來某個時間點爆發的機率增加。最後，利率受到抑制的時間愈長，經濟表現扭曲的風險就愈大，因為投資門檻下降對整體股東權益報酬率的影響更大。危險顯而易見，我們面對的是失落的十年，只是這次發生在西方世界。

5.8 放輕鬆，皮凱提先生（2014 年 8 月）

超低利率正誘使投資人去投資未來可能會虧損的高風險資產

法國經濟學家湯瑪斯・皮凱提（Thomas Piketty）在出乎意料的暢銷書《二十一世紀資本論》（*Capital in the Twenty-First Century*）中認為，應該透過徵收全球富人稅來縮小日益增加的貧富差距。這種針對有錢人的協同攻擊發生的可能性很小。不過，皮凱提先生可以從近期許多投資人的行為得到鼓舞。他們對收益率的渴望，以及隨之而來對安全性的漠視，比任何新課徵的稅都更有效減少貧富差距。就像加爾布雷斯在《不確定的年代》（*The Age of Uncertainty*）中提到的：

「特權階級經常因為貪婪而自取滅亡。」

　　馬拉松公司最近與一家公司開會，這家公司是 S&P 500 成分股之一，公司的歷史好聽一點的描述是好壞參半。這家公司過去二十年的努力合起來是淨虧損，這不是表現特別糟糕的那年的結果，反之，過去二十年間，它只有一半的時間有賺錢。過去十年內，長期債務增加到四倍。透過穩定增加的股票數量，提供額外的資金（最近的數字比十年前高出 70%）。去年五月，這家多年來表現不佳的公司發行了八年期的可贖回債券（callable bond），目前的價格持有至到期的收益率只有 4.7%，比美國公債只高出少少的 2.3%。標準普爾對發行公司的評價是 BB-，表示公司「面對重大持續的不確定性，以及在不利的業務、金融或經濟狀況上曝險，可能會導致債務人沒有足夠的能力履行財務承諾。」

　　這也不是個別的例子。巴克萊高收益指數（Barclays High Yield Index）顯示，十年期非投資級債券利差在上一季末達到歷史最高點 2.4%。相較之下，過去二十年的平均利差為 5.2%，而 2008 年底的利差最高點將近 19%。利差一直隨著違約率走低。穆迪計算過去十二個月的違約率是 2.3%，而相較之下，長期的平均值是 4.7%。

　　皮凱提出「資本主義的核心矛盾」在於，股東權益的平均報酬率往往會超過產出成長的速度。「資本一旦形成，資

本自我複製的速度就會比產出的增加還快。」講白一點，就是有錢人會變得更有錢。[8] 撰寫本文之際，聯邦基金目標利率（Federal Funds Target Rate）只有 0.25％，比美國經濟名目成長率低很多。為了達到更高的報酬，投資人必須承擔各種額外的風險。期限較長的公債會帶來利率和通膨的風險。投資人從公債轉向收益率更高的公司債，也會承擔信用風險。這些風險都不是獨立不受影響的，因為利率和信貸利差通常會一起上升。

確實，投資人可能會從「高收益」公司債上賺到 4.7％ 的報酬，大約比美國名目經濟成長率高出 1％，這似乎支持皮凱提的論點。但相較之下，投機級（sub-investment grade）債券的歷史平均收益率接近 9％。因此，債券市場恢復「正常」狀態會導致 25％ 左右的資本減損。在高通膨或特別緊縮的市場條件下，收益率可能會升高到這個水準的兩倍，在這種情況下，債券價值就會減半。

此外，還要考慮貨幣與流動性風險。受到外匯波動率創下新低的鼓舞（根據摩根大通〔JP Morgan〕的衡量，這個波動率一直處於長期平均水準的一半），投資人爭相搶進全球套利交易，這樣的報導隨處可見。在流動性方面，在市場條件較差的情況下，實際售價難免低於報價。這種風險可能會比過去更加嚴重。由於資本監理愈發嚴格，投資銀行大大縮小了造

市的範圍。根據美國聯準會的數據，主要交易商（primary dealers）只持有 50 億美元的高收益債券，不到市場總量的 0.5%。

從債券發行商的熱情可以看出以目前的收益率買進投機級債券是否明智。2003 至 2007 年間，美國高收益債券 1 年的發行總量在 1,000 億至 1,500 億美元之間。2013 年，面值超過 3,000 億美元的垃圾債券陸續上市，今年上半年間就發行了 1,820 億美元的高收益債券。美國銀行高收益指數（High Yield Index）包含的 2 兆美元債券中，有一半是在過去十八個月內發行。近期債券市場的低波動性為投資人帶來安全感。去年 6 月，美國銀行的 MOVE 指數（衡量美國公債選擇權波動率的指標）接近歷史低點。

銀行也加入這個派對。美國槓桿貸款（leveraged loan）發行量在 2007 年達到高峰，大約比 9,000 億美元略低一點。到了 2013 年超過 1 兆美元。根據國際清算銀行（Bank for International Settlements）的數據，現在有超過 40% 的聯貸是放款給投機級借款人，再次衝破 2007 年的高點。銀行家也可以慶祝 2008 年危機期間名譽掃地的結構型產品回歸。擔保貸款憑證（縮寫為 CLOs）的發行量在 2013 年達到 820 億美元，預計今年會超過 1,000 億美元，超過危機前的高點。

同時，合約條件正在放寬。迪羅基公司（Dealogic）計

算，低門檻（cov-lite）貸款（之所以這樣稱呼，是因為它們缺乏保護債權人的傳統合約條件）在 1 年內成長了 40%，現在占所有放款的一半以上。另一個看似在危機中被遺忘的教訓是：共同基金，甚至 ETF，正在買進銀行貸款。根據晨星（Morningstar）的資料，銀行貸款基金在 2013 年破紀錄吸收了 610 億美元。這會在未來帶來流動性風險，因為基金贖回的速度，可能會比基金持有的基礎資產賣出的速度更快。

國際清算銀行在最新年報充滿悲觀氛圍的前言裡警告：「強大而普遍尋求收益的步伐已經加快。」這家中央銀行的中央銀行還用更多的話示警：「異常寬鬆的貨幣政策效益看起來相當明顯，若從金融市場的反應來判斷，更是如此。」不幸的是，只有隨時間經過，以及從事後來看，才會明顯看出成本有多少。在美國，聯準會主席珍妮特・葉倫（Janet Yellen）最近提到：「我們看到放款標準正在惡化，我們正密切關注在這種環境下可能出現的風險。」聯準會保證，它們正與其他監理機關合作，「針對之前發行、訂價與承銷標準的指引，加強要求要合乎規定。」

對於最近信貸市場的發展，葉倫博士和她的同事應該都不意外。畢竟，聯準會壓低利率是為了鼓勵投資人承擔更多風險。但是，擁抱低收益率、不良信貸、低流動性、甚至幣別錯置（currency mismatches）的人如今可能會發現，當市場

條件惡化，收益率的溫和回升並無法彌補未來的損失。皮凱提先生大可放心。在無風險資產幾乎沒有收益的時代，有錢人賺取更多收入的決心，自然會比他提議的稅收更有助於恢復平等。這就是自由市場解決政治問題的方案，誰說資本主義正在衰敗呢？

第 6 章

中國症候群

　　由於馬拉松公司重視合理的資產配置，也需要供給面的紀律，這些年來，我們投資中國大陸的股票相當稀少，也就不足為奇。這些中國公司多由國家掌控，因此，資本配置效率和外部股東（特別是外國人）的利益，往往都得服從國家的政策目標。

　　不論是由上而下的角度解讀，還是由下而上的角度分析，都可以應用資本週期分析來理解中國。在總體層面，中國將投資（占 GDP 的比重）推向前所未有的新高，甚至超過南韓和日本等過往亞洲強國。可以預見，投入增加會導致要素生產力下降。因為北京在全球金融危機最嚴重的時期做出了決策，想將固定資產投資拉到更高的水準，藉此維持經濟成長，使得這個長期存在的問題變得更加嚴重。此外，中國

還受到低利率的不利影響。低利率導致資產配置不當，尤其是資產密集的產業，於是，從鋼鐵製造到造船等各種不同的產業皆出現產能過剩與低報酬率。

中國的廉價資本、過度投資，以及資本無法退出低報酬產業，這些因素結合起來，使得中國成為馬拉松公司等資本週期投資人的禁區。同樣的因素集合起來，也有助於解釋為什麼儘管中國有強勁的經濟成長，股東報酬率卻讓人失望（雖然在寫作本文之際，中國市場正處於泡沫，導致歷史報酬率暫時升高）。更糟糕的是，很多進入市場的中國公司有可疑的帳目與偽造的經營歷史，本章將針對一些有問題的中國 IPO 公司進行批判性審查，藉此警告投資人！

為了證明對中國市場減碼的合理性，馬拉松公司有時會講述中國資本主義裡一些更可疑的做法，以下為文章的集結。

6.1　東方的騙局（2003 年 2 月）

圍繞在中國 IPO 的盈餘操弄已經成為常態

「我的心充滿自豪……

我很想告訴你我有多愛沃爾瑪……」

——摘自沃爾瑪商店的公司主題曲，中國深圳

中國工人曾經歌頌毛主席，現在這些聲音已經昇華為山姆‧沃爾頓（Sam Walton）的遺產。沃爾瑪是眾多進入中國的外國直接投資人之一，在中國的業務蒸蒸日上；沃爾瑪的成功，加上中國當局對市場經濟的態度出現顯著轉變，使得圍繞中國的投資幾乎是一面倒地樂觀。毫無疑問，這種樂觀情緒是由渴望從所有中國相關的 IPO 榨取費用的投資銀行家精心策劃的。依我們看，中國確實渴望消費西方商品、期盼對資本主義敞開大門，人民也勤奮努力。我們也知道，中華人民共和國的人口有十幾億人，是個潛在的龐大市場。不過我們不清楚的是，這個經濟奇蹟是否會使持有中國股票的外國股東受惠。

到目前為止，投資中國上市國有企業的績效並不好（見表 6.1）。這個表衡量過去股票發行的表現，但未來的前景是否會更好呢？儘管投資人對所有的中國事物都欣喜若狂，跡象卻很危險。到目前為止，一直有人用細微的會計差異來誇大中國上市公司的企業獲利能力與資產價值。我們最近還觀察到，監理進步緩慢的情況不但沒有改善，IPO 發起公司還愈來愈目中無人。

最近在香港證券交易所上市、占主導地位的固網經營商

表 6.1　中國政府資助的股票發行表現（1993–2003）

所有股票發行	
資本募集（10 億美元）	38.2
目前市值（10 億美元）	37.1
累積獲利率（虧損）	（2.9%）
年化獲利率（虧損）	（0.6%）

資料來源：Marathon

中國電信就是個特別令人震驚的例子。乍看之下，這些股票似乎很便宜（股息殖利率 4％，而且是自由現金流量的八倍）。儘管如此，中國電信在全球上市說明會上得到的迴響平平，部分原因是全球股市普遍疲軟。不過引人注意之處在於，政府對高調的說明會可能已經搞砸時的反應。一夕之間，電信業的監理機構（當然是由政府掌控）把撥打到香港的國際電話費用提高八倍——僅僅這個舉動，就讓中國電信的每股淨利增加 12.5％。

　　為了顯示政府對這家公司的支持，這很明顯是盈餘操弄，我們認為，這是中國私有計劃與外國投資界之間關係的分水嶺。我們顯然高估了同業的膽量，他們受到中國電信可能被納入地區型 MSCI 指數的鼓舞，支持這次的股票發行，最終超額認購，香港超級大亨李嘉誠最後一刻認購無疑出了一臂之力。

令我們沮喪的是，參與中國電信 IPO 的法人買家認為，政府干預上市公司的經營永遠只會對股東有利。只要回想起北京如何讓中國移動和中國石油在大規模募資幾個月後，讓它們的經營更困難，我們就覺得上述看法特別愚蠢。這些企業（像是中國電信）仰賴政府的慷慨解囊來維持獲利能力。我們認為，它們的內在評價非常不穩定，持有這些股票純粹是投機操作。

　　圍繞中國 IPO 的盈餘操弄是常態。瑞士信貸發表的研究指出，幾乎每家中國上市公司的股東權益報酬率都在上市前一年達到高峰。這家投資銀行還發現，在香港上市的中國公司，淨利率在上市後四年內平均下降 40％，股東權益報酬率也同步下降。由於投資圈的觀眾對中國總體經濟的故事很著迷，很容易把這種分析當耳邊風。香港證券交易所最近一項調查顯示，外國基金經理人對中國 IPO 的品質非常有信心。大多數受訪者認為，中國企業的財務表現「可以接受，或是更好」，只有 10％ 的受訪者認為股東權利被廣泛濫用。

　　雖然這樣的態度很普遍，但我們應該預期中國上市公司的品質就算沒有惡化，還是很糟。以中國最大的物流公司中國外運為例（我們缺乏專業的產業知識，無法理解「物流」與貨運和倉儲的差別），參加這家公司近期 IPO 說明會時，潛在買家的聽眾似乎被自豪吹噓過去三年毛利率與股東權益

報酬率穩定上升的圖表所吸引。

然而，隱藏在 IPO 說明書深處的故事是，這家即將上市的「公司」是兩週前從另一家規模大很多的國有企業分割資產、合約、領土與員工而創立的。此外，上市說明書還顯示，中國外運有將近三分之二的經營資產會向國有企業租用。所有人都在猜測，這檔股票的發起公司如何追溯這兩個經營實體的財務報表，並適當分配資產、成本和營收。擁有這麼大的財務運作空間，可以看出吸引人的歷史獲利是怎麼輕鬆變出來的。IPO 的買家還得到母公司在晚些時候「挹注」資產的好處，我們確定，在價格上這會對少數股東有利。與中國政府許多商業安排一樣，這種注資可能會比外國投資人目前的預期還要嚴重。[1]

在促成這種讓人反感的中國 IPO 中，外國投資界扮演的角色令人失望。在我們的產業開始更加關注保護客戶資本之前，十幾億消費者的興起不太可能帶來正向的投資報酬。

6.2 扮相令人印象深刻（2003 年 11 月）

被中國成長前景嚇到無法動彈的投資人正在買進古怪的企業

過去一年，馬拉松公司與客戶和顧問的會議經常談到我

們沒有投資中國股票的棘手問題。近期中國股市回升，成了熱門話題，其他外國投資人興趣大增。我們的立場是，我們認為中國股票（這裡指外國投資人很容易在香港證交所買賣的股票）沒有吸引力，而且可能處於投機泡沫中。

華爾街有句諺語是這麼說的：「要是鴨子呱呱叫，就餵餵牠們吧。」投資銀行家一直忙著為推遲已久的中國公司制定上市計劃。發起公司使用諸多技巧來讓投資人拿出自己的錢，或是更準確來說，是拿出他們客戶的錢。其中一些技巧已經成為標準實務。以「分拆上市」為例，2003 年中國政府支持的上市公司中，我們找不到不是專門為了 IPO 而創立的企業實體。高知名度的外國產業合作夥伴現在已經成了**必需品**，讓 IPO 買家夢想著自己能以明智的投資等類似條件從一開始就參與。最後，只需要大量的政府監理與干預，就可以提高短期獲利，並產生所需的整體市值評價，或是讓買家不切實際地覺得企業經營得很穩健。

上述所有的因素都可在近期以 6 億美元 IPO 的中國人民保險集團見得。中國人民保險集團是中國產物保險的領導廠商，它的上市說明書與早期模糊揭露資訊的說明書不同，非常坦誠揭露公司是在 IPO 前分拆創立的。我們還得知，在原始的保險資產和負債中，有 12％被保留在未上市母公司典型的好銀行／壞銀行結構中（或是以這個例子來說，是好保險

公司／壞保險公司）。儘管「缺少」保險契約往往被認列為虧損（以綜合比率計算），但沒有詳細說明這些虧損的規模，或是它們在多大程度上有經常發生的特性。中國人民保險集團高調宣揚，自己連續五年承保獲利的紀錄（這是它領先蓋可公司〔GEICO〕、前進保險公司〔Progressive〕與白山保險集團〔White Mountains〕等傳奇保險公司之處），任何質疑這樣的獲利是否可以持續的潛在買家大可放心，出錯的業務都已經停止經營了。問題在於，負責核保虧損保險合約的管理團隊，現在仍在這家公司牢牢掌舵。

中國金融業分析師私下告訴我們，好銀行／壞銀行策略結合選擇性揭露資訊，就是金融業民營化政策的核心特徵。我們認為，最近保險業 IPO 只是主菜前的開胃菜，也就是說，中國政府計劃讓大型國有銀行上市。四年前，背負高達40％壞帳的最大型中國銀行將不良資產切割給資產管理公司。在明年 IPO 中，這些中國銀行業的新面孔可能會介紹給機構投資人。但就跟中國人民保險集團一樣，資深管理階層或放款政策幾乎沒有什麼改變。我們擔心，除非機構法人買家的態度發生翻天覆地的改變，否則中國人民保險集團上如此不充分的審查，在我們眼裡就是高度投機的投資提議，這會讓中國銀行業以對外國投資人不利的條件進行資本重組。

根據中央政府既定的目標，銀行重組與資本結構重組可

以讓它們繼續為中國工業發展提供資金。任何 IPO 的意外之財，很有可能都會被浪費在類似那種導致嚴重壞帳問題、而在現在已經解決問題的放款實務上。這些問題的根源在於非常低的利率以及中國可以取得便宜的資本，導致供給面過剩。就像我們 1997 年以前在東南亞觀察到的情況，因廉價又充足的流動性而「受惠的人」，往往是從零售商店到基礎工業的重資產企業（asset-heavy businesses）。這在中國並沒有被忽視。政策制定者正在尋找可以控制房地產等非生產部門成長的方法，但即使在生產部門，由於中國上市公司可以取得非常便宜的資本，也面臨企業報酬惡化的情況。這在中國快速成長的汽車業很明顯，產業的供給持續超過需求，馬拉松公司的資本週期分析已經發出危險訊號。

最近與 2 家公司的會議讓我們明白這個問題的嚴重性。第一家是有機農業公司超大現代農業集團，這家公司的商業模式平衡了農民的較低薪資與相對較高的新鮮蔬菜售價。到目前看來，這家公司的表現還不錯，但受到股市定期注入現金的鼓舞，超大現代正在大力把錢花在三十年期的農地租金合約上，向地方政府支付一大筆費用。隨著中國的經銷系統變得更有效率，公司核心業務的獲利能力長期下來，可能會下降，超大現代受到地方政府的鼓勵，承諾要對重資產策略投入更多資金。結果公司毛利被更高的銷量以及，大量的資

本支出而拉低。如果資金供給枯竭或成本上升，就會大大影響事業的價值。

另一個例子是京信通信，是中國頂尖的蜂巢式網路覆蓋設備製造商，這家公司透過 IPO 為成長的業務進行融資。從表面上來看，這項業務產生的獲利足以支應公司的擴張。問題在於，京信通信的客戶並沒有按時付款，它們的客戶不是別人，正是國有控股的上市行動電話公司。根據高階經理人說法，公司其實更願意花錢從政府手中買下資產。京信通信希望藉著向特別晚還款的借款人提供更輕鬆的付款條件，來擴大市場份額，並打算用 IPO 的收入來為這樣的擴張提供資金。研發費用、行銷或經銷支出在任何的時間點，都沒有被視為爭奪市場份額的競爭武器。最終，京信通信的事業是否健康，取決於它能以多便宜的成本與多長的時間來得到新資金，藉此延長回收應收帳款的時間。

中國股票市場最近的例子讓我們想起 1990 年代末期科技泡沫高峰期的上市計劃。當時，投資人深深迷戀網際網路無庸置疑的潛力（現在則是迷中國），以至於他們為了沒有希望持續獲利、且未來在很多情況下得取決於泡沫會持續多久（畢竟他們得從股票市場募集更多資金）的古怪企業付出過高的價格。從企業的層面來看，中國的情況相當類似。由上而下的景象依然非常穩健，表示泡沫還在持續膨脹。我們的策

略是等待低廉的資本狂熱造成不可避免的後遺症，再以合理的價格買進強健、擁有特許經營權的企業。[2]

6.3　貸款賽局（2005 年 3 月）

儘管中國的經濟成長強勁，中國的股票報酬卻糟透了

中華人民共和國的工業化已經進行了 25 年，這可能是當今資本市場上大多數人職業生涯中具有決定性意義的商業事件。馬拉松公司對於進入冒險的未知世界通常不會落於人後，但我們並沒有在這個國家進行任何實質的投資。我們的客戶權益沒有因此受損，畢竟儘管這個國家的經濟快速成長，投資組合的投資人可以選擇的中國標的還是很少。根據《中國經濟季刊》（*China Economic Quarterly*）報導，1993 年投資恆生中國企業指數 1 美元，並把股息再投資，現在的價值是 35 美分。中國究竟如何運用這種糟糕的投資報酬，來達到卓越的經濟成長？

一如中國的例子，政府主導的經濟成長對亞洲投資人而言並不陌生。舉例來說，像新加坡這樣的國家，產生的現象往往是對有效資產配置的關注不夠，結果導致企業的資產報酬率低落。中國版本的亞洲經濟成長模式相當複雜。大約 600

家國有企業與省政府和地方政府合作，進行國家發展計劃：不論是單獨進行，還是相互競爭，有時甚至會與合資夥伴或透過上市的民營部門子公司合作。中國的國家資本主義模式還有兩個獨一無二的特點。首先，大部分的企業資本都是透過國內的銀行系統募集，長期以來的經驗顯示，貸款的償還是可以選擇的。債務減免讓報酬率超低的企業得以生存。再者，幾個世紀以來地方政府與省政府競爭，刺激全中國各地出現各種模仿計劃。中國有 900 家釀酒廠，有部分就是這種省級競爭的結果。實際上，在中國某些地方，啤酒比水還便宜。

政府支持的債務減免，一部份可以解釋為什麼中國股票上市的經驗如此不成功（至少對外部投資人而言是如此）。對於一個耽溺不良放款的國家來說，股權似乎是一種理想的替代機制，因為它是一種不需要償還債務的企業組織形式。然而，儘管上市公司不需要贖回股票，但它們還是必須履行資本市場的債務還款義務，未上市的國有企業可能可以不償還債務，但上市的國有企業不可能違約，假裝什麼事情都沒有發生，繼續經營下去。因此，國有企業的上市子公司在滿足債務需求與表現不佳的系統獲利能力之間陷入困境。長期下來，股東在企業中的持股逐漸減少。

如果中國的經濟成長率持續維持在 10％的紀錄可以作為依據的話，中國的總體經濟表現看起來似乎沒有什麼大問

圖表 6.1 中國投資占 GDP 的比重

中國投資占GDP的比例

資料來源：Deutsche Bank

題。但這種成長顯然是由於投入增加、而非生產力提高所致。經濟學家所說的「要素使用效率低落」正變得愈來愈嚴重，舉例來說，按照目前中國的經濟成長率，中國電力產業每年需要安裝相當於整個英國發電量的裝機容量，儘管資產報酬率在下降，但使用更多生產要素，就可以讓中國達到10％的經濟成長目標。如果中國的生產力提高，就可以用更少的資源達到同樣水準的經濟成長。舉例來說，青島啤酒公司聲稱，藉由縮短生產週期，可以將年產量提高20％以上。

超過40％的中國經濟是由投資支出所驅動（例如所有的發電廠），這個數字甚至超過1960年代韓國以投資驅動經濟時的數字。這種過度投資導致企業報酬遞減，於是毛利受到

擠壓。一個產業又一個產業由於產能過剩或價格管制，導致成本壓力無法轉嫁。房地產是其中一個例子，2004 年一項拍賣所有土地的決策，使得供過於求的問題加劇，拉高開發商土地儲備的成本。

雖然中國 A 股連續四年下跌，但是要斷定市場會轉向，還是需要勇氣。實際上，實體經濟的所有跡象都與週期末期的過剩情況一致。這幾乎就像中國公司試圖透過銷售的快速成長，來抵銷獲利緊縮的影響。讓週期結束的時間延後的政治動機很強大，尤其是在 2008 年北京奧運之後。因此，無論中國股票的投資人付出什麼代價，經濟巨頭都會繼續前進。[3]

6.4 危機四伏（2014 年 2 月）

一家中國資產管理公司的上市說明書揭露令人擔憂的風險

長期以來，我們一直對中國的銀行系統抱持懷疑的態度，從「四大」銀行不斷下滑的市值來看，這種觀點如今顯然相當常見。避開中國銀行業的投資人，似乎就是排隊買進中國信達股票的投資人，中國信達是中國主要的不良債權投資人。投資人認為，中國信達是對中國不穩定的金融體系避險的工具。然而，仔細觀察之後，這家資產管理公司只不過

是對中國過度膨脹的房地產市場以及過度投資的煤炭產業進行槓桿操作，中國信達向銀行收購資產，而銀行提供短期廉價的融資來支撐這些產業。

1990 年代末期，由於放款條件放寬，以及亞洲金融危機的外溢效應，中國金融體系背負著大量的銀行逾期放款。為了解決這個問題，政府成立了四家資產管理公司（asset management companies, AMCs），或稱「壞帳銀行」（bad banks）。中國信達就是為了管理中國建設銀行的逾期放款而成立的，是這些國有資產管理公司中第一家上市的公司。去年聖誕節前，馬拉松公司受邀參加中國信達的 IPO 說明會。地點選擇在倫敦金融城屠夫同業公會（Worshipful Company of Butchers，注：英國歷史悠久的同業公會，最早可以追溯到中世紀）的大會堂，增添一點舊世界的莊嚴感。活動以十分鐘的影片拉開序幕，低沉的男中音口白詳細介紹產業的歷史與中國信達的前景，讓人想起好萊塢賣座電影的預告片。觀眾不時還會看到員工集體擊掌歡呼的資料畫面。

兩家相互競爭的投資銀行做完罕見的合作簡報之後，地區負責人輪流強調這項投資的優點。顯然，其中最主要的是投資人有機會接觸到最吸引人的投資類型：不良資產——這暗示持有中國信達的股票，會讓投資人站在中國債務危機即將爆發的有利位置。乍看之下，這個經濟學的前景非常有

吸引力，中國信達 2012 年的股東權益報酬率是 15.8％，因為公司占據領先地位，幾乎可以保證公司還會成長：目前的市值不高，只有帳面價值的二・四倍。銀行家對中國信達和最受推崇的不良資產投資人之一橡樹資本（Oaktree Capital）進行有利的比較，橡樹資本本身也是這個 IPO 的基石投資人（cornerstone investor，注：指公開上市前先投資的知名機構投資人或企業法人）──如果你把 0.39％的持股視為「基石」的話。

事實證明，我們並不是唯一收到公司邀請的單位，還有大約五十位投資人，以及來自十八家參與承銷的眾多代表。某位服務員太過激動，有人看到她緊巴著身邊最近的投資銀行家，確保訂單可以成交；傳言說，這次登記申購量超額十倍（根據《華爾街日報》的報導，最終登記申購量超額 160 倍）。追蹤這家公司的十二位分析師中，有八位評價買進，四位評價持有，且公司得到眾多承銷商認可，訊息很明確：只有傻瓜才會錯過這次機會。

一如我們在中國經常發現的情況，中國信達的案例中，表象與實際的情況相差甚遠。從揭露的近三年數據來看，中國信達股東權益報酬率的主要驅動力似乎是槓桿操作。2012 年財報提到的股東權益報酬率是 15.8％，而相應的資產報酬率只有 3.4％（比 2010 年的 6.3％還低），也就是說，是以四・

七倍的槓桿操作（比 2010 年的四倍還高）。由於報酬取得的幅度與時機並不確定，成功的不良債券投資人往往會避開槓桿，他們通常偏好永久資本。由於自己沒有債務，不良債務的投資人可以在槓桿操作者陷入困境的艱困時期，以誘人的報酬率來配置資本。此外，不良債權的投資機會通常很大程度會內含槓桿操作。

我們可以觀察這家資產管理公司的槓桿來源，從中得到啟發。2013 年 6 月底，中國信達的資產負債表顯示的總負債金額為 2,200 億人民幣。最大與最重要的兩個項目是財政部提供的 335 億人民幣，以及來自「市場導向」的 1,040 億人民幣。很難肯定知道財政部債務的融資成本有多少，但我們計算每年大約 2.25％，「市場導向來源」的融資來自銀行同業拆款市場，換句話說，許多不良資產來自同一家銀行。這個來源的融資成本大約 4.4％，不是我們在中國遇過最低的融資利率，但遠低於目前最大型銀行報價 5.8％的基準利率。簡而言之，中國信達的融資成本被人為壓低，很可能無法持續，而且由於這家公司的高槓桿操作，任何利率正常化的措施，對獲利的影響可能都會很大。

仔細閱讀大量發送的文件，還會發現中國信達的資產帳簿中有相當扭曲的特性，包括兩個核心要素。首先是不良貸款帳簿，總計 860 億人民幣，主要包括從金融機構與非金融

機構獲得的未償還應付帳款。上市說明書有個注解提到：「截至 2013 年 6 月 30 日，我們把應收帳款的不良債務資產總額分類為（i）房地產……和（iv）建築業占 60.4％……分別占應收帳款不良資產總額的 4.5％。」換句話說，中國信達三分之二的不良債務資產來自房地產業。

中國信達的帳目中，第二大要素是持有轉債股（debt-to-equity swaps）資產高達 440 億人民幣，這些轉債股主要與經營已經出狀況的中大型國有企業權益有關。在投資組合裡二十大未上市的不良資產中，大約有三家是礦業公司，其餘則是化工和製造業公司。另一個附注顯示，礦業公司占中國信達的轉債股資產大約 61.5％。說明書接著強調：「2011 年，上述二十一家在煤炭產業的轉債股公司，我們直接持有或入股的子公司，煤炭產量合計 16 億 500 萬噸，約占全中國煤炭產量 45.6％。」

即使以合理的價格買進最糟糕的資產，也可以成為一筆巨額的投資。中國信達的許多資產都是以面額大打折的價格收購的（根據公司的說法，往往是還款金額的 20％ 至 30％）。然而，一旦考量中國信達的預估市值，這樣的折扣大部分會消失。簡而言之，如果一家公司的資產可以用帳面價值的〇‧三倍買進，而投資人以二‧四倍（中國信達的股價淨值比）買進同一家公司，產生的效果與用帳面價值的〇‧

七倍購買原始資產一樣。

我們並不是要批評中國當局試圖重整中國過度槓桿化和表現不佳的產業，中國的做法有其必要。實際上，像中國信達這種資產管理公司的成立，以及利用外部資金來源來幫助處理不良資產，代表中國鼓勵信貸系統進行資本重組，儘管重組的規模不大。明顯出錯的地方是 IPO 的行銷故事：投資中國信達是在對中國金融體系的問題下賭注，中國信達的命運與提供資金買進不良資產的銀行緊密交織在一起；畢竟，中國信貸並不是利用體制而興起，而是從體制中誕生。我們懷疑許多急著買進中國信達股票的投資人認為，他們購買的是一家廣泛多元分散的不良資產管理公司。哪天他們醒來可能會快快不悅發現，自己長期利用槓桿投資中國房地產與煤炭產業，以及日益脆弱的中國金融體系。[4]

6.5 價值陷阱（2014 年 9 月）

中國銀行的槓桿率高，在資本週期裡處於不好的位置

對新興市場的逆向投資人來說，有個產業似乎提供卓越的價值。這個族群中，四家最大的公司在 2013 年產生的股東權益報酬率平均是 20%，而且之前五年的股東權益報酬率平

均是 21％。2008 年以來，它們的獲利以 18％複合成長，去年的成長率更是驚人，增加了 12％。渴望流動性的投資人沒什麼好怕的，這些公司的總市值正超過 6,500 億美元。它們的股票不受歡迎，而且可以在市場上用大約帳面價值的價格買進。

剛提到的四家公司，就是「四大」中國銀行。一般認為，中國的金融體系已經爛透了，但縱使大家普遍這麼認為，馬拉松公司過去在銀行業上其實賺到不少錢。舉例來說，亞洲金融危機提供從廉價金融產品中賺取可觀報酬的絕佳機會。由於今日中國的銀行受世人蔑視，或許我們該思考一下，難道它們無法提供類似的賺錢機會嗎？

一言以蔽之：沒辦法。至少我們認為沒辦法。比較詳盡的答案最好分兩個部分來說明：第一部分與確認中國銀行真實的獲利能力有關，第二部分則與這些銀行在資本週期的確切位置有關。我們先從解構銀行的獲利能力開始。以其中最大的中國工商銀行為例，它的股東權益報酬率是 20.8％。這個數字來自資產報酬率 1.4％，並用槓桿操作將報酬率放大將近 15 倍。第一個問題是信用風險，也就是帳面上不良貸款的準備金是否已經有充分考量。圖 6.2 比較中國工商銀行和美國銀行（Bank of America，美國最大的銀行之一）過去十年的貸款成長和風險成本。你會注意到過去幾年，中國工商銀行的信貸成本一直處於較低的水準，在這段期間，貸款成長則

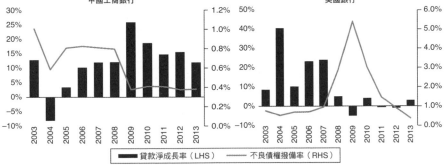

資料來源：S&P Capital IQ

一直維持在較高的水準。左圖顯示，美國銀行同樣有幾年有很低的信貸成本與很強勁的放款成長，導致雷曼兄弟危機，最終自食惡果。

　　銀行財報中的股東權益報酬率對信貸成本非常敏感。舉例來說，如果中國工商銀行的風險成本上升區區 1％，股東權益報酬率則會下降將近五分之一，從 20.6％下降至 16.8％。考量到銀行實際的獲利能力，還得讓槓桿水準回復正常。在中國商業銀行，每 1 元人民幣的股東權益要支撐將近 15 元人民幣的債務，但就如同槓桿操作會放大獲利一樣，槓桿操作也會放大虧損。新興市場銀行的平均槓桿水準大約是十倍，美國銀行的資產負債表也有相同數量的槓桿。假設信貸成本占貸款總額 1％，槓桿率是十倍，那麼中國工商銀行的股東權

益報酬率會下降到 11.3％，依我們看，這個數字似乎更接近中國工商銀行的可持續獲利能力。我們得出這個結論時，並沒有考慮對銀行資產負債表完整性的擔憂，或是中國金融體系的系統性威脅。

對中國的銀行來說，問題不僅僅是信貸成本很低以及槓桿率很高，它們似乎在資本週期中也處於不利的位置。教科書裡提到的資本週期範例是，新資本會被吸引獲利豐厚的產業，最終，資本湧入會導致產能過剩，進而損害產業的獲利能力與股東權益。這個流程在大宗商品產業最為明顯，這個產業裡的產品沒有任何差異；往往只有在週期轉折之後，也就是說，在資本開始退出的時候，才會出現真正好的投資機會。

由於信貸是一種大宗商品，對銀行來說，資本週期分析與其他大宗商品業務一樣重要。但還是有一些差異，畢竟信貸沒有物理限制，信貸的增加只受到銀行可以累積的股權數量，以及可以承擔的槓桿數量所限制。這使得管理階層更容易在週期的上升階段得意忘形，當銀行業的週期轉向，就得為過去沒辨識出來的過錯補足成本，也就是說，信貸成本飆升。產能也需要透過去槓桿來出場，以縮減資產負債表和併購的形式出現。

就中國的銀行而言，這種症狀尚未出現，意指從投資人的角度來看，它們還沒有進入資本週期的正確階段。信貸成

本一直低得驚人，而且我們雖然看到一些募集資金的舉動，但那是為了維持成長，而不是去槓桿。結果如何很難斷定。中國信貸的結局可能會像亞洲金融危機一樣，以快速（宣洩）的模式出現，也有可能像日本一樣拖很久，但必定會發生。

6.6 落後者遭殃（2015 年 5 月）

中國股市出現過度投機的各種跡象

過去一年，中國股市一直在上漲。截至 4 月底的 12 個月內，中國大陸的股票市場上漲了 120%，市場評論員似乎不願斷言中國市場已經出現泡沫。《金融時報》最近的一篇社論認為，儘管「中國股市顯然被高估……還是會繼續走高。」此話不容置疑。高盛證券表示：「在散戶瘋狂進場的情況下」，市場「肯定會出現泡沫」，但「這是一個會讓系統崩潰的泡沫嗎？答案是還沒。」總部位於香港的策略顧問公司佳富凱集團（Gavekal）警告：「猶豫不決而沒有進場的投資人很快就會面臨錯過行情的風險。」然而，有些行情可能會留下很嚴重的後遺症。

表面上來看，馬拉松公司應該會對中國股票有相當大的興趣。有些企業似乎已經達到資本週期的低點，股票的市值

顯然很合理，至少幾個月前是如此。北京已經宣布試圖解決大規模的產業過剩問題，從投資人的角度來看，這些舉動全都應該成為令人滿意的起點。然而，市值並不像看起來那麼吸引人（受到問題銀行的嚴重影響，整體市值很低）。此外，中國大規模過度投資的後遺症很嚴重，而且可能持續存在。

上證指數現在的本益比是二十一‧七倍，如果不包括銀行，本益比會上升到三十七倍。深圳指數不受銀行拖累，不過科技產業的比重更高，目前的本益比超過五十七倍。深圳交易所的四大公司中，有三家是證券公司，令人不安。

股市最近的上漲還（又）碰到另一項實質的貨幣寬鬆政策：這次稱為「抵押補充貸款」（pledged supplementary lending），這項政策從 2014 年夏天初期開始，允許金融機構在短期到中期內獲得 1 兆人民幣的流動性資金。隨著這些貨幣操作的執行，七天的附買回交易利率從去年 9 月的 5% 下降到 3%。大約同一時間，政府削減交易費用，將每人允許擁有的證券帳戶數量從一個增加到二十個（誰需要這麼多帳戶？）並放寬對融資的限制。北京似乎正故意讓這個泡沫擴大？

官方媒體也開始發表大量文章來提供明確的支持，大肆宣傳股市投資的優點。這些干預的結果隱藏在眾人的目光之下。以網路影片服務供應商北京暴風科技為例，截至 5 月中，這家公司在深圳交易所上市三十九天，其中三十六天的股價

都漲 10％到漲停板。透過複利的魔法，這檔股票在一個半月多一點的時間上漲超過 2,500％。這家營業利益只有 300 萬美元的公司，現在的市值高達 40 億美元。北京暴風科技只是今年 225 家 IPO 的其中一家公司，這些 IPO 公司有 223 家在交易首日漲停板，IPO 上市以來的平均漲幅超過 400％。

融資是券商成長最快的業務之一，今年到目前為止的融資數量成長了 80％，自 2014 年初以來則成長到五倍多。2010年，中國首次核准融資業務，並繼續提供占自由流通調整市值（free-float adjusted market capitalization）超過 8％的資金。相較之下，紐約證券交易所的融資金額大約占市值的 2％。閱讀加爾布雷斯《1929 年大崩盤》（*The Great Crash*）的讀者也許會回想起他的見解：融資金額達到市值 10％之後，就成了1929 年崩盤的關鍵要素。當代中國股市的投機份子使用的槓桿，甚至比爵士時代（Jazz Age，注：指 1920 年代和 1930 年代，當時流行爵士樂與舞蹈，期間最重要的經濟事件就是1929 年發生的經濟大蕭條）的前輩還高。法國巴黎銀行認為，上海交易所增加的交易量中，大約 20％來自融資。

多虧「滬港通與深港通」計劃，有一部分的流動性已經流入香港證券交易所，這項計劃允許中國大陸的投資人投資前英國領土上交易的中國股票。在香港上市的中國股票交易價格比內地同類股票平均折價 30％。隨著香港股市的市值上

升到跟上海一樣，多頭希望能從這種折價減少中獲利。

上海電氣是在上海和香港都有上市的大型工業公司，是當前瘋狂市場的一個好例子。在中國，這家公司的隱含市值是 410 億美元，本益比接近 100 倍，股價淨值比則超過六倍（10%的股東權益報酬率）。在香港，投資人對同一家公司預估的隱含市值是 133 億美元，本益比是三十三倍，股價淨值比是二‧三倍。與中國的價格相比，香港的價格看起來比較划算。但是在我們看來，兩種市值都不合理。

投資人似乎對香港相對便宜的股價感到很震驚，以至於他們沒有注意到公司的絕對價值。香港的市值應該上升到上海的泡沫水準，而不是上海的市值下跌到香港的水準，這樣的論點也許可以說服佳富凱集團所提到的「猶豫不決的投資人」，但無法說服我們。馬拉松公司更傾向於相信投資香港股票的全球投資人（他們偶爾也會太過興奮），而非相信投資大陸股票的投資人；投資大陸股票的投資人手上的資金受到管制，被困在中國，結果助長一次又一次的投機。[5]

第 7 章

深入了解華爾街──
投資績效的真相

「永遠不要相信銀行家。」

──邱吉爾爵士

　　馬拉松公司的資本週期分析方法會讓投資銀行家自然有所警覺。畢竟，華爾街是向股市熱點提供資金，並從可疑的金融工程中收取費用；這兩項業務一直讓我們覺得不利於長期股東的利益。

　　從困惑的買方旁觀者的角度來看，我們很清楚，千禧年一開始那幾年間，典型的華爾街銀行家對於保護客戶的利益沒有多大的興趣。反之，銀行業的遊戲已經變成全都是為了收費，而不考慮後果。馬拉松公司之前出版的《資本帳戶》就有一整章專門探討投資銀行的噱頭。[1]

　　早在 2000 年 9 月，馬拉松公司就寫信給客戶，預測「下一輪的過剩情況會比上一輪更糟。當大型投資銀行因為太大、關係太好而不能倒，結果卻不會因為它們的貪婪與犯錯

圖 7.1　切恩眼中的世界

「因此，雖然世界末日充滿難以想像的恐怖場景，但我們相信，
末日來臨前那段期間，會充滿前所未有的獲利機會。」

資料來源：New Yorker

而受到懲罰時，它們挑戰這個系統就只是時間的問題。」不幸
的是，八年後雷曼兄弟倒閉，這些不祥的預感就成為現實。

　　為了讓我們的客戶了解投資銀行家帶來的危險，我們決
定每年快到聖誕節時寫一篇嘲諷文章，圍繞著虛擬的投資銀
行古里斯賓與銀行執行長史丹利・切恩。這個做法從 2002 年
12 月開始，文章內容與一個虛構的科技公司和「舊經濟」企
業通用巧克力公司（General Chocolate，注：應該是暗指通用
汽車〔General Motors〕）的糟糕合併案有關。文章發表在

《資本帳戶》上。以下的文章描繪自那時以來，狂熱切恩的職業生涯發展。

7.1 一份投訴（2003 年 12 月）

對促銷型企業管理階層的諷刺

馬拉松公司偶爾會收到在投資過程中採訪的經理人寄來的投訴信件，最近我們收到了通用巧克力公司（之前簡稱為動能科技公司〔Momentum Technologies〕）執行長的來信：

親愛的馬拉松公司合夥人：

我寫這封信，是為了表達我們團隊最近在馬拉松公司與分析師開會時的失望之情。貴公司在宣傳手冊上聲稱「馬拉松公司是一家獨立投資公司，具有高度專業、創新與天賦」。然而，會後留給我們的印象並沒有反映出這些特質。

本次會議是由古里斯賓合夥人（Greedspin Partners）安排的一系列會議之一，屬於我們「非交易」說明會的一部份。經歷前任管理階層在 1990 年代末期收購成長階段後的艱困經營，我們重新推出通用巧克力公司。隨信附上一份詳細的簡報，介紹我們最新的戰略：「我們已經起飛」（We have Lift-Off），是我們的戰略顧問麥克塔維許（McTavish）努力工作

的成果。本著「每個中國人都要有巧克力片」的概念策略，我們對此感到相當滿意。

投影片的介紹很複雜，事實上，我花了很多時間才抓住所有重點，此外，還得詳細了解某些技術上的術語。那天我們碰到的大多數分析師都煞費苦心，完整熟悉了我們全新的公司語言。因此，當貴公司的分析師在會議期間堅持採取完全不同的路線時，可以想見我有多麼沮喪。

首先，貴團隊質疑我們應該要成長的想法。正如您們可以想像到的情況，這讓我們團隊非常洩氣。成長本身是好的，不用說應該都很清楚，然而貴公司的分析師似乎建議我們縮減經營，只保留可帶來獲利的核心業務，而且要藉由買回庫藏股來讓股東權益報酬率達到最大。這根本是胡說八道，我舉幾個理由來說明。

我們主要的法人股東（我們透過投資銀行古里斯賓收到回饋意見）希望我們擴大業務。他們有可觀的資金可以投資，對市值低於 100 億美元的企業不感興趣。這些認真的投資人與貴公司的不同之處在於，他們除了有財力購買我們發行的股票、提供資金資助我們的併購活動之外，還有很多分析師思考我們成長戰略的優點。

按照貴公司的建議縮減業務，代表管理階層沒有想像力。我們在古里斯賓的銀行家目前有很多併購的構想，但從

未建議縮小規模。如果我們要實現職涯目標，成長不可或缺。愈大的公司愈能獎勵頂尖的人才，我們得進入一個公平的競爭環境，買回庫藏股會減少股票的流動性，使投資人更難做好工作。

貴公司當然可以那樣看。現在每個月有10％的通用巧克力公司股票在交易，我們對此非常自豪；然而，我們還是認為，這個數字還可以藉由改進新聞曝光率來提高。目前我們正在考慮為股東提供全新的「及時業績指引」（instant guidance）服務，可可價格每變動1個百分點，就會自動發送消息出去。

就算在成本控制這個沒有爭議的領域，我們兩方的意見也不相同。貴公司建議我們應該增加行銷和研究等領域的成本，但這樣的行動會對當季每股盈餘產生負面的影響，幾乎是我們無法對法人股東提出的做法。雖然我們的年報封面確實聲明員工是「我們最重要的資產」，但我們必須將這一點與提高生產力的裁員計劃之間做出權衡。裁員計劃專門針對不確定與離產生報酬很遙遠、沒有直接跟顧客打交道、無法衡量的前期費用。這種以成本為中心的策略可以改善知名度，並立即增加每股盈餘。

很快就會清楚知道，貴公司對甜食產業的了解有限，與我們當天早些時候與龍蝦籠資產管理公司（Lobster Pot Asset

Management）的會議形成鮮明的對比，該公司的分析師完全沉浸在巧克力產業中。他們堅持把通用巧克力公司放在兩家全球性同業公司的背景下，並詳盡檢查所有可比較的指標。我們對新的 C-WONK 巧克力攪拌技術的討論特別有成果。這樣的專業完全符合新通用巧克力公司的股東議程：動能科技的干擾已經過去，為已成定局的事情後悔並沒有用。

　　相較之下，貴公司的分析師堅持追問我們最大的股東杜棒企業（Duo-Pump Enterprises，注：這裡應該是影射美國化工大廠杜邦公司〔DuPont〕）一些荒謬又無關緊要的問題，就像您知道的那樣，杜棒公司的領導人是我們的前任執行長（老）培卡維先生（Mr. Peccavi，譯注：peccavi 的原意是認罪）。貴公司的同仁質疑 20％的經濟利益與 51％的「加乘」投票權結合的有效性，他們似乎忽略了我們從杜棒公司得到的好處。畢竟無論景氣好不好，杜棒公司都可以照顧這家公司。

　　我可以告訴您，今年早些時候，伊拉克衝突期間，當我們的主要法人股東知道，杜棒公司準備好在股價下跌時買進股票，之後再賣出時，他們鬆了一大口氣。至於支付給我們前執行長的競業條款費用，則是業界的標準實務，這個金額與我們的營收相比簡直微不足道。他們當然不值得貴公司的分析師提出這類八卦又咄咄逼人的問題。

　　接著，話題轉到我個人的激勵措施。首先我要說，我覺得

必須在同事面前討論這些議題十分尷尬。其次，我可以保證，我的股票選擇權設定價格的時間，與我們的年度資產歸零減記（Year Zero asset write down，也就是麥克塔維許所謂的「經營面的所有壞消息」〔Operation Kitchen Sink〕）沒有任何關係。此外，選擇權的執行價格設定為當時的市價，根據有效市場理論，這個價格反映公司當時的實質價值。

我們認為，這些問題遠遠超出做投資決策所需的合理資訊範圍。讓我們更加沮喪的是，會議結束，貴公司分析師提出了荒謬的見解，認為培卡維家族會影響通用巧克力公司的經營。諸如此類的言論我們不僅無法接受，而且非常不恰當。除了家族成員以外，董事會的成員還包括一些傑出人物，像是擁有軍事與外交紀錄表現的曼紐爾・塔皮奧卡將軍（General Manuel Tapioca），還有我父親的第二任妻子，她在時尚服裝產業擁有豐富經驗。

我從與我們往來的銀行家（他們聘雇數百位分析師）那裡得知，分析師主要的工作是了解產業的成長前景，以便準確預測接下來幾個月的盈餘數字。我們已經做好充分準備，可以按照這樣的思路與貴公司的團隊溝通。

最後，多年來我已經發現，對我們主要的美國股東而言，在下午4點結束會議比較方便。我知道基金經理人得在當天很晚的時間回到辦公桌進行交易，因為有截止時間，我

們已經訂好公務飛機起飛的時間，以便在下午 4 點結束與世界各地所有投資人的會議。

因此，在那個時間之後，要回答公司治理狂熱者對於我們大股東所有權結構細節這種不重要的問題，實在非常不恰當。我們相信這種情況應該不會再發生。

謹啟

通用巧克力公司執行長

賈維斯・培卡維（Gervais Peccavi）

副本：史丹利・切恩，古里斯賓合夥人，銷售主管

7.2　私人派對（2005 年 12 月）

馬拉松公司虛構的銀行家史丹利・切恩對私募股權界的收費前景感到很興奮

備忘錄收件者：後照鏡資本通用合夥人公司（RearView Capital General Partners）

寄件人：史丹利・切恩，資深執行長

日期：2005 年 12 月 12 日

主旨：未來一年

出色的一年又要結束了（這是我從古里斯賓調任後首度擔

任執行長），我想藉這個機會與團隊分享我對未來一年的看法。我想表達的訊息很簡單：我們必須迅速採取行動，抓住私募股權產業千載難逢的收費機會，我認為，這個機會甚至比我以前投資銀行領域裡的機會還要大。如此樂觀的理由很簡單：

- 銀行業真的很熱門。我們得到資金，並以特殊條件進行交易。看看我們在快樂鬆餅公司（Merry Muffin）上得到的成果。當我們的銀行家說 EBITDA 九倍的時候，我以為他們是在講整個交易的槓桿倍數，而不是借錢給我們的金額！與我們主要往來的銀行談過後，它們顯然不再從事真正的信貸業務，雷加爾銀行（Regal Bank）的諾曼・伯德香克斯（Norman Broadshanks）這些日子談的全都是聯貸與預付款費用。只要他能把債務炸彈傳給下一個人，他非常樂意盡可能放款，藉此達成成長目標。的確，這些日子以來，伯德香克斯等人不僅給我們資金，還提供我們併購的案件。請記住，2005 年歐洲對融資併購的放款已經增加了一倍，但這並不代表著不會再增加一倍。

- 我們的客戶被我們過去的績效吸引，愈來愈渴望跟我們一起投資。試想一下，我們的產業今年在全球募集到 2,500

億美元的資金，資金如海嘯般湧入，代表我們有更多的資金可以操作，也可以進行更大的併購交易，四處收取更多費用。我們甚至不必再擔心退出公開市場或找到小氣的交易買家。將併購融資的資金用來讓併購融資的資金成長，我們可以利用連鎖的經濟反應來進一步深化優勢。我們也可以回到伯德香克斯那裡進行槓桿資本重組（leveraged recaps）或反向彈性貸款（reverse flexes，注：在聯貸過程中，當貸款被超額認購時，同意放款人修改貸款條件，使貸款變得對借款人比較有利的情況）。因此，讓我們全力投資後照鏡 VI 基金（RearView VI）剩餘的金額，並加速為後照鏡 VII 超級規模基金（RearView VII SuperSize）募集資金。

- 基金管理產業仍然沒有「搞懂」。大多數人並不了解新的槓桿模式，他們仍使用過去遺留下來荒謬的資金成本指標與債務結構。難道他們不明白必須做些什麼來提高每股盈餘嗎？只要增加債務就行了！而且買方市場的傻子把價值與價格搞混了，以至於當我們一說「溢價 20％」，他們就高喊「成交！」。時機已經成熟，可以輕鬆賺他們的錢了。

- 管理階層可能看到自己的利益所在，實際的錢在私部門這

邊，他們受夠公部門所有討人厭的監理機制。我們只要邀請他們加入，並重新提供激勵措施就行了。掌控長字輩的人後，我們就可以獲得併購交易前令人失望的盈餘數字，以及需要的所有董事會建議。委託人與代理人的利益衝突並不是我們的問題，而是我們的解決方案。

● 超級規模基金的收費商機規模實在很吸引人，想一想，維提哥合夥人公司（Vertigo Partners，注：Vertigo 的原意為暈眩）為最新的基金募集了 100 億美元，每年 1.5％的管理費，可以賺到 1 億 5,000 萬美元，六年的生命週期累計的價值是 9 億美元，主要由 12 位合夥人共享。每個人幾乎都成為億萬富翁。有了這種安全保證，就可以在併購交易中即興發揮！而且那真的只是一檔基金……

當然，這個籌資窗口有可能會在幾年之內關閉，想想看：

● 在某個時刻，與我們一起投資的法人可能會意識到，我們正在承接它們已經擁有的業務（而且它們只向做多的基金經理人支付大約 50 基點的管理費）、引進槓桿（管理階層可能不需要我們幫助就可以做到的事情），以及將股票轉移到高收費模式（每年 1.5％，加上 20％的附帶利益）。收

購債務，然後透過伯德香克斯先生回收交給它們，因此我們的投資人最終會收到原來有的東西，扣掉各種費用的支出。確實，這是歷史上從委託人到代理人最大的財富移轉之一。

- 我們利用利息費用可以免稅的實務。稅務人員可能會意識到，他們少收到錢的原因之一是我們正在玩槓桿遊戲。在英國，私募股權公司雇用高達 20％的私部門勞動力，因此我們可能會吸引到不受歡迎的關注。

- 那些討厭的退休基金監理機關正在監視我們。它們擔心一些收購海盜會透過馬克士威（Maxwell）的電磁波掠奪退休基金。接下來，它們會要求個人擔保！

- 避險基金界闖入了我們的派對，此外，企業買家在惹了很長一段時間的麻煩後，又開始活躍起來。

- 輕鬆賺錢的時代總有一天會結束，如果總體經濟方面很糟糕，就得收手保護自己。

我們現在需要採取的行動有：

- 趕快投資後照鏡 VI 基金。

- 不要花太多時間去擔心資金會不會賺錢變現。

- 至少花一半的時間行銷後照鏡 VII 超級規模基金。

- 與投資銀行的朋友拉近距離。不久前,我們會讓他們招待我
  們。現在我們應該要招待他們。我們不能錯過交易流程。我
  們必須出席所有大型拍賣會。忘記可憐的老巴菲特拍賣規則
  (「不要去!」)。拍賣是我們的業務,「採取行動!」

- 關於投資銀行,有一段時間我擔心會有利益衝突,因為它
  們試著借錢給我們,同時又提供我們建議。呸!古里斯賓
  想要在併購交易中加入融資條件,我們能拒絕嗎?我們還
  應該對銀行家的三合一服務(顧問服務、融資與共同投資)
  保持開放的態度。對於一般的顧問,我們可以與許多中介
  機構與專業公司分享成功的成果,有足夠的肉汁可以享用。

- 開始認真思考我們可以在哪裡投資後照鏡 VI 基金與 VIII
  基金。只要我們可以說服管理階層合作,大型企業集團就
  是箭靶。儘管在美國,S&P 500 指數成分股中只有不到

20％的公司從事兩種以上的業務，但在歐洲，這個數字遠遠超過一半。如果我們可以在企業集團的投標中與同業合作，那就太好了，畢竟這麼一來，我們就可以減少討厭的投標戰。

雇用更多過時的政治人物，你永遠不知道他們什麼時候派得上用場！

所以訊息很簡單，夥伴們，行動吧，商機從沒有像現在這麼好過！

S.H.C.

12.12.05

f:/rearview/confidential/fees/outlook/2006

7.3 聖誕快樂（2008 年 12 月）

史丹利‧切恩想像，雷曼兄弟破產之後，華爾街會有個獲利豐碩的未來

沙萊‧蓋爾德切恩（Chalet Geldchurn）

堡壘街 1 號（Fortresstrasse 1）

楚格（Zug）

瑞士

2008 年 12 月 11 日

亨利・鮑爾森（Henry M. Paulson Jr.）

美國

財政部

西北區賓州大道 1500 號（1500 Pennsylvania Avenue）

華盛頓特區 20220

美國

私人＆機密信件

親愛的漢克：

　　我知道我每年都這麼說，但是，夥伴，這一年真的太精彩了吧！

　　當然，還有很多事情要擔心，但先來回顧你已經取得的成就。依我看，你擔任財政部長的任期是絕對的勝利。幾年前，我問你為什麼願意接受 2 萬 5,000 美元的低薪而離開高盛的時候，沒人猜得到你會做出一個有利可圖的職涯決定。2006 年，你必須出售價值 5 億美元的免稅高盛股票，真可惜對吧？你一定省下了 1 億美元的稅，而且還在景氣好的時候

離開高盛，等於多賺了 2 億 5,000 萬美元。真棒！

我希望我在古里斯賓剩下的部位也有相同的遠見，這個部位已經被討厭的空頭搞得價值所剩無幾。一流的大型券商負責人麥晉桁（John Mack，注：摩根士丹利前任執行長）指責這些蝗蟲「在市場上不負責任的行為」，他並沒有說錯。

看看你在重新塑造投資銀行產業方面做到的事情。好吧，如果可以讓摩根士丹利跟著雷曼兄弟讓一切心血付諸流水就好了，但這會暴露出不良資產救助計劃（Troubled Asset Relief Program, TARP，注：美國在金融危機期間提出的金融業紓困計劃）其實是高盛救助計劃（Goldman Relief Program），因此（可能）不會這樣做。順道一提，看著雷曼兄弟的那些傢伙除了拿著自己的棕色紙箱，和一綑毫無價值的實體股票之外，什麼都沒有，不覺得很開心嗎？

但是想想投資銀行 2.0 的世界是什麼樣子。高盛和古里斯賓會分到大部分的利益，而且我知道收費的前景。拉攏奧瑪哈老聖人（注：指巴菲特在金融海嘯期間投資高盛）剛好帶來受人尊敬的光環，使我們能夠在全新的影子銀行時代推出各種「創新」的金融產品。還記得桑福德・威爾（Sandy Weill，注：花旗集團前執行長）的規則嗎？在我們的業務中，你只要每十年改一次產品的名字就行了。

對我來說，這是豐收的一年。我決定搬到杜拜，而且堅持

成立主權財富顧問合夥公司（Sovereign Wealth Advisory Partners），沒有什麼比今年更適合的時機了。我們從這些人在美國金融界 800 億美元左右的投資中，收取一定比例的費用，在我的職業生涯中，從來就沒有賺過這麼多錢，而且客戶還這麼快就損失這麼多錢。

當然，這會招來風險，我在卓美亞塔（Al Jumoolah Tower，注：影射杜拜卓美亞帆船飯店）上緊張了起來，而且一直有戴著墨鏡的壯漢在快速電梯裡跟著我。還有之前虧錢的問題，考量到已經發生的事情，這些傢伙對美國跟 A 有關的東西（注：指評等 A 以上的債券）都失去信心，而且對掏出錢來非常謹慎。考慮到「建在沙灘上」的建築泡沫即將破滅，地面上的情況看起來也不太好。

因此，杜拜的收費事業前景看起來並不樂觀。是時候繼續推進了，這就是為什麼我現在住在盛產咕咕鐘的土地上（注：指瑞士），不是有人說過「所有在金融業成功的職業生涯最後都會在瑞士」嗎？

不僅主權財富基金的人在找我，把錢投資在我們超級規模私募股權工具（後照鏡 VI 和 VII 基金）來追逐報酬的人也抱怨，他們在 2006 年和 2007 年的併購交易中受到重創。但我還是繼續收取管理費，我甚至在寫信說明上個月 ByteBack 半導體（ByteBack Semiconductor）最新一輪融資價值的大幅縮

水時，也覺得有點緊張。不過還是有一線希望。我們的客戶唯一可以募集資金的地方是公開股票市場，因此他們身為被迫賣出股票的人，會及時壓低股票價格，以便讓後照鏡 VIII 在市場底部承接一些有利可圖的交易，這串行動一個接著一個，夠絕！

我極力試著避免接觸的另一大群人是參與後照鏡資本（RearView Capital）IPO 的投資人。沒錯，股價表現與黑石、KKR 和阿波羅的股票表現一樣，但是請試著把這件事告訴中國投資管理局（Chinese Investment Authority，注：這裡影射中國投資有限責任公司）。IPO 時我曾說過，我們正進入私募股權的黃金時代，我應該說得更具體一點：唯一擁有鍍金未來的是我們的私募股權管理費。我的天啊，連我們沒有管理的錢我們都收管理費。

和每年這個時候一樣，我轉而思考我們要去哪兒找到下一個可以收費的大騙局。根據對我們雙方一直都很有效的「跟著錢走」原則，時機已經成熟到可以從口袋中扒到錢的明顯候選人，肯定是親愛的老山姆大叔（注：指美國）。隨著全新的「拯救世界」制度和巨額支出計劃推出，以及聯準會像沒有（通貨膨脹的）明天一樣的印鈔，對於我們這種創造收費的人來說，似乎是個理想的機會。

我們只要把資本主義那隻看不見的手牢牢地塞進最大的口

袋裡，就可以做得很好了。我們重新啟動後照鏡基礎建設合夥公司（RearView Infrastructure Partners），並期望為「橫貫美國公路」（Roads-Across-America）、「無處不在的橋梁」（Bridges-Everywhere）與「為嬰兒提供寬頻」（Broadband-for-Babies）等計劃募集資金。

這讓我想到你的未來。我現在想不出誰的工作前景比你更好。自從鮑伯‧魯賓（Bob Rubin，注：前高盛執行長、曾任美國財政部長）帶著來自花旗的一筆甜美的併購交易回到私部門（他並沒有錯過非股權薪酬方案〔non-equity compensation plan〕的機會）以來，還沒有人占過這麼有利的位置。除了在其中一家大型銀行擔任高薪職務，我非常希望你可以考慮擔任我們後照鏡基金（RearView Funds）的顧問委員，以及史丹利與達芙妮‧切恩基金會（Stanley and Daphne Churn Foundation）受託人的工作。請放心，資金很充足。我和達芙妮歡迎你帶家人 2 月來這裡度過滑雪季，在那之前，請仔細考慮。

永遠的好友，永不放棄！

史丹利‧切恩

名譽執行長

古里斯賓合夥人，後照鏡資本公司

7.4 古里斯賓前老闆逃離中國（2010 年 12 月）

史丹利‧切恩對中國經濟的私下看法被揭露

（GIR 即時新聞）備受爭議的前古里斯賓銀行家史丹利‧切恩，在成立投資銀行切恩－胡國際公司（Churn–Woo International，總部位於香港）一年後逃離中國。在這之前，切恩先生私下曾對中國投資前景抱持懷疑態度，與公司發出的樂觀看法形成鮮明對比——實在令人十分尷尬。切恩先生的友人表示，他曾談到要「撤退」到東京，最近也在東京進行大量的個人投資。然而，他的確切行蹤依舊成謎，有位同事還提到，很擔心他的人身安全。

最近幾週，維基解密網站公布切恩先生與美國駐華大使之間坦誠的對話紀錄後，關於切恩－胡國際公司未來的猜測就愈來愈多。這些評論由華盛頓駐華大使羅尼‧費克斯（Ronnie Fix）記錄，他也是前古里斯賓銀行家與切恩先生的朋友。在北京君悅飯店 3 小時的私人午餐即將結束之際，切恩先生把中國經濟描述成「高速發展的杜拜」。他說他想「用我的放空來獵殺多頭」，因為他預計中國經濟「遲早會爆掉」。

在給國務院的電報中，費克斯先生這樣寫道：「他認為主管機關無法控制通貨膨脹，而且『閒置』的房地產市場就像愛爾蘭一樣，是個龐式騙局。」有一次，切恩先生警告：「一

場通膨海嘯即將席捲整個地區，我能看到唯一的贏家是乾渴的日本銀行，其他人都會被淹沒。」「投資水準占 GDP 超過 50％是很荒謬的⋯⋯美國人無法忍受中國有更多出口，而且來自農田、一直壓低工資的奴隸勞工正在枯竭。唯一具有成長潛力的出口是通貨膨脹。」

切恩先生還吹噓說，他有很棒的管道可以接觸到資深政府官員，因為「我們賄賂所有人」，而且北京的政府官員「毫無頭緒，轉而尋求我們的建議」。有一次，他半開玩笑說，他的顧問身分讓他有機會得到第一任孔夫子和平獎（Confucius Peace Prize），同一次談話的尾聲，這位億萬富翁銀行家表示，他預期放空中國股票可以賺到比以往任何投資構想更多的錢。他描述自己如何特別熱衷在那斯達克式的中國創業板上放空股票，在中國創業板，新上市公司的資深經理人在閉鎖期結束之際，會紛紛拋售股票。

考量到切恩先生最近給投資人的信中就中國的有利前景發表評論，這些言論令他非常尷尬。在一份標題為〈毋須恐慌〉的報告中，切恩先生寫到，中國的通貨膨脹是「由於食品供給瓶頸導致的暫時性問題」。房地產市場「只是少數幾個城市的問題，而且有關當局正在處理」。他描述超過八十倍本益比的中國創業板「價格多一倍還是非常便宜」。

電報洩露的內容也引發大家質疑古里斯賓在中國的角

色。在某個階段，切恩先生說，他「預期可以透過銷售古里斯賓資產負債表外的現成資產收取費用」，來幫助中國銀行發展自己的影子銀行系統。

自維基解密的報導公開以來，切恩－胡國際公司的同夥紛紛因叛國罪而被捕。中國政府官員表示，切恩先生的評論「毫無幫助」，而且他「並不了解中國」。切恩先生已經獲邀參加位於北京的國營中國再學習中心（China Relearning Centre）諾貝爾得獎廳舉辦的活動。

2010 年 1 月，切 恩 － 胡 巨 龍 成 長 基 金（Churn–Woo Dragon Growth fund）在上海展覽中心舉行的盛大晚宴上隆重推出。獲葛萊美獎提名的女子樂團 a la Mode 提供晚宴後的餘興節目。當時的評論員注意到基金異常高的收費結構，這檔基金於 2009 年上證綜合指數上漲 80％之後推出，2010 年，這個指數下跌了 13％。

多位經濟評論員公開質疑中國的成長模式。倫巴底街研究公司（Lombard Street Research）指出，建築數據顯示，與前一年相比，2010 年 9 月的開工率成長了 80％，同期的銷售金額則在下降。摩根大通估計，如果把出售給信託公司的 2 兆人民幣資產負債表債務計入，貸款成長率會持續超過 30％。滙豐銀行強調，中國住宅存量相對於中國 GDP 極端高的水準，可媲美日本和愛爾蘭房地產市場泡沫。

切恩先生一直以來就是位爭議人物。2003 年，他在通用巧克力公司的槓桿收購期間提供了誤導性的建議，被一位昔日校友起訴。他在杜拜的逮捕令尚未執行，信貸緊縮的初期，他曾在杜拜為多家主權財富基金提供投資美國銀行的建議。最近，他因為把有錢人的稅收增加與希特勒入侵法國相提並論，而被迫道歉。

我們無法取得切恩先生的看法。友人表示，他之所以會做出離開中國的決定，是打算留在香港的妻子要求的。

7.5 占領德國聯邦議院（2011 年 12 月）

回到古里斯賓，我們無法抑制銀行家充滿創造各種收費的構想

史丹利 · 切恩先生

銀行業整體新情勢

在古里斯賓合夥人會議上的談話

開曼群島，2011 年 12 月 13 日

我離開古里斯賓，到金融服務產業的其他地方發展職業生涯，至今已經七個年頭了。能夠回到這裡擔任董事長與執行長的特別顧問，我無法用言語表達我有多開心，特別是最近

經歷了與切恩－胡國際公司的不愉快之後。雖然離開了那間公司，但我可以毫不誇張地說，我們已經見證投資銀行產業最好與最糟的時代。如今，不僅古里斯賓的前景堪憂，資本主義的未來也黯淡無光。然而，如果華爾街有什麼事情是確定的、如果歷史教會我們一些事，那就是挑戰代表全新的收費商機。

不過，首先我們必須正視這個挑戰。我們的投資銀行業務正受到前所未有的衝擊。有階級戰爭稅、報復性監理活動（從約翰・維克斯〔John Vickers，注：當時英國銀行業獨立委員會主席〕到保羅・伏克爾〔Paul Volcker，注：前聯準會主席〕）、對不當銷售的罰款，以及缺乏併購案件。歐洲的政治人物甚至想課徵金融交易稅。

高盛上一季才剛出現虧損（上市以來第二次）。喬恩・科辛（Jon Corzine，注：前高盛執行長，2011 年領導的美國期貨經紀巨擘全球曼氏〔MF Global Holdings〕因為持有過多歐洲主權債券的金融衍生商品擔保而破產）因為失去身價數億的客戶而陷入困境，內部人交易的詆毀甚至撼動了受人敬愛的老奧瑪哈智者。

不過最糟糕的是，日耳曼式的虐待狂貨幣主義（sado-monetarist）正占據上風，威脅說要結束寬鬆貨幣的環境。我想不必我提醒，整個商業模式都是建立在引發泡沫的公共政

策行動基礎之上，我們必須竭盡全力確保一切照舊。我甚至聽到「直升機班‧柏南克」（Ben Bernanke，注：當時的聯準會主席）最近說：「貨幣政策不是萬靈丹。」喔，好懷念艾倫‧葛林斯潘（Alen Greenspan，注：前美國聯準會主席）「在泡沫破滅之前無法發現泡沫」那些平靜的日子，以及戈登‧布朗（Gordon Brown，注：前英國首相）「不只是輕度監理，還是有限度監理的」監理制度啊！

為了制止這種情況，我們需要多方面進行反擊。

主權顧問小組（Sovereign Advisory Group, SAG）

在德國人沒有任何額外紓困資金的情況下，我們的歐洲衝突解決團隊勢必得更有創意。我們的美國房貸專家目前正在為歐洲金融穩定基金（EFSF）開發一系列極其繁複、量身訂做的槓桿架構。此外，我們正在開發全新的語言結構；每個人都會同意這些語言結構，因為沒有人知道那是什麼意思。想出「總體審慎監理」的人真是個天才，「經濟治理」也不錯，德國人認為這是一把棍子，用來打擊財務不穩的公司，法國人則認為這是國家對產業的干預。有位美國律師就所謂的「不完全理論化的協議」（incompletely theorized agreements）做了一些非常有趣的研究，聽起來就像是我們需要的那種「更歐洲化」的政策敷衍。

由於最後都需要實際的錢，我們得說服德國的政治人物，支持「罪人」的成本比解體的成本還低。我們可以讓德國的企業客戶去遊說政治人物，讓德國馬克回歸，就等於是讓出口減少；這方面占領聯邦議會運作團隊（Operation Occupy Bundestag team）已經做了一些很好的研究。緊縮政策對德國政治人物擁有度假別墅的社區產生的影響，以及在最壞情況下的犯罪率預測，這些研究看起來都不錯。在堅持基於規則的財政程序與法令的地方，我們的法國團隊頗具前瞻性，提出了「選擇性排除的應對措施」。

我們會大力加強在「皮褲」債券（Lederhosen bonds，注：Lederhosen 是傳統阿爾卑斯山地區穿的皮褲，這裡指德國的紓困基金）問題上對歐洲央行施加影響力，因為有一個高盛人正掌管歐洲央行，且六名高階董事會成員中，有五位來自未來要仰賴這個方案的國家。我們櫃買交易（OTC）的資產負債表外會計 TM 計劃，在影子銀行時代發揮絕佳作用，現在可以用來進行重組，把財政赤字排除在帳簿之外。或許我們應該從高盛挖腳，多年前，高盛在縮減希臘債務一事上創造了奇蹟，而在歐元蟑螂屋（roach motel，注：指希臘為了進入歐盟，藉由與高盛交易來隱藏實際的債務水準。蟑螂屋的本意指很容易進去、但很難離開的計劃）搶占一席之地。對於這些有罪的國家，我們的 GIPSI（注：指希臘、義大利、葡

萄牙、西班牙、愛爾蘭）民營化團隊有個很好的機會（注意：PIIGS 歐豬五國不再被認為是客戶友好的首字母縮寫字，我們的法遵團隊會持續觀察，避免任何聰明過頭的分析師試圖衝破這個禁令）。

　　與此同時，我們必須密切關注，並保持各個部門之間傳統的即時資訊流通，以便歐元區在開始崩解時占據領先地位。我們可能需要歐元區中央銀行聘雇像拉傑‧拉賈拉特南（Raj Rajaratnam，注：避險基金帆船集團的創辦人）式間諜的「專家網絡」。一旦我們的「沉睡者」醒來，最近對奈秒內部網路通訊系統（nanosecond intranet communications systems）的投資應該會得到豐厚的報酬。假如歐元區真的崩解，那麼我們希望混亂程度達到最大。請放心，古里斯賓在交易上永遠會站在正確的那邊。

金融機構小組（Financial Institutions Group, FIG）

　　在金融機構小組，我們最大的挑戰是進行高收費的募資計劃，並大力遊說反對瘋狂銀行資產負債表（madness of bank balance sheet, RWA）緊縮計劃。我們潛入歐洲銀行管理局（European Banking Authority, EBA）的努力顯然沒什麼效果。我們需要古里斯賓的前同事時，他們人在哪？順道一提，今年銀行業的切恩普林斯笨蛋獎（Chuck Prince Booby Prize）一

定會頒給這些白痴。

他們不僅進行壓力測試，評給德克夏銀行（Dexia，注：比利時的銀行）最高分，還在設定新的資本適足率目標時，無法在不良資產救助計劃的額度上引進強制性資本。如果隨之而來「縮減成果乾的」銀行資產負債表管理方法持續下去，那麼歐洲就會陷入困境。公關方面，我們可以強調，隨著我們「成為更好、更有成效的企業公民」，我們可以怎麼「支持我們的銀行」。

基礎建設金融小組（Infrastructure Finance Group, IFG）

我一直對基礎建設支出很感興趣。「投資我們的未來」以及「成長計劃」等主題具有正面的公關外溢效應，同時可以產生很多收費的選項，尤其如果退休基金在這個領域變成強制性參與的話，更是如此。反覆使用「關鍵員工」和「第一線服務」等術語特別受目前政治人物的歡迎。對於「為嬰兒提供寬頻」私人融資計劃和隨後的國家稽核（National Audit）調查所指責的資本配置不當，不應該讓我們分心忽視手中的任務。

企業活動團隊（Corporate events team）

我們需要一些國家的領導階層出現改變，來發展歐盟峰會

後的政黨規劃戰略。意識到我們企業活動團隊的工作帶來網絡優勢的同時，DSK（注：指前 IMF 總裁多明尼克‧史特勞斯－卡恩〔Dominique Strauss–Kahn〕，他因為在紐約涉嫌強姦女服務生而被捕）式的派對罰款，和義大利性交派對（注：影射義大利前總理西爾維奧‧貝魯斯柯尼〔Silvio Berlusconi〕經常參加性交派對）的晚會，不太適合現在掌權的那些沒那麼熱血的技術官僚領導人。安格拉‧梅克爾（Angela Merkel，注：當時的德國總理）是不會同意舉辦這些活動的。

公關部門

公司提供的新服務令我印象特別深刻。至於我們自己的形象，儘管與之前的指令完全相反，但在接到進一步通知之前，「懺悔與道歉期」的計劃還是會持續。考量到帶有敵意的稅制、監理與政治環境，透過各種標籤，包括「公共」、「信任」、「關鍵」、「基礎建設」、「健康」和「教育」等，相關的單獨或隨機組合的投資工具，來壓低集團的獲利是很合理的做法。

最後，就我個人而言，我想回應中國金融監理機關對切恩－胡國際公司客戶基金消失的詆毀指控。我可以清楚明瞭地指出，我從未發出盜用客戶基金的指示，我也從未打算讓任何人授權去盜用客戶的資金。我希望這樣已經說得夠明白。

祝大家佳節愉快，新年快樂。

7.6 節慶賀詞（2012 年 12 月）

現任古里斯賓負責人史丹利・切恩在「公民銀行家」時代有點不高興

寄件人：史丹利・切恩 [sc@greedspin.net]

寄送時間：2012 年 12 月 12 日上午 11:09 CET

收件人：漢克・鮑爾森

主旨：節慶賀詞

夾檔：古里斯賓 2012 年年報初稿

　　傻瓜切恩，真的是大傻瓜！我當時以為，在中國基金的慘敗之後，重返古里斯賓可以彌補退休金庫。就像我們年輕時的黃金時代一樣。然而虛弱的對手被淘汰、短暫的歡樂時光過後，另一個艱困時期又開始了。儘管並不是現在。我們的成績單上只留下有毒的東西：操縱 LIBOR、洗錢、不當銷售保險、「未授權」的交易損失……過去這些行為就算不是一場遊戲，也是遊戲的一部分；但如今，在監管我們那些道貌岸然的假正經眼中，這些行為相當恐怖。

　　沒錯，這些警察跟當時犯下「罪行」時的警察是同一群

人。當他們準備把一半的產業國有化時，發現 LIBOR 報價是假的，一定會非常震驚。

費克斯一跌跤，我馬上再度抓住古里斯賓的控制權。所以，我沒有像你一樣坐以待斃，寫著回憶錄，或是看著我的人在莊園裡種葡萄樹，而是困在這裡，一次又一次承受打擊。我們能做的事情就是像加萊義民（Burghers of Calais，注：百年戰爭時期，英國軍隊包圍法國加萊市將近兩年之久，英王提出殘酷的條件：加萊市必須選出六名高貴的市民任他們處死，並規定這六人出城時要剃光頭、赤足、鎖頸，並把城門鑰匙拿在手裡，才可保全城市）一樣，在揮霍的政治人物與健忘的監理人員前面卑躬屈膝。

當一天和尚撞一天鐘。真男人漢克，我們全都被掌握在愚蠢的人手裡。這些人相信在景氣低迷時期募集資金與流動性要求。更糟糕的是，他們在熄滅投資銀行領域最後的創業火花之前，似乎不想停下來。

接著是關於公民身分、可持續性、社區和利害關係人等全新且令人不舒服的術語。為什麼他們就是無法理解呢？銀行業很簡單，就是分紅獎金；如果獎金有剩，就留給股東，其餘的人不重要。

漢克，你和其他人一樣了解我。實際上，我是個樂觀主義者。我可以穩住古里斯賓這艘大船，時間可以療傷，記憶會

被淡忘。我已經下定決心，要不惜一切代價證明這些笨蛋是錯的。就像我一直無法抵抗有好處的洩露消息一樣，這是我今年年報的初稿。等待法遵進一步的宰割（「追蹤修訂」就是開始）。誰說老狗變不出新把戲！

加油

史丹利

古里斯賓 2012 年年報　草稿

各位親愛的股東：

2012 年並不是我們最好的一年。很可惜，我們犯下一些無法挽救的錯誤。困難的挑戰還在前方。身為你們的新船長，我會盡力帶大家在監理與政治敵意的希拉巨岩（Scylla），以及風險趨避這個可惡的卡律布迪斯漩渦（Charybdis）間航行。我們絕不能忘記，幸運會特別照顧勇敢的人，而且承擔風險是我們的DNA。雖然我們還有待解決的問題，但是我們相信，我們可以重新導回一個永續的未來。

> 刪除：金色的

為了到達那個境界，我們會採取截然不同的策略。在高度監理的地方，直到市場條件改變之前，這艘船的指令會堅定設成「避開風

險」。我們會是一家熱情遵守公民義務的公用

刪除：談論很多關於

事業銀行。相對來說，在新興市場（也就是古

里斯賓銀行傳統業務可以在高成長的環境中蓬

刪除：沒有很嚴格監理的

勃發展的地方），我們會踩下「開啟風險」的

油門，以最快的速度前進。

公民古里斯賓

實行全球公民計劃（Global Citizenship agenda）是我們使命的核心，包括慈善事業、顧客意識、溝通與環保。

古里斯賓贈與活動（Greedspin Giveth）是我們慈善活動的核心，此外還有 1,000 隻小狗（請確認：為什麼不是 1 萬隻？）以及 **1 萬家街角商店**活動。就**贈與活動**來說，董事會以下層級的薪酬將削減 1 億美元，來支持大家挑選

刪除：切恩家族基金會

的慈善團體，例如挽救兒童基金會（Save the Children）。**1,000 隻小狗活動**已經對我們的貴賓客戶贈送了 550 隻寵物，我們的 **1 萬家街角商店計劃**則持續提供小企業衍生性金融產品，幫助它們以較低的成本減少難以想像的風險。

我們會持續加強對客戶的關注，客戶滿意

刪除：我們有多麼惡劣

度評分將證明我們的機會有多巨大。高階經理人正在我們耗資 1,000 萬美元全新的道德中心（Ethics Centre）學習現代簡報技巧。科技也發揮了作用。我們引進全新的非結構化資料軟體（unstructured data software），在所有古里斯賓平台檢測無法接受的術語。在我們的數據庫裡，不會有「白癡」、「笨蛋」、「蠢貨」等字詞出現，未來這些詞彙自動被「有價值的客戶」取代成。

　　至於外部溝通，我們不再只會提到「為了股東利益行動」，我們還會談到為了客戶、員工和身為好公民而行動。我們會檢查所有新聞稿，確保文章一定都有最少數量經過批准的字詞，字詞將從以下清單中隨機選出，包括：「社群」、「永續」、「苦苦掙扎的屋主」、「增進客戶體驗」、「慈善工作」、「支持小企業」、「合作夥伴」、「公民參與」以及「利害關係人」。

　　儘管我們致力於地球永續的長期目標無法改變，但是**綠色古里斯賓**（Green Greedspin）計劃會根據在地條件做出敏銳的調整。2012年，**綠色古里斯賓**有了明顯的進展，推動我們傳統及可持續的方案。併購部門在已開發市場

的 IPO 活動減少，危險氣體的排放因此明顯降低。金融危機爆發以來，這個機構的有毒氣體總排放量已經降低了 20％，與整體的員工人數減少一致。

新興市場：回歸基本面

新興市場持續展現我們主要的成長機會，這些市場有誘人的人口結構、後來居上的成長潛力，以及低水準的消費者債務，令人心動。與已開發市場不同，新興市場的成長潛力很大，我們可以在風險媒介與財富轉移之間扮演重要的角色。

> **刪除：**還沒把未來拿去抵押

創新是關鍵，在新興市場更是如此。貿易融資（Trade Finance）方面，我們全新的 ByPassSM 轉帳解決方案代表一種典範轉移。我們希望可以幫助客戶在新興市場的貿易走廊和科技管道做生意時，解決複雜的現金管理問題。只要準備好「徹底了解我們的客戶」（Getting to Know Our Customers A-to-Z）的全新清單，我們就會成為「販毒集團不會去的銀行」，以及真正「利害關係人必去的銀行」。

2013 年，我們推出全新的新興市場客戶放款平台，目標是在 30 秒內做出放款決策。透過全新的服務「推特與簡訊貸款」（Tweet&TextLoan SM），可以減少不必要的文書工作。我們對於抵押品也更有想像力。新興市場客戶可能已經把摩托車、卡車或拖車拿去抵押了。我們正在實驗一個計劃：把抵押品的選項擴大到家庭寵物，以及其他客戶珍視的適當物品。每年都會有數百萬人進入消費階層，我們的目標則是建立一個確保可以長期經營的事業。

> 刪除：快速
> 刪除：然後在時機成熟時出售或 IPO，將價值變現

監理：找出平衡

我們與監理機關的關係是要大力關注的領域。我們希望一起合作，為蓬勃發展與永續的未來創造適當的條件。透過更好的合作來努力增進相互的了解有其必要。往昔，受雇於監理機關與中央銀行的古里斯賓前同事為我們的業務提供很大的支援；作為回報，我們可以為退休的官僚在法遵與風險部門提供高薪的職涯選項。

> 刪除：太過敵對
> 刪除：旋轉門雇用政策
> 刪除：厭倦的

我們的法務部門與公關部門已經合併，以

便更有效為即將收到的罰款與索賠提出辯護。儘管要撤銷「悔恨與道歉的期間」還太早，但我還是希望團隊可以用更穩健的方式來保護正在減少的資本。我們得提醒監理機關，在提高資本要求的同時，大額罰款並無法產生我們都期望的那種永續的銀行體系。

> 刪除：帶給我們豐厚退休金

薪酬：只要獎勵就好

公司員工是我們最重要的資產，他們的安全感最為重要。我們正在全球辦公室投資一套最先進的門禁卡安全系統，新系統會與「章魚」（Octopus™）個人生產資料庫相連，以增進效率。

> 刪除：不安全感

> 刪除：啟用即時的「淘汰最後一名」功能。一旦個人表現變差，笨手笨腳的人未來就會有門禁卡被停用的風險

至於關鍵的董事薪資問題，我打算從以人為本的企業招募有經驗的薪資委員會成員，藉此調整資深經理人的薪資。

> 刪除：廣告業

結論

我要感謝我們 11 萬（請確認：還有這麼多嗎？）名員工。他們持續在各方面（社區）／（支援小型企業）／（公民參與）／（幫助痛苦

掙扎的屋主）* 努力工作。透過員工的（慈善
工作）／（公民活動）*，他們為關鍵利害關係

刪除：股東

人創造永續的報酬，也增強了客戶體驗。成為
他們的合作夥伴，我深感榮幸。

史丹利・切恩

董事長兼執行長

* 視情況刪除

7.7 與 GIR 共進午餐（2013 年 12 月）[2]

古里斯賓的銀行家談論自己的職業生涯、他永遠不滅的樂觀
情緒以及奇特的休閒樂趣

露西・史汀格（Lucy Stinger）撰

　　我很早就到瑞士山區度假勝地格薩姆（Gsaam，注：杜撰
的城市）的黃金宮殿飯店（l'Hotel Palais d'Or）與史丹利・切
恩享用午餐。這位古里斯賓董事長兼執行長的前同事曾事先
警告我所謂切恩傳奇式的不耐煩，以及他在會議上的「五分
鐘原則」：超出這段時間的任何延遲，都會對職業生涯造成可
怕的後果。切恩曾經解雇某位人事主任，因為他跑去看女兒
聖誕節耶穌誕生劇的表演，結果薪酬會議就遲到了。

　　約定時間一到，切恩的隨行人員進來，第一批來的人有三

名保鑣、一名公關顧問,以及個人助理。最後一陣混亂中,切恩穿著明顯與阿爾卑斯山的背景格格不入的細條紋西裝、愛馬仕的領帶以及翼紋雕花皮鞋現身。他的身材出奇矮小,最顯著的身體特徵是凶猛的黑眼睛,以及白得不自然的尖牙。

「我非常喜歡 GIR。」他一開口便這麼說,然後加上標準的貶抑口吻:「雖然最近我幾乎沒時間看。」

我解釋了一下參加 GIR 午宴的規則,包括 GIR 堅持付帳。「真有趣。」他欣然問道:「我可以選擇食物和酒嗎?一瓶 50 元的酒就夠了。」我解釋我吃素。他尷尬地停了一下,回說:「這樣啊。」

我換了個話題,談起他的事業。他的牙齒閃閃發亮。「現在簡直好到不行!」擔任古里斯賓合夥人公司的執行長 1 年以來,他對公司的前景比以往任何時候都更加樂觀。儘管因為出售高風險房貸而被處以 60 億美元的罰款,相關單位還在對不當行為持續進行大量的調查,但切恩認為投資銀行業已經發生翻天覆地的變化。

「現在我們看到一線希望。」講到銀行監理機關採取的激進立場,他說:「這對我們的業務來說真的非常棒。你知道我們今年在全球招募了 8,000 位法遵員工嗎?」切恩指出,新法規正在增加競爭壁壘。「我認為不會有太多新進廠商進入我們的產業。也就是說,利差會維持在高點,因為沒有人可以進

入市場、壓低利差。」

切恩了解進入障礙，他的莊園坐落在陡峭的懸崖邊（占地500英畝），被堅固的城牆層層保護，格薩姆的風光一望無際。莊園的歷史可以追溯到十六世紀的修道院，修道院在1880年代被炸毀，由一位非常富有的俄羅斯移民重建為羅曼復興式宮殿（Romanesque Revival Palace），配有砲塔、門樓與皇宮接待室。如今，這個地方還飼養100隻鴕鳥，安置在新帕拉狄恩式的別墅（neo-Palladian villa）裡，儘管興建這棟別墅時曾遭當地居民反對。

服務員來點餐。「我要鵝肝，還要一平方英尺的維也納炸牛排。喔，配菜要圃　（Ortolan Bunting，注：一種瀕臨絕種的鳥，歐洲人認為是很美味的食物）。給這位女士一點素食。」他用指尖輕輕敲了敲皮革封面的酒單，沒打開就說：「跟平常一樣。」

金融監理也是切恩成長計劃中的要素。他引用傅達文（Bob Diamond，注：巴克萊前執行長）正在奈及利亞擴張的新聞，說道：「如果你看看全世界，我們可以在哪些地方發展這項事業，就會發現這些地區的監理鬆散，甚至根本沒有監理可言。」「我們可以從過度監理的市場得到資金，並以超額報酬進行再投資。最終，過度監理的國家會招損，我們則會受益。」

鵝肝端上來，切恩兩大口就吃完了。

「非洲擁有驚人的資產，還有渴望為當地基礎建設計劃融資的政治人物。我們可以引進中國投資人，並在價值鏈上的所有部分提供幫助。」古里斯賓最近主導雅各布‧朱瑪（Jacob Zuma，注：南非前總統）的鄉村住宅開發案。「對我們來說，有很大的外溢效應。」切恩用叉子邊輕敲著桌子邊說。

放眼切恩整個職業生涯，儘管遇到威脅職涯的挫折，他仍表現出極度的自信。

這位大資本家的職業生涯從 1960 年代開始，他在紐約的古里斯賓擔任債券交易員。1980 及 1990 年代，他晉升為公司裡最成功的併購顧問。2000 年，在通用巧克力公司和 ByteBack 半導體公司的災難性合併中，他因為違規的行為被主管機關調查，於是在 2004 年離職。「那筆併購交易我並不後悔，對通用巧克力公司來說，要麼就是吃掉其他公司，要麼就被其他公司吃掉。」

侍酒師端來紅酒，接著很快便上了主菜。切恩刺著肉排，切成小塊送進嘴裡。他點的配菜是鳴鳥，是因動物權而被歐盟禁止的菜，從嘴巴到尾巴串起來，他一口吃掉。「你們知道嗎，牠們是被雅馬邑白蘭地（Armagnac）活活淹死的！」他一邊大聲啃著骨頭，一邊驚呼。

切恩建立了一個可以重複的模式，以一種全新的外表，從

通用巧克力公司的慘敗中重新站起來。2005 年，他復出擔任私募股權公司後照鏡資本合夥公司的執行長，當時正值信貸泡沫高峰期募資與投資巨額資金的時刻。

「我一直試著找到市場上可以促進資金流動的熱點區域。在我們的事業中，流量代表收費，真的非常簡單。」

2007 年，私募股權市場開始降溫後，切恩搬到杜拜，在那裡成立主權財富顧問合夥公司。在信貸緊縮的早期階段，這家公司提供了為陷入困境的美國金融機構 800 億美元的投資建議，導致災難性的損失。他在杜拜的逮捕令還沒撤銷。其他人要是經歷這樣的事，應該就會退休，但切恩仍無所畏懼。「最終我們只能扮演促進者，而不是顧問。這個投資組合的表現符合我們的預期。」

後來，他與年輕的妻子蘇西（Susie，北京出生的前私人助理）搬到中國，成立了一家新的投資銀行，也就是切恩－胡國際公司。一年後，由於某個很尷尬的媒體洩露消息事件（說他對中國經濟的懷疑態度，與公司行銷文宣之間有大幅落差），切恩被迫離開中國。

這起事件引起費克斯（古里斯賓當時的執行長）的注意，費克斯歡迎他以特別股問的身分回來公司。當費克斯先生由於 LIBOR 的醜聞而被迫辭職，切恩被舊東家任命為執行長時，贖罪終於結束了。

在愛心銀行家處處可見的新時代，切恩表現出罕見的適應能力。剛上任不久，他就發起公民古里斯賓計劃，將新重點放在企業的慈善事業上。他對自己發起的 1,000 隻小狗活動感到特別自豪，其中包括捐贈寵物給需要的人。

《紐約時報》後來有項調查顯示，收到的人大多是古里斯賓的客戶。我一提到這個話題，他毫不掩飾答道：「向客戶展示我們關心的一面很重要。」批評者認為，切恩裁掉（他本人的說法是「解散」）2 萬名古里斯賓的員工時，並沒有展露什麼關愛之情，但他一點也不後悔。「沒有人大到不能倒，特別是小人物。」

他對股市一向看多，而且堅信貨幣政策的力量。「歐洲人最終會意識到他們的所作所為有多愚蠢，而且會仿效美國人、英國人和日本人。這是唯一的出路。資產價格只會朝一個方向發展。路走到盡頭時，我們會在交易的另一邊。這真的是最好的時代。」

儘管有著億萬富翁的所有行頭：瑞士的城堡、麻州南塔克特島（Nantucket）的房子、倫敦頂級住宅區貝爾格拉維亞（Belgravia）的連棟房屋、價值 6,500 萬美元的灣流噴射飛機、超級聯賽足球隊（Premier League soccer club）的股份、紐約四季餐廳（Four Seasons restaurant）的帳戶，不過切恩不願意討論自己有多少財富。然而，他確實曾經對身邊的人說

黃金宮殿飯店	
瑞士格薩姆堡壘街 80 號（Fortresstrasse 80, Gsaam, Switzerland）	瑞士法郎
鵝肝	60
維也納炸牛排	120
圃	1,000
菠菜	14
2002 年普里尼－蒙哈榭少女一級園（Puligny–Montrachet 1er Cru Les Pucelles 2002）	1,200
2000 年彼德綠酒莊的波美侯（Chateau Petrus, Pomerol, 2000）	<u>46,000</u>
總計	48,394

過，《富比世》雜誌提到 60 億美元的數字大大低估了他的淨資產。對於自己的慈善活動，他緘口不言，只說那是「家庭事務」。

「我喜歡我收的畢卡索。」他眼中閃爍著光芒，說道：「而且，我跟其他人不一樣，我不會賣掉作品來付罰款。」

問起有什麼休閒娛樂，他看起來似乎不太確定。他掃視著房間，想要找些靈感，或是尋求公關顧問的幫助。他的目光最後終於落在一幅山水畫上。「製造騷動吧。」他賊賊地說。

說完他起身，露出牙齒瘋狂的大笑。「我真的花你們太多時間了。」帳單還沒送來他就走了。一見到帳單，就像以前許

多客戶一樣，我不得不承擔與古里斯賓銀行家會面帶來可怕財務後果。

圖表目錄

圖表

注釋

推薦序

1　在美國以馬拉松倫敦公司（Marathon-London）的名義進行交易。

2　Edward Chancellor (ed.), *Capital Account: A Money Manager's Reports on a Turbulent Decade 1993–2003* (2004).

導言

1　Michael Porter, *Competitive Strategy* (1980), p. 3. 也可見 *Capital Account*, pp. 6–7。

2　與半導體週期更多的訊息，請參見 2.6〈擺脫半導體週期〉。

3　參見 "Waves in Ship Prices and Investment," by Robin Greenwood and Samuel Hanson, NBER Working Paper, 2013。

4　"Shipping Sector Report: Supply Finally Conquered but will Spot Rates be Liberated?," DNB Markets, 8 April 2013.

5　舉例來說，美國大型房屋建造商 KB 房屋（KB Home）2001 至 2006 年間的資產年複合成長率為 28%，到了 2006 年夏天，股價是帳面價值的 1.2 倍。自此，KB 的帳面價值減少了 85%，股價已從高點滑落，進一步下跌 75%。

6　英國的房市供給並沒有對英國的房市泡沫做出反應，反映出過去 10 年間，英國房屋建築公司的股票比美國同行的表現更為優異。

7　盛博公司（Sanford C. Bernstein）估計 2000 至 2013 年間鐵礦石的消費成長中，中國占 92%。參見 "US Metals and Mining: Super-cycle...Where is the Super-Cycle?," July 2014。

8　我的前公司、總部位於波士頓的投資公司 GMO 對於資產價格泡沫的定義是：資產價格偏離趨勢 2 倍標準差以上。2010 年，鐵礦石價格比趨勢價格高，偏離趨勢 4.9 倍標準差，煤炭價格則偏離 3.9 倍標準差，煤礦價格偏離 4.1 倍標準差，鋅礦偏離 1.9 倍標準差，鋁礦則偏離 1.4 倍標準差。參見 Jeremy Grantham, "The

Time to Wake Up: Days of Abundant Resources and Falling Prices Are Over Forever," GMO, April 2011。

9　"A Long Lasting Mining Capex Correction," UBS, June 5, 2014.

10　參見 Bernstein, op. cit。

11　這家礦場公司的資本支出對折舊比從 2001 年的 1.1 倍，上升至 2012 年的 3 倍高峰，UBS, ibid。

12　礦業的全球初級與次級市場募資金額從 2005 年的僅僅 10 億美元，增加到 2011 年中的 300 億美元，到 2014 年初回跌到將近 20 億美元。Bernstein, ibid。

13　2000 至 2011 年，廢金屬的消耗量從 4 億零 100 萬公噸，增加到 5 億 7,300 萬公噸。

14　盛博公司近期的研究（同上）顯示，進行中的潛在新產能占當前全球鐵礦石產量大約 50%。

15　福特斯克金屬集團的股價在截至 2015 年 6 月的 5 年間下跌了 44%。

16　Eugene Fama and Kenneth French, "A Five-Factor Asset Pricing Model," Working Paper, September 2014.

17　Michael Cooper, Huseyin Gulen, and Michael Schill, "Asset Growth and the Cross-Section of Stock Returns," *Journal of Finance*, 2008. 也可參見 Sheridan Titman, John Wei and Feixue Xie, "Capital Investment and Stock Returns," *Journal of Financial and Quantitative Analysis*, 2004; Yuhang Xie, "Interpreting the Value Effect through Q-Theory: An Empirical Investigation," Working Paper, 2007; and S.P. Kothari, Jonathan Lewellen, and Jerold Warner, "The Behavior of Aggregate Corporate Investment," Working Paper, September 2014。

18　Christopher Anderson and Luis Garcia-Fijoo, "Empirical Evidence on Capital Investment, Growth Options, and Security Returns," *Journal of Finance*, 2006.

19　Xie, ibid.

20　有關均值回歸和資本週期的討論，請見 *Capital Account*, p. 28。

21　Salman Arif, "Aggregate Investment and Its Consequences," Working Paper, March 2012. 這項發現的例外是香港、瑞士和瑞典。

22　這並不是說美國聯準會的非傳統貨幣政策近幾年在推升美國股票市場價格上沒有發揮任何作用。

23　Robin Greenwood and Samuel Hanson, "Waves in Ship Prices and Investment," NBER Working Paper, July 2013. 關於過度投資的現象，葛林伍德和韓森這麼評論：「市場參與者過於武斷的認定，既有的現金流量是外生變數，可以用來充分理解經濟情況……但在多數產業，現金流量並非外生變數，而是受到產業需求衝擊而形成的產業供給反應所影響、內生產生的均衡結果。因此，企業可能會過度推斷當前的獲利，因為它們高估了產業面臨外生需求衝擊的持續性，或是無法充分理解外

生的供給對這些需求衝擊的反應。」

24　Colin Camerer and Dan Lovallo, "Overconfidence and Excess Entry: An Experimental Approach," *American Economic Review*, 1999.

25　參見 Michael Mauboussin, "Death, Taxes and Reversion to the Mean," Legg Mason Capital Management, December 2007。

26　Daniel Kahneman, *Thinking Fast and Slow*, 2011, p. 247.

27　Mauboussin, ibid. 後面會討論採取「內部觀點」的分析師為何會失敗，請參考 3.1〈引人深思〉。

28　參見 Antti Ilmanen, *Expected Returns*, 2011, Chapter 12。

29　參見 Titman et al., op. cit。

30　Ibid.

31　參見 Eric Lam and John Wei, "Limits-to-Arbitrage, Investment Frictions, and the Asset Growth Anomaly," *Journal of Financial Economics*, forthcoming. 哈佛大學的安德烈・施萊費爾（Andrei Shleifer）和羅伯特・維什尼（Robert Vishny）說明，當理性投資人面對高成本，例如放空波動較大的股票時，市場會變得缺乏效率。他們創造「套利限制」這個詞來描述這個現象（參見 *Journal of Finance*, 1997 年的同名論文）。林富一（F.Y. Eric C. Lam）和魏國強（K.C. John Wei）認為，高資產成長與之後的報酬之間呈現反向關係，這在難以套利的股票上最為明顯，因為他們的市值更大、交易成本更高，或是說波動性更大。

32　參見 2.1〈小心被貼標籤〉與 2.7〈成長中的價值〉。

33　幾種基於會計的指標提供對資本週期的見解。如上所述，資產成長最快的股票往往表現不佳。當一家公司的資本支出相對於折舊的比例高於平均水準時，可能正是表明資本週期正在惡化的訊號（見 1.4〈超級週期的困境〉與第 1 章〈資本週期革命〉）。財報盈餘和自由現金流量之間的差距擴大，則是另一個警告訊號（參見 1.7〈主要問題〉）。賀芬達指數（Herfindahl Index）提供一種衡量產業集中度的統計指標，可以顯示出競爭條件的改變。證據顯示，傳聞的跡象同樣可以用來衡量資本週期。當一家公司開始建造宏偉的新總部時，通常是不好的跡象（參見 4.9〈瀕臨崩潰〉）。

34　對這點的幽默解讀請見第 7 章。

35　關於馬拉松公司的經驗，請參閱 5.6〈死刑〉的附注。

第一章

1　「囚犯困境」涉及兩名被分開的囚犯，兩人分別被引誘去背叛對方。如果一方背叛另一方，而另一方保持沉默，那麼告密者就會獲得自由，保持沉默的人將受到

嚴厲的懲罰。如果兩名囚犯互相背叛，那麼雙方都會受到嚴厲的懲罰。如果兩人都保持沉默，那麼雙方受到的懲罰較輕。在一次性的賽局中，理性的解決方案是兩名囚犯都背叛對方；但當賽局進行很多次的時候，「以牙還牙」的成功策略，就會演變成每次只要背叛對方，就會收到報復。

2 「大宗商品超級週期」這個詞出現在 2004 年 3 月摩根士丹利公布的報告，當時大宗商品的多頭市場正在起步。

3 世界鋼鐵協會（The World Steel Association）估計，全球鐵礦石產量在 2002 至 2013 年多了 1 倍。

4 根據克拉克森研究公司（Clarksons Research）的數據，散裝乾貨新船訂單從 2004 年的 3,300 萬載重噸位，上升到 2007 年 1 億 6,400 萬載重噸位的高峰，到了 2009 年回落至 3,100 萬載重噸位。衡量主要原物料海運成本綜合指標的波羅的海乾散貨指數（The Baltic Dry Index），在 2008 年 5 月達到將近 1 萬 2,000 美元的高峰。6 個月後下跌 94％至 663 美元，到了 2014 年底僅略微上漲至 782 美元。

5 2012 年 1 月 1 日到 2014 年 12 月 31 日，MSCI 金屬與礦業指數（MSCI Metals & Mining Index）的表現落後 MSCI 世界指數 79 個百分點。

6 從撰寫本文到 2014 年底，除了嘉士伯以外，上述所有啤酒公司的表現都比 MSCI 歐洲指數（MSCI Europe Index）好，因為嘉士伯在俄羅斯的業務出了問題。

7 從本文發表的時間至 2014 年底，道達爾的股價共下跌了 9％（以美元計價），表現得比 MSCI 歐洲指數近 26％的漲幅還差。

8 2010 年 9 月，巴西石油進行了史上最多的新股銷售，在巴西證券交易所募集 730 億美元的資金——如果資本週期有危險訊號的話，這就是其中之一。不過巴西石油被人爆料，它們募集的所有資金並非全都用於增加石油生產。2014 年 3 月，聯邦警察在一項洗錢案的調查中逮捕了巴西石油公司前供應部主管保羅·羅伯托·哥斯達（Paulo Roberto Costa）。根據《經濟學人》（The Economist）報導，尋求寬恕的哥斯達先生不只坦承這項犯行，他聲稱，從他的部門贏得合約的建築公司，會把合約價值 3％的金額轉給政黨的非法基金。警方發現了將近 60 億美元的可疑付款，使巴西石油公司成為巴西最大的貪腐醜聞。

9 截至 2014 年底，布蘭特原油價格已經跌到 57 美元，自本文發表（2012 年 2 月）以來，跌幅超過 50％。同一段時間，富時全球石油與天然氣指數（FTSE All-World Oil & Gas Index）下跌 16％，表現比廣泛的富時全球指數（FTSE All-World Index）差 48％以上。

10 現金轉換率衡量的是財報中的獲利轉換成自由現金流量的程度。

11 2004 年，馬奇翁被任命為飛雅特的執行長。從那時開始，馬奇翁重振飛雅特的汽車業務，並把公司的農業設備部門（凱斯紐荷蘭工業〔Case New Holland〕）分拆出去。截至 2014 年底，馬奇翁任內將飛雅特的投資價值增加了 183％（基於

飛雅特克萊斯勒汽車集團〔FCA〕與凱斯紐荷蘭工業的股價，不包括股息）。

12　這是美國市場的例子。以全球來看，這個問題更是突出。1990 至 2013 年，全球的股息實質成長率只有 0.6%（資料來源：Credit Suisse Global Investment Returns Sourcebook, 2014）。

13　William Bernstein and Robert Arnott, "Earnings Growth: The Two Percent Dilution," *Financial Analysts Journal,* 2003.

14　2006 年以前，美國財務會計準則理事會（FASB）的會計準則並沒有要求把股票選擇權列為費用。

15　參　見　John Asker et al., "Comparing the investment behavior of public and private firms," National Bureau of Economic Research, 2011。

16　Jay Ritter, "Initial Public Offerings: Updated Statistics" (2013) 的綜合統計研究顯示，IPO 之後的前三年，平均報酬比大盤表現還差。

17　航空業的資本週期一直很糟，主因是在產業虧損和破產期間，供給通常沒有減少，以至於美國航空公司 1960 至 2000 年的整體獲利只足夠支付 2 架 747 巨無霸噴射機的費用。然而，過去 10 年，隨著產業整合（全美航空與美國航空合併、達美航空與西北航空合併、聯合航空和美國大陸航空合併，以及西南航空和穿越航空合併），資本週期已經轉為正向。經過這輪併購之後，美國航空股的表現強勁。然而，有跡象顯示，這個產業會再次失去資本紀律。西南航空和幾家美國航空公司正努力要讓「可售座位哩程」（available seat miles）1 年增加 10%，也就是比經濟基本的成長速度快 4 倍左右。

第二章

1　恩能吉公司在 2002 年 7 月破產，隨後在 2005 年轉而賣給大東電報（Cable & Wireless）。

2　從撰寫本文（2002 年 9 月）至 2014 年底，亞薩合萊的股價上漲了 452%（以美元計價），輕鬆超越斯道拉恩索的表現，同期斯道拉恩索只上漲 0.7%。

3　在馬拉松公司主要的歐澳遠東基金產品中，投資組合的持有期間後來增加到 7 年半。

4　當時，馬拉松公司認為高露潔買回庫藏股很多，而且買回的價格太高。2003 年 3 月以來，高露潔的股價表現比 S&P 500 指數好一點。

5　參見 www.tilsonfunds.com/MungerUCSBspeech.pdf。

6　2007 年 8 月到 2014 年底，Intertek 的股價上漲了 83%（以美元計價），吉博力上漲 152%，威廉戴蒙特下跌 13%。同期的 MSCI 歐洲指數下跌了 21%。

7　亞馬遜和 Priceline 的部位最後分別在 2013 年 2 月和 9 月出脫，從這篇文章的發表日到現在，分別上漲了 231% 和 1055%。亞馬遜的股票表現依舊表現強勁，從賣掉持股到 2014 年底上漲 18%，但這家公司還是沒有獲利（2014 年的淨利率是

−0.3％）。

8　這篇文章提到的 11 家公司（亞薩合萊、羅格朗〔Legrand〕、吉博力、聯合利華、瑞典火柴、Rightmove、Capita、費森尤斯醫藥集團、益博睿、里德愛思唯爾和威科集團）中，有 10 家公司在 2011 年 8 月（本文出版時間）至 2014 年底的表現比 MSCI 歐洲指數還好，只有瑞典火柴除外。

9　從 1994 年成立開始到 2014 年底，費城半導體指數上漲了 474％，表現比那斯達克指數 19％的年化報酬率差。同期凌力爾特上漲 729％，亞德諾半導體則上漲 1059％。

10　Nassim Taleb, *Black Swan: the Impact of the Highly Improbable.* 這本書的詞彙表把認知傲慢定義為衡量「某人實際上知道的東西與他們認為自己知道的東西之間的差異。如果差異太多，意指傲慢，不夠謙虛。認知論者是認知到自己該謙虛的人，並對自己擁有的知識抱持最大程度的懷疑。」

11　請見上文，2.2〈長期競賽〉。

12　請見上文，2.3〈雙面諜〉。

13　證據顯示，投資人在推算現金流量時，會認定愈晚出現的現金流量，貼現率就會愈高，這種現象被稱為「雙曲貼現」，範例請參見 Andrew Haldane, "The Short Long", Bank of England (Speech May 2011)。

14　在撰寫本文之際，馬拉松公司在全球帳戶中，排名前 10 大部位的總營業利益與股東權益報酬率為 25％，同時以 MSCI 世界指數相似的回顧本益比（18 倍）交易。這些企業擁有出色的自由現金流量轉換率（92％ vs. 65％），也就是說，在股價對自由現金流量的基準下，他們的股價比較便宜。

15　斯派瑞莎克公司近期的股價是每股 35 英鎊。

第三章

1　2003 年 2 月 24 日，荷蘭超市集團皇家阿霍德（Royal Ahold）宣布盈餘誇大將近 5 億美元，之後在紐約證券交易所上市的股價下跌 63％。財務問題與美國餐飲服務事業的經營有關。

2　《經濟學人》（27 February 2003）中，一位券商分析師控訴阿霍德的管理階層「試圖恐嚇我們」。

3　參見 *Capital Account*, pp.209–12。

4　馬拉松公司隨後在 2014 年中收購阿霍德的股票，在這之前，阿霍德已經縮減業務，而且把高階經理人的薪酬從與每股盈餘目標連動，變成與資本利用報酬率連動。

5　保險與再保險業使用的術語，計算方式是以發生的損失與費用總和，除以已收取的保費。綜合比率超過 100％表示承保有虧損，低於 100％表示承保有獲利。

6　桑普集團的股價表現持續強勁，從撰寫本文之際到 2014 年底上漲了 75％（以美元計價）。

7　雷曼兄弟執行長持有這家華爾街銀行將近 1,100 萬股股票。從雷曼兄弟最高的市值到 2009 年 9 月破產，福爾德的帳面損失可能高達 9 億 3,100 萬美元，參見 Lucian Bebchuk et al., "The Wages of Failure: Executive Compensation at Bear Stearns and Lehman 2000–2008," *Yale Journal on Regulation*, 2010。

8　多角化（或是投資經理人彼得・林區〔Peter Lynch〕說的「多慘化」〔diworsification〕）不會一直帶來純粹的好處。馬拉松公司一直長期持有凱瑟克家族（Keswick Family）掌控的怡和洋行股票。

9　這項原理源自列夫・托爾斯泰（Leo Tolstoy）的作品《安娜・卡列尼娜》（*Anna Karenina*）。托爾斯泰提出的觀點是，婚姻要幸福，就必須在幾個關鍵面向上都要成功，只要其中一個面向失敗，就會導致婚姻不幸。如今這個原理被廣泛應用，從統計學到生態學皆準。

10　古馳在 1980 年代因為家族紛爭失控而陷入困境。領導公司的最後一位古馳家族成員在 1995 年被謀殺，他的妻子後來因為雇用兇手而被定罪。2003 年，巴黎春天集團取得古馳的掌控權。

11　這篇文章寫完幾個月後，墨西哥聯邦競爭委員會（Federal Competition Commission）撤銷了史林 9 億 2,500 萬美元的罰款。

12　後來事實證明，魯伯特先生離開歷峰集團的時間很短，2014 年 9 月他回鍋擔任執行長。

13　Rightmove 鎖定在英國住宅資訊市場發展事業，股價從 2006 年上市以來，至 2014 年為止已經上漲超過 400％（以美元計價）。

第四章

1　馬拉松公司預測，這位即將退休的盎格魯愛爾蘭銀行執行長將在西班牙南部享受富足的退休生活，結果大錯特錯。儘管上面提過菲茲派翠克有賣掉公司股票，但他還是保有將近 500 萬股的盎格魯愛爾蘭銀行股票，市值最高時超過 8,500 萬歐元，這些股票因為銀行倒閉變得一文不值。有人發現，菲茲派翠克也向盎格魯愛爾蘭銀行借了很多錢，2010 年，他宣布破產。3 年後，這位前老闆出庭受審，被控沒有告知審計人員愛爾蘭國家建築協會放款給他和相關的實體組織，據稱，這些貸款是臨時用來取代盎格魯愛爾蘭銀行提供的貸款，因而避免會計揭露資訊的要求。2015 年，愛爾蘭政府仍在努力將繼任菲茲派翠克的執行長大衛・德魯姆（David Drumm）引渡回國，確保他可以面對詐欺的指控。

2　後記：盎格魯愛爾蘭銀行的前執行長菲茲派翠克在 2008 年 12 月辭去董事長，原因是銀行有隱藏的放款被大量曝光。這個醜聞導致公司股價暴跌，隨後在 2009

年 1 月收歸國有。愛爾蘭政府因承擔盎格魯愛爾蘭銀行的債務，損失估計超過 300 億歐元。

3　資本週期附注：與英國不同，愛爾蘭的高房價引發了全新的供給熱潮。2003 年，擁有 400 萬人口的愛爾蘭共和國建造了 6 萬 9,000 棟房屋。相較之下，英國擁有 18 萬棟新房屋，人口大約 6,000 萬，人均房屋供給量的差距將近 6 倍。這種相對房屋供給量的大幅差異，可以解釋為什麼英國房屋市場與英國的房屋建築商比愛爾蘭的同行更能度過全球金融危機。

4　高盛估計，全球金融危機後，Alt-A 房貸總額 1 兆 3,000 億美元中，損失 6,000 了億美元（《經濟學人》，2009 年 2 月）。2004 年 2 月，綠點金融被諾斯福克銀行（North Fork Bancorporation）以 63 億美元併購。2006 年，第一資本公司（Capital One）併購諾斯福克銀行。1 年後，第一資本公司在房貸業務虧損之後，關閉了綠點金融。

5　這篇文章發表後，北美航空公司接連破產，包括聯合航空（United Airlines，2002 年 12 月）、加拿大航空（Air Canada，2003 年 4 月）、全美航空（US Airways 2004 年 9 月）、西北航空（Northwest，2005 年 9 月）、達美航空（Delta，2005 年 9 月），以及美國航空（American Airlines，2011 年 11 月）。

6　賽拉尼斯在 2005 年 1 月首次公開發行，根據報導，其私募股權發起人黑石集團（Blackstone）在這家美國化工公司的獲利是投資金額的 5 倍。

7　回想起來，馬拉松公司沒有預期到在金融危機之後，私募股權公司緊接著被非傳統貨幣政策拯救的規模有多大。它們仍然是超低利率和量化寬鬆政策最大的受益者，也是最不該受益的單位。

8　預測股市達到高點是危險的舉動。事實證明，S&P 500 指數一直上漲到 2007 年 10 月，那時的 S&P 500 指數比撰寫本文時的水準大約高出 22%。

9　洪比或許應該花時間尋找家門附近的風險。根據一份英國議會的報告，HBOS 最終因為「HBOS 法人事業部（HBOS Corporate Division）不計後果的放款政策」而破產。

10　事實證明，這樣的移民多與西班牙房市繁榮有關。房市泡沫破滅後，這類移民的趨勢逆轉，2013 年有超過 50 萬外國人離開這個國家。

11　西班牙房地產繁榮的崩盤已經製造不必要的麻煩，在大眾日益敵視的眼光下苦苦掙扎好幾年。2014 年 10 月，幾起腐敗的醜聞曝光，當月，西班牙的銀行紓困基金就向檢察官提起訴訟，控訴 2 家在地儲蓄銀行（也就是「cajas」）非法操作價值 15 億歐元的房地產與貸款業務。大約同個時間，在針對涉及地方政府腐敗的議員、公務員、建築商等人進行調查之後，西班牙各地有數十人被捕。讓本來就很動盪的那個月更雪上加霜的是，班基亞銀行（Bankia，2010 年由幾家倒閉的儲蓄銀行合併而成的金融集團）前任董事長與 cajas 一家前任執行長被傳喚到法官前面，回

答數十名班基亞銀行高階主管涉及醜聞的問題；這些高階主管都是由當地政黨與工會所提名，據稱他們使用所謂的「黑卡」，花掉銀行數百萬歐元的資金。大眾對西班牙腐敗的厭惡，促成激進左翼政黨「我們能」（Podemos）的崛起。

12 這篇文章發表後不久，地中海阿茲克羅克公司的股票在單週之內暴跌了 70%，因為有份審計報告指出，班紐諾斯先生從自己的公司購買相當於年營業額 65% 的財產（路透社，2007 年 7 月 26 日）。

13 2007 年 9 月，北岩銀行遇到銀行擠兌，被迫向英格蘭銀行尋求資金挹注。隔年 2 月，北岩銀行收歸國有。

14 2007 年 9 月到 2014 年 12 月，普羅維登特金融的股價上漲了 109%（以美元計價），MSCI 歐洲銀行指數則下跌了 64%。

15 從本文發表時間到 2014 年 12 月 31 日，瑞典商業銀行的股價上漲了 87%（以瑞典克朗計價）。

第五章

1 股市持續下跌到 2009 年 3 月，大盤指數比 2008 年 12 月底低了大約 20% 左右。不過到了 2014 年底，S&P 500 指數比撰寫本文時高出大約 136%，這是短期痛苦、但長期受益的案例。

2 從撰寫本文到 2014 年 12 月 31 日，阿馳奧納的股價上漲了 4.5%（以美元計價），表現比 MSCI 歐洲指數還差。這家公司受到西班牙風場補貼制度改變的負面影響，馬拉松公司在 2015 年賣出這家公司。馬拉松公司投資法羅里奧的表現比較好，從本文發表至 2014 年底，該公司的股價上漲了 108%（以美元計價）。

3 從本文發表到 2014 年底，愛爾蘭銀行和愛爾蘭大陸集團的股價分別上漲了 203% 和 106%（以美元計價）。

4 從本文發表至 2014 年 12 月底，MSCI 歐洲銀行指數的表現比美國同業落後 20 個百分點。

5 在此介紹馬拉松公司對現有地位穩固、但商業模式無法在數位時代存活的投資失敗案例：唱片行（HMV）、照片設備製造商（伊士曼柯達公司〔Eastman Kodak〕）、影片出租公司（百視達）與唱片公司（百代唱片〔EMI〕）。

6 見上文 2.4〈數位護城河〉。

7 後雷曼時代是否需要更高的資金成本，尚無定論。不過很明顯，股息折線模型（dividend discount model，又名高登成長模型〔Gordon growth model〕）無法證明在低利率的情況下，股票的市值會更高。在這個模型中，股價來自於未來股息折線回到現在的總價值，折線率主要由利率決定。從貨幣政策制定者的角度來說，只有在成長率也比較低的情況下，低利率才會是合理的。然而，如果盈餘成長和折線率同時下降，那麼股票的市值應該保持不變（假設當期股息也保持不變）。

8　皮凱提的論點有很多問題。首先，他假設資金擁有者會將報酬拿去再投資，而不是消費掉，這種選擇並非對所有人都一樣。除此之外，如上文所述（1.9〈成長矛盾〉），美國股市的每股盈餘成長歷年來落後經濟成長（這種差異在美國以外更為明顯）。

第六章

1　2003 年 11 月至 2014 年底，中國外運的總報酬率是 85％（以港元計價），同期的中國電信上漲了 134％，2 家公司的表現都比同期上漲 285％的上證指數還差。

2　馬拉松公司對中國人民保險集團的空頭預測並沒有成真。從 2003 年 11 月到 2014 年底，這家中國保險公司的總報酬是 637％，京信通信同期的總報酬率是 57％。到了 2011 年底，超大現代的股價從 IPO 的上市價格下跌 46％，隨後下市。2015 年 1 月，在會計師基於「無法對該集團的不動產、廠房和設備進行實務清點與檢查……」對財報出具保留意見後，超大現代重新上市。兩次上市之間，超大現代的營收神祕的下降了 84％。

3　2004 年 3 月至 2007 年 10 月，上證指數的總報酬率是 485％，年化報酬率將近 100％。在 2007 年底泡沫破滅後，市場下跌了 68％。最近，中國股市再次出現泡沫，自 2014 年 6 月起的 12 個月內，上證指數上漲超過 130％。這段期間，中國的融資餘額成長了 5 倍，到 2015 年中達到 3250 億美元，占市場資本總額超過 6％。隨著中國經濟成長的奇蹟消退，本益比 75 倍的中國股票似乎比任何時候更加脫離現實。

4　儘管無法對中國未來的銀行業危機下賭注，但是中國信達截至目前為止已經藉由與中國的銀行業進行反向交易，履行在上市說明會上的承諾。也就是說，從 2014 年 2 月 IPO 到那年年底，中國信達的股價下跌了將近 20％，同期的 MSCI 中國指數則上漲 36％。在 2014 年這段期間，中國信達的總資產成長 42％，隱含槓桿率也大幅上升（至 5.1 倍）。

5　從本文發表到 2015 年 9 月中，上證綜合指數下跌了 32％，同一時期，北京暴風科技下跌 69％。

第七章

1　參見 Capital Account, Chapter 6 'The Croupier's Take'。

2　GIR 是馬拉松公司全球投資評論（Global Investment Review）的縮寫。

國家圖書館出版品預行編目(CIP)資料

華爾街命運之輪：穿越資本週期的投資方法 / 愛德華·錢思樂(Edward Chancellor)著；徐文傑譯. -- 新北市：感電出版：遠足文化事業股份有限公司發行, 2024.02
364面；14.8×21公分

譯自：Capital Returns：Investing Through the Capital Cycle A Money Manager's Reports 2002-15

ISBN 978-626-97712-4-0(平裝)

1.CST: 投資分析 2.CST: 景氣循環

551.9   112019069

華爾街命運之輪

穿越資本週期的投資方法
Capital Returns：
Investing Through the Capital Cycle A Money Manager's Reports 2002-15

作者：愛德華・錢思樂(Edward Chancellor)｜譯者：徐文傑｜視覺：白日設計、薛美惠｜編輯協力：徐育婷 ｜主編：賀鈺婷｜副總編輯：鍾涵瀞｜出版：感電出版｜發行：遠足文化事業股份有限公司（讀書共和國出版集團）｜地址：23141 新北市新店區民權路108-2號9樓｜電話：02-2218-1417｜傳真：02-8667-1851｜客服專線：0800-221-029｜信箱：sparkpresstw@gmail.com｜法律顧問：華洋法律事務所 蘇文生律師）｜EISBN：9786269771264（PDF）、9786269771257（EPUB）｜出版日期：2024年2月／初版一刷｜定價：500元

First published in English under the title Capital Returns; Investing Through the Capital Cycle: A Money Manager's Reports 2002-15 edited by Edward Chancellor, edition: 1 Copyright © Edward Chancellor, 2016 ＇ This edition has been translated and published under licence from Springer Nature Limited. Springer Nature Limited takes no responsibility and shall not be made liable for the accuracy of the translation.

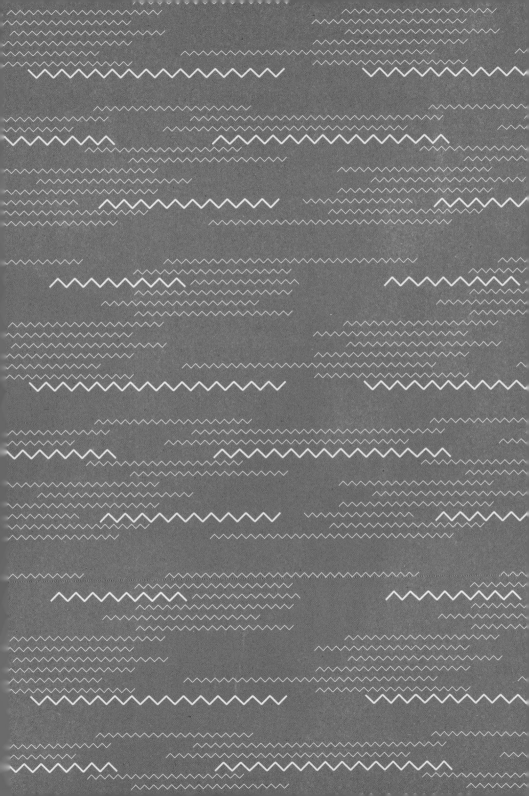

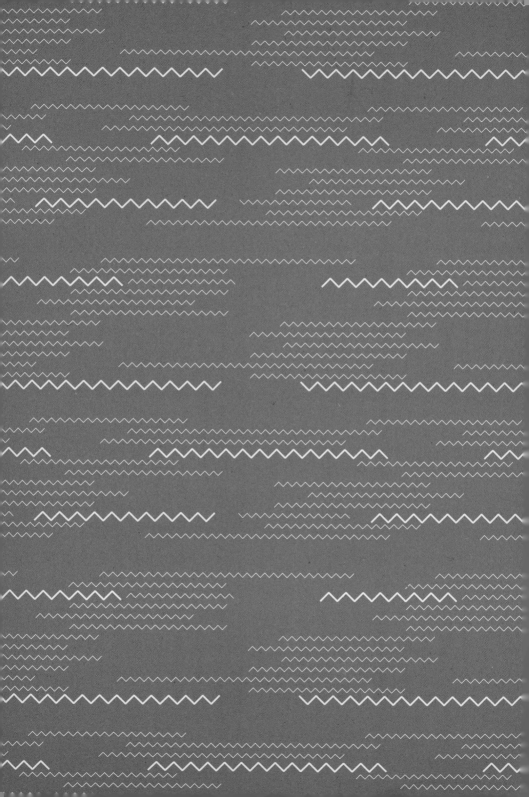